Rapport

The Four Ways to Read People

阅人无数

[英] 劳伦斯 · 艾莉森 [英] 艾米丽 · 艾莉森 著
侯奕茜 译

中信出版集团 | 北京

图书在版编目（CIP）数据

阅人无数：突破沟通中的艰难时刻 /（英）劳伦斯·艾莉森，（英）艾米丽·艾莉森著；侯奕茜译．-- 北京：中信出版社，2021.4（2025.11重印）
书名原文：Rapport
ISBN 978-7-5217-2784-5

Ⅰ．①阅… Ⅱ．①劳… ②艾… ③侯… Ⅲ．①心理交往－通俗读物 Ⅳ．① C912.11-49

中国版本图书馆 CIP 数据核字 (2021) 第 026939 号

阅人无数：突破沟通中的艰难时刻

著　　者：［英］劳伦斯·艾莉森　［英］艾米丽·艾莉森
译　　者：侯奕茜
出版发行：中信出版集团股份有限公司
　　　　（北京市朝阳区东三环北路 27 号嘉铭中心　邮编　100020）
承 印 者：三河市中晟雅豪印务有限公司

开　　本：787mm × 1092mm　1/16　　印　　张：22.75　　字　　数：260千字
版　　次：2021年4月第1版　　印　　次：2025年11月第21次印刷
京权图字：01-2020-5207
书　　号：ISBN 978-7-5217-2784-5
定　　价：58.00元

致希斯，你是我们当中最棒的。

——爱你的爸爸、妈妈

如何进行有效沟通

艾米丽：1996 年，22 岁的我和四个男人站在同一部电梯里。他们都有暴力史，而且都有心理问题。当时我在精神病医院工作，是他们的护理员。我们要去医院地下室的娱乐中心打台球。途中，我们需要离开病区，然后穿过三道气闸式安全门，接着乘坐狭窄、明亮的电梯，最后到达地下室。电梯里充斥着漂白剂的味道。这让我联想到电影中经常出现的画面：主角爬进厨房里的老式不锈钢推车。

我站在电梯后部靠近按钮的位置。四个男人挤着站在我前面。尽管他们之前都犯下十分恶劣的罪行，但我还是喜欢和他们一起工作。我发现他们有趣、复杂且懂礼貌。

第一位病人叫威尔。他犯过五次强奸罪，手段残忍。看到他摩挲着文在手上的五颗小星星，我做了个鬼脸。威尔说这些星星可以不断提醒自己犯下的罪行，但医院的资深心理医生认为，这些文身更像是战利品，方便他重温罪行。威尔身旁站着第二位病人，艾萨克。他走路时总是笨拙地拖着脚，身体很宽，像一对谷仓门。他在自己精神病发作时勒死了年迈的父亲。他总是盯着自己的鞋子，只有在别人问他问题时才开口说话。在病区的时候，他可以接连玩几个小时的扑克牌，过程中不说一句话。

“你可以按一下 B 层吗？”我问第三位病人——查尔斯。他 18 岁，瘦瘦高高的。他患有偏执型精神分裂症，是一名纵火惯犯。一开始，查尔斯只是放火烧自家房子周围的草坪，后来罪行不断升级，直至烧毁了他就读的小学的大楼南翼。幸运的是，当时是星期天早晨，所以现场没人，但是他还是造成了几十万美元的损失。警察发现他时，他正坐在操场的秋千上平静地看着燃烧的教学楼。查尔斯是一个礼貌友好的小伙子，我经常看见他给餐厅墙上的温度计讲笑话。

“没问题。”他回答道，按了下 B 层。随后电梯门合上了。

四个人在电梯里一言不发，我感到有点紧张，担心出问题。他们是否在病区发生了什么冲突而我全然不知？以往，他们都会讲个笑话或互相开个玩笑。电梯不断下降，我越来越感觉到空气中的紧张，就像墙壁的裂缝在悄然无声地蔓延。电梯停了下来，门开了。他们中的三人走了出去，第四位病人却纹丝不动。

他叫杰罗姆，身高 1.83 米，体重约 98 千克。他像石碑一样立在电梯口，就是不肯出去。他和查尔斯一样，患有偏执型精神分裂症，但比查尔斯严重得多。他还有严重的暴力史。19 岁那年，他怀疑邻居家那位 82 岁的老妇人在监视他，还偷录他与别人的对话，交给中情局，于是他决定杀死她。下午 3 点钟，他敲了敲邻居的门，当老妇人打开门的一瞬间，他用羊角锤猛击她的头部，共 12 次。

“我们出去吧，杰罗姆。”我边说边迅速回忆着手机上的紧急求助号码。“不，”他说，“女士优先。”他的脸上慢慢露出不易察觉的阴险笑容。他侧身让我先走。“杰罗姆，你知道规则的，我必须最后一个出电梯，记得吗？”此时我感觉我的汗毛都竖了起来。

“我记得，但是我不喜欢规则。”他说。他的脸瞬间变得阴沉，好像一团乌云。他转过身看着我。我用一根手指按住开门键，另一根手指按在我的手机上。我感到心脏紧绷。

“我知道你不喜欢规则，但我们所有人都得遵守它呀。你不出去，我也就不能出去，这是规定。”我尽力保持平静，冰冷的恐惧感向我袭来。“我们去打台球吧，来吧。站在电梯里多无聊啊，不是吗？”紧张的我努力挤出微笑，保持镇定。

杰罗姆还是一动不动，他睁大眼睛盯着我，嘴巴抿成一条线，嘴角下垂。我能感受到他的怒火，我很怕他攻击我，但是我努力掩饰着内心的恐惧。我的耳朵里嗡嗡作响，他却仍然无动于衷，这令我诧异。

“杰罗姆，你不出去我是不会出去的。”我轻柔而坚定地说道，回看向他。他的脸开始抽搐，快速地眨着眼睛。他靠近我，愤怒地凝视着我。他的呼吸沉重，身体两侧的双手明显在颤抖。

我的内心开始挣扎，我要不要打紧急电话呢？不行！在我按下号码的那一刻，他就会立马把我打成肉酱。这个想法愚蠢至极！即使打了电话，救援人员两分钟后才能到，而30秒之内我可能就没命了。看他的手，多像锤子！

杰罗姆弯下腰，低声对我吼道：“我不喜欢女人告诉我该怎么做，我受够了，你给我记好了。”他用手指戳我的脸。

“好吧，杰罗姆，我记住了。”我小声说道，继续与他保持眼神交流，我的心快跳到嗓子眼了。

杰罗姆突然转身走出电梯，大步走向娱乐中心。

当双手停止颤抖，心跳也恢复正常后，我赶紧打电话叫来另一个

我22岁时曾在精神病医院工作，护理一些有暴力史的精神病人。
有一天我护送病人乘电梯去地下室打台球，电梯门开了，有一个病人迟迟不肯出电梯。他叫杰罗姆，曾经杀死自己的邻居。
①
你知道规则的，我必须最后一个下电梯，记得吗？
我记得，但是我不喜欢规则。
②
我知道你不喜欢规则，但我们所有人都得遵守呀。你不下去我是不会下去的……我们去打台球好吗？
我不喜欢女人告诉我该怎么做，我受够了，你给我记好了。
③
好吧，杰罗姆，我记住了。
④

工作人员，一起护送这些人回到病区。从那以后，医院调整了政策，护送三位及以上精神病人时，必须有两位工作人员一起。

不过对我来说，那次经历并非坏事，它让我学到了更多的东西。

回顾那天，当杰罗姆在思索是原地不动还是采取行动，是口头警告我还是对我拳脚相加时，我都没有采取极端的应对方式，而是坚持以某种迂回的方式与他保持沟通。这点很重要，它决定了我的生死。我敢肯定，如果当时我提高嗓门要求他按我说的做，或者拨打了紧急求助电话，结局将会完全相反。

他不希望我告诉他该怎么做，我也不想做他让我做的事，这是我们的分歧所在。如果我先走，我就会背对他，这样很危险，所以我选择坚持自己的立场。首先，在我们的互动过程中，我与他建立了某种平等的联系，这样他会视我为普通人，而不是对手，更不是敌人。其次，极力表现出自信和镇定（即使我的心快跳出嗓子眼），并且让声音尽量轻柔而坚定（即使我的内心在大声呼救），这样就不会激化杰罗姆的行为。最重要的是，这样就不会强迫他遵照我的对抗指令（走出电梯），而是耐心地倾听了他的要求（不要对他指手画脚）。

当时，我丝毫没有意识到自己正在使用专业的沟通技能，我只是在凭直觉保护自己。后来我发现，我和杰罗姆建立的是一种亲和关系（rapport）。

我与杰罗姆的沟通方式宛如蜘蛛网，一张隐形但牢固的网。这张网阻止了杰罗姆伤害我，让我们都能有尊严地“下台”——我们俩都不想在电梯里继续待着。如果他真要在电梯里置我于死地，我只能听天由命。如果我真的拨打了求救电话，他也不会有好下场。

> 一旦你与某人建立了联系，他们就很难攻击你、与你争吵或者欺骗你。

即使在这种极端的情况下，我们也有机会建立有效沟通。我发现，一旦你与某人建立了联系，他们就很难攻击你、与你争吵或者欺骗你。我们的研究表明，建立这种联系完全有规律可循，我们不能只靠直觉。过去20年，我们一直在研究如何进行有效沟通，就如何建立亲和关系，目前我们已经设计了一套完备的规则和方法。

你是否能“抓住”别人

作为一个专业术语，亲和关系使用频率高，但难以定义。当两个人建立了联系或者成功“对接”后，他们之间就形成了一种亲和关系。如果你查字典，字典会告诉你这种关系的特点：相互认同、相互理解和共情。换句话说，如果两个人能“抓住”彼此，这种关系就建立了。

这种解释听上去简单明了。即使你无法清楚定义它，你也能准确判断自己与他人是否正处于亲和关系中。但是，一旦你发现自己正处于这样的关系中，你能否解释它的成因？当你失去它时，你能说出为什么吗？如果你无法与他人建立这样的关系，你又能否找到症结所在？我打赌，在你的个人生活或者工作中存在不少相关案例。有些案例中，你与他人建立了亲和关系；另一些案例中，你和对方势如水火。

在大多数成功的人际沟通中，人们都建立了一段亲和关系，只不过它隐藏得比较深，不易被感知。每天，我们都在试图与他人建立这种亲和关系。我们和陌生人谈论天气，我们努力维护着和最亲密的人之间那种复杂、多层次的关系，以此来建立、经营自己的人际关系当两个人建立了联系或者成功“对接”后，他们之间就形成了一种亲和关系：相互认同、相互理解和共情。

网。然而，大多数人都不能明确说出亲和关系的构成要素。因此，了解亲和关系并非易事，建立亲和关系则更加困难。

那么，建立亲和关系的能力是否可以后天习得？作为心理学家，根据我们的研究，我们认为完全可以。如果你掌握了建立亲和关系的规则，你就可以更积极地经营所有人际互动。亲和关系要求你具备一套扎实的、完备的人际交往技能，同时你需要学会共情，学会调整自己。除此以外，你还得学会去倾听、去理解、换位思考。

对于我们中的大多数人而言，做到以上几点步履维艰，尤其是那些特别固执、特别自我的人。其实，如果你能倾听、理解他人的需求，你就更容易得到你想要的东西。通过倾听他人的需求，你可以了解他们的目标，然后判断是否与自己的目标一致。通过了解他人的需求，你可以判断接下来的行动，要么找一个折中办法，要么坚决捍卫自己的底线，做好应对人际冲突的准备。

在建立亲和关系的过程中，彼此倾听、彼此理解是最简单也是最重要的一步。

沟通是一种职业技能

建立亲和关系的能力对于打造稳固而亲密的人际关系来说至关重要，它既是一项基本生活技能，也是一项基本职业技能。rapport 一词源自法语单词 rapporter，意为修复、重建。在我们的职业生涯中，我们为许多警察、军人和其他行业的人士提供过咨询服务，帮助他们从通过了解他人的需求，你可以判断接下来的行动，要么找一个折中办法，要么坚决捍卫自己的底线，做好应对人际冲突的准备。

受访者那里获得可靠的证据或情报。亲和关系不仅是人际关系的基础，也是从拒绝合作的人那里获取可靠信息的最佳途径。

本书所推荐的方法全部基于科学观察，我们检验了所有现存的沟通策略。好莱坞大片（和一些政客）常告诉我们，要想让某人开口就威胁他们的家人或者严刑逼供。我们的答案则刚好相反，我们更推崇与对方建立亲和关系。

2012年，我们受“重要疑犯审讯小组”（HIG）的委托，研究如何从恐怖嫌疑分子那里获得可靠证据和情报。2009年，美国前任总统巴拉克·奥巴马成立了HIG，目的是提高逮捕恐怖嫌疑分子后的审讯效率，阻止他们进一步对美国及其盟友发动恐怖袭击。对联邦政府来说，HIG是审讯技术的实践和科研基地。它由来自美国政府机构的人员组成：联邦调查局、中央情报局、国防部、国土安全部和国家安全委员会。HIG是全球审讯技术的科研中心。

我们的研究目标是找到严刑逼供以外的审讯策略。HIG想知道，我们多年的咨询经历和审讯经验能否用在重要的、价值高的犯罪嫌疑人身上。

之前的研究已经证明了，残酷的审讯策略，高强度的审讯技巧（如剥夺睡眠、压力姿势、制造噪声干扰，或者将犯罪嫌疑人关在装满虫子和液体的容器里），从未带来理想效果。[1]事与愿违，通过这种方式获得的信息往往不准确，而且在大多数情况下，犯罪嫌疑人根本不会交代任何信息。此外，严刑逼供让国家安全部门和心理学家的声誉跌至谷底，比历史上任何时期都糟糕。它不仅没有给世界带来安全，反而让世界更加危险。[2]其实，美国和英国的军事部门都希望能够更理智、更公开地审讯嫌疑人。看到这里，很多读者可能不会相信，毕竟美国军方曾在阿富汗战争和伊拉克战争中大量使用酷刑。

但是，我们以及许多科研工作者发现，真正的专业审讯人懂得，建立亲和关系或者某种联系是获取情报的最佳途径。他们很清楚严刑会造成伤害，不支持更不鼓励使用暴力。

暴力究竟是由谁带进审讯室的？绝对不是专业的审讯人，而是那些不负责任的新手，他们将审讯室变成了一个战场。严刑逼供不仅残忍，而且低效。这种方式很快就会让审讯脱离正常轨道，将我们带上一条黑暗、肮脏的路，比如美军在阿布格莱布监狱和关塔那摩监狱干的那些行为。

使用严刑逼供无法从恐怖分子那里获得可靠信息，然而我们也不会天真到以为给他们一杯茶和饼干就可以。在某些情况下，恐怖分子提供的信息能够决定许多人的生死。此时，审讯人必须采取“一切可能的方式”获取信息。

基于以上原因，当我们采用自己的方法审讯犯罪嫌疑人时，我们不仅会遵守法律，还会遵守作为心理学家应该尊崇的伦理道德，同时还要以科学事实为依据。泛泛而谈并不能帮助人们解决实际问题，我们必须提供一个行之有效的方案。

很多时候，学术研究都是纯理论性的，并不能指导实践。所幸的是，我们一直以来都对应用研究感兴趣。我们希望我们的研究成果能够切切实实帮助到工作在一线的专业人士，而不是提出一些只有心理学家才能看懂的高深莫测的理论概念。我们的工作必须能够影响真实的世界，帮助到有血有肉的人。以往许多研究都是在实验室进行。研究人员请来一些学生，付给每人 5 美元，让一部分人假扮拒绝交代任何信息的恐怖分子，另一部分人则假扮审讯他们的警察。这些实验不具真实性，无法解决实际问题。

我们此前已经积累了许多实战经验，我们将本书中的策略运用到了许多真实场景之中，例如帮助父母解决和孩子之间的冲突，帮助警察审讯杀人犯、强奸犯和抢劫犯等犯罪嫌疑人。

但是问题来了，我们之前的策略真能对恐怖分子奏效吗？这可是一群被仇恨吞噬的人。亲和关系对未成年人很奏效，但它能用在恐怖分子身上吗？

为了检测我们的方法，我们将其运用到许多真实的审讯现场，累计时长超过 2000 小时。我们有了惊人的发现。事实证明，我们的方法在这些审讯中表现出色。审讯人采取的审讯策略决定了犯罪嫌疑人交代的信息的质量和数量。我们的策略提高了审讯人的“收获”（重要情报或证据）。亲和关系不仅能促使嫌疑人交代信息，也是审讯人在任何具有挑战性的审讯中的成功保证。[3]

高难度对话的关键技巧

从以往的培训经验中我们发现，本书提供的模式不仅能够影响审讯的效果，还能影响其中的参与者。这一点既让我们感到惊喜，又让我们满怀谦卑。一些接受过我们培训的警方、军方和紧急服务部门的人士告诉我们，我们的培训不仅让他们反思了与受访者之间的工作关系，也让他们反思了自己生活中的人际关系。当他们与伴侣、未成年子女和老板进行高难度的对话时，他们经常用到我们所传授的方法。正是因为受到了他们的启发，我们才希望通过此书将我们倡导的模式推广给更广泛的受众。

本书分为两部分，分别探讨建立亲和关系过程中两个最重要的方面。第一部分论述亲和关系的四块基石：诚实（Honesty）、共情（Empathy）、自主（Autonomy）和反馈（Reflection），简称 HEAR 原则。该原则为你提供了一份蓝图，帮助你提升与他人的互动能力，同时最大限度获取你期望的结果。

第二部分探讨了四种基本沟通方式，每一种方式我们都用一种动物进行概括。

- **霸王龙**。如何应对冲突：当你与人争论或受到他人挑战时，你需要做到诚实和坦率。不要攻击、讽刺和惩罚他人。
- **老鼠**。如何做出让步：当你需要做出让步或服从对方时，请展现你的谦卑和耐心，但不要表现出软弱和犹豫。
- **狮子**。如何领导他人：好的领导者在管理员工、制定规则和提供支持方面能够做到清楚明了。同时，他们不会吹毛求疵、因循守旧、固执迂腐。
- **猴子**。如何展开合作：当你想与他人建立联系时，你需要给予他人温暖和关心，需要团结他人，但切忌过度亲密，没有边界。

后面，我们还将详细讨论每一种沟通方式，以及如何根据不同情况选择不同策略。你可以决定自己最喜欢的“动物风格”，提升自己的人际关系技能，掌握亲和关系的秘诀。

我们的模式无法保证你一定能得到想要的信息，也不能告诉你对方是否在撒谎，但是它的确可以提高沟通的成功率。警察在审讯的过程中，经常遇到一些经验丰富的罪犯，他们对审讯过程非常熟悉，拒绝透露任何信息。我们曾经遇到过一个家伙，只要警察打开录音机，他就将卫衣往上拉，遮住自己的嘴，整个审讯过程都这样。如果遇到这种明确拒绝交谈、拒绝合作的审讯对象，亲和关系还能发挥作用吗？如果他们坚决不开口，为什么还要去白费力气？

然而我们发现，与这些顽固、精明的人建立亲和关系之后，尽管他们在录音机打开的情况下依然拒绝合作，但是一旦录音机关闭，他们很有可能会提供重要情报和信息。这一发现令人欣喜。曾有这样一个案例，一个男子在审讯结束后向警方要了一张地图，然后兜兜转转去了三个地方。警察在每一个地方都找到了一具尸体。警察推断，罪犯之所以透露尸体所在地是出于对“战后归还尸体”这一原则的尊重。他其实完全可以不告诉警察，但是他依然选择这么做，是因为他想坚守自己的价值观。这看起来可能有些荒谬。在挖掘犯罪网络或恐怖主义网络的过程中，亲和关系始终发挥着重要作用。

这些人际关系策略将根植于我们内心的一些事物紧紧连接在一起，无论我们能否意识到这种连接的存在。我们既是心理学家和亲和关系领域的专家，同时也是夫妻。我们的婚姻已经持续二十多年了，当我们对彼此使用这些人际技能时，能明显看到效果。我们有一个十来岁的儿子，他清楚地知道我们在对他使用这些技巧，但他毫不反

> 这些技巧的美好之处就在于它们没有欺骗性，不是腹黑的阴谋。
> 即使别人知道其中秘诀，也不影响它们发挥作用。

感。当他将这些技巧反用在我们身上时，我们也很乐于接受。这些技巧的美好之处就在于它们没有欺骗性，不是腹黑的阴谋。即使别人知道其中秘诀，也不影响它们发挥作用。

请注意，这本书不会教你如何说服顾客买他们并不需要的东西，这本书也不会教你如何诱骗他人坦白他们并不想分享的东西。如果策略使用得当，别人离开房间后不会疑惑地问自己："刚刚发生了什么？我是被耍了吗？"就像那些刚刚被推销员忽悠过的顾客。

真正的亲和关系建立在真挚的关系之上，它不是你一离开房间就失效的诡计。亲和关系的意义就在于尊重他人，同理他人，无论他们如何对待你。这些都是积极、美好的行为，需要你的真心和努力。你能做到吗？

高效沟通的秘密武器

最新研究表明，个人生活和工作中的人际关系的质量，会直接影响我们的心理健康和寿命。所以，我们有必要学习如何建立亲和关系。[4]

本书将从以下方面帮助你：

- 建立广泛的友谊和人际联系，避免你被社会边缘化；
- 当你经历人生的不同阶段时，帮助你更好地经营与伴侣、孩子、朋友、父母之间的关系；
- 帮助你提升沟通效率，真诚面对同事、上司和重要客户，从而获得更多的商业机会；

- 当你与他人意见相左时，帮助你更好地理解对方；当你遇到棘手或极具挑战性的问题时，帮助你采用更具建设性——而不是更具摧毁性——的方法解决问题。

亲和关系是健康人际关系的基石，是高效沟通的秘密武器。看完此书后，你将掌握建立亲和关系的秘方。

在第一章，我们将论述亲和关系的重要性，以及为什么它能让我们更健康、更幸福、更成功、活得更长。

目录

第一章

如何自在地活在人际关系里

当我们明白了人际关系和寿命之间的关系后，我们便能做出不同的选择。我们不再将陪伴朋友和家人视为无关紧要的事。相反，我们会认识到这些人际关系是决定我们生活是否幸福的重要的因素之一。

——迪恩·奥尼什（Dean Ornish，预防医学研究所创始人兼所长，加州大学医学院临床教授）

“独处”是旅行的好去处，但那里并不适合定居。

劳伦斯：对于重度的内向者来说，奥尼什的话着实令人担忧。最新研究表明，人际关系是维持我们身心健康的重要因素。就拿我自己来说，我天生内向。当我为了工作或写作将自己封闭起来时，我总觉得我能从独处中获得幸福。外向者将独处视为孤独，而内向者将独处视为幸福。尽管我真心享受独处，但我仍然需要定期与他人保持联系。正如 19 世纪的幽默大师乔希·比林斯（Josh Billings）所说：“‘独处’是旅行的好去处，但那里并不适合定居。”

我注意到，经过一段时间的独处后，我的社交能力会骤然下降，就连在超市进行礼貌的寒暄我都表现得很尴尬和笨拙。社交技能好像是人体的肌肉，你得定期锻炼它，否则它就会萎缩。我从自己的经验中很快意识到，如果我想创造机会做自己想做的工作、过自己想过的生活，我就必须培养许多后天的技能。

上学时的我很害羞，但我很快认识到我必须克服性格弱点，必须走出自己的舒适区。我们不能让先天的性格阻碍我们的社交。通过不断努力和锻炼，我们可以调整自己，从而走出舒适区，不断成长。说到社交能力，我们不能听天由命随遇而安，也不能将它视为

▌社交能力是每个人必不可少的生存技能。

少数人拥有的特殊技能。事实上，社交能力是每个人必不可少的生存技能。

没有谁是一座孤岛

与世隔绝并不是一种解脱，相反，它对人类的破坏力极强。1951年，麦吉尔大学的心理学家唐纳德·赫布调查了单独囚禁对人类心理健康的影响。[1]当时，苏联对韩国战俘使用了“感觉剥夺”这一手段，赫布想为这些战俘提供辩护证词。他的研究团队聘请了许多高校男性研究生作为实验对象。受试者各自住在小房间里，房间没有任何感官刺激——没有画面、没有气味、没有声音——什么都没有。他们的双眼被蒙住，双耳戴着耳罩以隔绝一切声响。根据研究团队的设计，该实验原本计划持续六周，然而坚持最久的受试者也不过坚持了七天。

七天后，所有受试者均表示他们已经开始失去清晰思考、清晰决策的能力。实验开始前，他们还乐观而热情地计划着如何打发接下来的幸福时光，不少人想趁此机会构思学期论文，改进或思考自己的研究计划。

研究人员发现，在实验过程中，受试者很快便失去了对现实的感知。许多人开始产生幻觉，一位学生说他总是看见、听见恶犬向自己咆哮。还有些人患上了重度妄想症，总觉得自己是政府或其他势力的攻击目标。他们连一些简单的任务都无法完成，如基本运算。他们的情绪变得躁动不安。与此同时，他们更加容易受到暗示以及外界的影当我们出于内因或外因失去与他人的联系后，孤独和抑郁会潜入我们的身体并且占领它。一旦出现这种情况，重新和他人建立联系将会变得更加困难。

响。这一实验清楚表明：感觉剥夺会让人变得躁动不安、易受影响、易被操控，它对心理健康的损害十分明显。

还有几项心理研究探讨了同样的主题。精神病学家斯图尔特·格拉斯安采访了数百位囚犯，他的研究结果与几十年前麦吉尔大学的研究发现类似：单独囚禁会导致幻觉、急性焦虑症或妄想症。[2] 囚犯难以思考或集中注意力，他们的记忆能力也严重受损。美国大部分监狱都实行单独囚禁制度。据估计，一直以来，在美国监狱系统中始终有八万至十万名囚犯处于单独囚禁中。鉴于此，专家们的研究结果更加让人不安。①

实验结果还表明，即使囚犯刑满释放，单独囚禁对他们生理和心理的影响依然延续。心理学家克雷格·哈尼发现，即使回到了“正常社会”，那些被单独囚禁过的人仍很难适应。他们无法与他人建立健康的亲密关系，他们时常感到绝望和无助。[3] 他们的社交技巧和能力已经遭受重创，无法修复，他们在正常社会之外独自漂流。长时间的单独囚禁使他们无法重新融入社区，他们在就业、为人父母和人际冲突等方面遭遇挫折。让囚犯远离社会或许是有效之举，但是单独囚禁影响深远，即使他们踏出牢房、回归社会，心理创伤依然缠绕着他们。

当我们出于内因或外因失去与他人的联系后，孤独和抑郁会潜入我们的身体并且占领它。一旦出现这种情况，重新和他人建立联系将会变得更加困难。有时候，人们会陷入孤独和抑郁的恶性循环中。他们挣扎着、孤独着、痛苦着，随后发现自己掉入了更深的黑洞，根本无法与人交流。此刻，孤独和抑郁不断放大，自己不断下坠，却又无计可施。

---

① 参见克莱默·赖特（Keramet Reiter）的作品《鹈鹕湾监狱和单独囚禁的兴起》（*23/7: Pelican Bay Prison and the rise of long-term solitary confinement for more on this issue*）。

> 建立或维持亲密关系并非易事，因为我们需要投入时间、精力去理解他人。

沉默的杀手——孤独

孤独与独处是两个不同概念。当你感到孤独时，你发现自己远离了一切有意义的人际关系。你感觉自己不被身边的人理解，你感受不到一丝亲密。或许你有家人，或许你有同事，或许每天你会遇见几十个人，但你依然感到异常孤独，因为这些人似乎都不认识或了解真实的你。

在忙碌的现代生活中，建立或维持亲密关系并非易事，因为我们需要投入时间、精力去理解他人。如今我们的生活越来越国际化，我们的收件箱堆满邮件，手机上装满了社交软件，日程表上全是待做事项，因此我们很可能与社会脱节，很可能失去宝贵的人际关系。当我们将注意力都放在自己身上时，当我们全神贯注过自己的生活时，我们没有时间和精力去了解别人的悲欢。

我们总觉得只有老年人才会有孤独感。实际上，孤独与年龄无关。2018 年，BBC 第四电台与惠康基金会（Wellcome Trust）合作展开了一项调查，涉及55 000名受访者。他们发现，在75岁以上的受访者中，约 25%的人经常或总是感到孤独；在 16~24 岁的受访者中，这一比例出人意料地达到了 40% 左右。[4] 人们与家人的联系在不断减少，越来越多的人选择独居。过去 50 年，英国单身家庭的数量翻了一倍，而美国则几乎翻了三倍。[5] 在全球范围内，重要城市的单身家庭数量都比较惊人，如巴黎（50%）、斯德哥尔摩（58%）和曼哈顿部分地区

（远超 80%）。[6]

可悲的是，绝大多数人都低估了孤独对心理健康及生理健康的危害。杨百翰大学的茱莉安·霍尔特－伦斯塔德及其同事回顾了 148 项研究，这些研究共涉及 30 万人。他们发现，孤独是导致过早死亡的重要因素之一，已经超过了饮食、运动甚至吸烟。[7] 无论参与者的年龄、性别或初始健康状况怎样，得出的研究结果都惊人的一致。

孤独不仅会造成情感上的痛苦，它更是一个沉默的杀手。心理学家约翰·卡乔波发现，孤独让过早死亡的风险增加了 20%。在对人类和猴子的研究中，他发现孤独会明显导致白细胞数量发生变化：引起炎症的白细胞数量增加，抵抗疾病的白细胞数量减少。随之而来的是一系列生理变化，因此我们将面对更多的健康风险，如高血压、代谢紊乱、睡眠不足和免疫力降低。[8]

此外，孤独会增加患老年痴呆的风险。罗伯特·威尔逊和芝加哥拉什阿尔茨海默病研究中心的人员跟踪调查了 823 位老人。最开始，他们都未患老年痴呆。研究人员发现，孤独的老人记忆和感知能力较差。在之后五年中，那些自称感到社交孤独的老人认知能力持续下降，其中有 76 人先后患上老年痴呆。而那些社交情况良好的老人则没有出现相关症状。[9] 威尔逊等人的研究证明，孤独会对我们的身心健康产生重要影响。

然而，尽管已经有了这个引人注目的结论，可昆士兰大学的凯瑟琳·哈斯拉姆教授发现，公众还是大大低估了“社会支持”（“你有多少重要的人际关系？”）和“社会融合”（“你与社区和社会的联系是否紧密？”）这两个指标对寿命的影响。在所有影响因素中，以上两项排

我们是否被人爱、是否被人珍惜、是否处于亲密关系之中，是决定我们心理和生理健康的重要因素。

名垫底。哈斯拉姆在其著作中写道：

> 究其原因，一是因于我们过于依赖现代医学，身体不舒服就去医院。二是因为医生和健康专家很少告诉我们人际关系对健康的重要性。[10]

通常，人们认为社交“健康”是一个比较私人的问题，和身体健康没什么关联。现代社会中的我们面临太多压力，我们不愿意像以前那样去陪伴家人和朋友。然而科学研究清楚地告诉我们，健康的社交关系其实是针对疾病和过早死亡的一剂预防针。无论是普通人还是医学领域的专家都低估了社交健康的“医学”意义。亲密关系并非可有可无。相反，它与我们的幸福和寿命紧密相关。

肤浅的社会关系并不能满足我们对亲密关系的需求。同样，如果一段关系里充满焦虑、紧张和压力，它也不会产生积极的影响。穆兰·哈里斯和杨曾深入、广泛地研究过美国人的寿命，他们发现，健康的社会关系（以支持、共情和鼓励为基础）可以降低血压、减小腰围、减轻体重以及减少身体炎症，这些参数都关系着我们的寿命长短。[11]

说到身体健康，我们最担心的便是腰围大小，其次是心血管疾病。然而，我们是否被人爱、是否被人珍惜、是否处于亲密关系之中，是决定我们心理和生理健康的重要因素。如果我们像重视饮食和运动那样重视我们的社交关系，我们可能会变得更快乐、更健康，同时，生病、患老年痴呆和过早死亡的风险也会降低。

当你在维护生命中最重要的人际关系时，你做了什么？在工作面前，和朋友约会、给家人打电话、带孩子出去玩等活动是否都得往后靠？当你忙着完成一个又一个工作任务时，你是否发现自己都没有时间和同事聊聊天、喝杯咖啡呢？是否发现自己无力和同事建立友谊或亲密关系呢？当你休息在家时，你是否感到筋疲力尽，只想窝在沙发里看电视，不想说话呢？

经营人际关系也是生活中的一个重要任务。它不仅影响着你每天的生活质量，从长远看，也影响着你的健康和幸福。无论是个人生活中还是工作中的人际关系，都是这个规律。

办公室政治对业绩的影响

不少企业忽略了员工的社会健康和其工作效率之间的重要关系。科研工作者克里斯蒂娜·马斯拉奇（Christina Maslach）自创了“熄火”（Burnout）一词。当员工不能继续对工作进行情感和精力上的投入，他便“熄火”了。最开始，马斯拉奇的研究对象是紧急救助行业的急救人员。这类行业的人经常需要长时间轮班、应对危害性事件以及保护、救助他人，这些工作压得他们喘不过气。

马斯拉奇想知道以上情况是否同样存在于商业世界中。但是，当她的研究团队调查了许多大型企业后，他们发现造成员工“熄火”的并不是工作量，而是员工之间的人际问题，包括竞争、钩心斗角、背后捅刀、八卦、不公平，以及上司不认可、不欣赏员工的努力。[12] 他们还发现，一些企业甚至制定了明确的政策去激励员工通过残酷竞争提高业绩，这导致员工之间进一步分化。在个别企业里，一旦员工无法完成不断增长的业绩指标，公司甚至会降低他们的岗位级别。

这些企业的眼光不够长远，未能充分考虑这些政策的长期效应。它们可能会带来各种健康问题，如精力下降、睡眠不足，导致员工无法调和工作与生活之间的冲突或逐渐失去自尊，于是最终“熄火”。在企业眼里，能量耗尽的员工不再具备价值，可有可无。那么，当员工“熄火”后他们会怎么做呢？他们会辞职。之后，企业必须重新招聘和培训新的员工，这一过程既昂贵又费时。如果企业不改变其管理政策，新进人员迟早也会辞职。这是一个恶性循环。

这就是“密集型工业化养殖”在人类世界的翻版，其目的都是最大化产量、最小化成本，无视“劳动力”的健康和生活质量。这是一个有趣的类比。

研究发现，密集型工业化养殖会增加疾病的传播、降低产品的质量、缩短动物的寿命。[13] 同理，类似的企业文化会提高员工的患病风险，降低其创造力和创新能力，最终导致员工“熄火”、离职。谁也不愿意成为养殖场的母鸡。马斯拉奇将员工“熄火”这一信号比喻为“矿井中的金丝雀”①，它们都是对工作环境有毒的警告。

为了避免员工“熄火”，马斯拉奇教授建议企业应该给员工分配合理的工作量，尽可能提高员工的选择权和自主权，制定公平的奖惩

① 17 世纪，英国矿井工人发现，金丝雀对瓦斯这种气体十分敏感。空气中哪怕有极其微量的瓦斯，金丝雀也会停止歌唱；而当瓦斯含量超过一定限度时，虽然鲁钝的人类毫无察觉，金丝雀却早已毒发身亡。当时在采矿设备相对简陋的条件下，工人们每次下井都会带上一只金丝雀作为“瓦斯检测指标”，以便在危险状况下紧急撤离。——编者注

你需要将自己的身心健康放在第一位，你需要对公司明确你的底线，
这不仅关系到你的个人幸福，也关系到你的生产力和工作效率。

制度，认可员工的付出，在企业营造公平的氛围，打造以尊重、公平为核心的企业文化。她推崇这样的管理理念："我们是一个团队，我们携手前行。"

愤世嫉俗的人可能对这个理念嗤之以鼻。我们中的许多人在与企业和老板打交道的过程中伤痕累累。老板的要求总是越来越高，越来越不合理，他们把员工当成工作机器，而不是有血有肉的人。如果你觉得自己工作在一个有毒的环境中，或者被当作养殖场的母鸡对待，那么你确实该思考一下工作在你生活中所扮演的角色了。你需要将自己的身心健康放在第一位，你需要对公司明确你的底线，这不仅关系到你的个人幸福，也关系到你的生产力和工作效率。如果企业能够关心员工的身心健康，这不仅符合员工的利益，也符合企业自身的利益。

然而大多数企业文化往往并不重视员工的社交健康和情感幸福。你不妨回忆一下自己的童年。那时，你是在积极开发社交技能、建立友谊，还是在努力学习、提高绩点、获得奖状、美化简历以应对未来的竞争呢？

多给孩子一些玩耍时间

如果你已为人父母，在孩子社会化的过程中，你最注重什么？你是否鼓励孩子通过聚会或派对去建立友谊、维护友谊呢？在你鼓励孩子努力学习的同时，你是否会引导他们向他人传递仁慈和善意呢？你

> 未成年人不是在准备这场考试就是在准备那场考试，他们极度缺乏玩耍的时间去放松自己，这大大影响了他们的情绪健康和认知发展。

更重视孩子的社会健康还是学业成绩呢？

你可能会反驳说，善良又不能帮孩子敲开名牌大学的门。回忆童年，那些美好的关系可能已经淡出我们的脑海了。但我们需要记住，这些关系对童年时期的我们非常重要。它们有助于塑造我们的性格、培养我们的自尊心和自我认知，这对成年后的我们弥足珍贵，无论我们从事什么行业。

如今未成年人压力越来越大，焦虑越来越严重，已引起了广泛的社会关注，大部分压力来自学习和竞争。最新研究表明，未成年人不是在准备这场考试就是在准备那场考试，他们极度缺乏玩耍的时间去放松自己，这大大影响了他们的情绪健康和认知发展。[14，15]

学生的测试成绩和考试排名其实并不能说明一切。劳伦斯已经在大学工作了 25 年，他在一些学生身上发现了这一点。光看学生的学习成绩是远远不够的，他们还需要有创造力以及批判性思维；他们不能沉迷于别人的欢呼喝彩，也不能为了仕途而去追逐管理机构那不断变化的业绩指标。考试成绩不能证明一个人是否具有创造力、是否诚实、是否渴望改变世界，也不能证明他们是否具备高超的人际能力去应对一屋子的警察、审问犯罪嫌疑人。单纯的考试并不能培养全面发展、充满韧性、才华出众的儿童和成人。既然如此，为什么我们的体系依然坚持鼓励这样的竞争模式、坚持培养这样的考霸？这一切能否得到纠正呢？

我们现存的教育体系和芬兰的教育体系形成了鲜明对比。后者不会让学生进行无休止的考试，它更加注重青少年的全面发展：性格、创造力、道德和社会化。[16]

> 当我们步入老年时，陪伴我们的可不是泛黄的满分化学试卷，
> 而是我们与他人之间的友谊。

露西·克拉克（Lucy Clark）在其著作《美丽的失败》（*Beautiful Failures*）一书中呼吁社会反思青少年究竟需要什么样的教育，究竟应该如何成长。[17] 她呼吁参与儿童生活的那些成年人（父母、老师和社会领袖）主动为儿童减压，扩大对成功的定义。克拉克认为，成年人应该鼓励孩子花时间做自己喜欢的事——参与创造性的活动、发展兴趣爱好、玩耍、享受童年乐趣。这些经历能够培养他们的自信、韧劲和勇气，帮助他们应对未来的挑战。克拉克认为，父母和教育人士需要重视和鼓励孩子的全面发展，不能只关注他们的学习或课外活动。他们还需要关心孩子是否能够从学习中获得乐趣、是否能够有创造性地独立思考。如果儿童想成长为健康、有竞争力的成年人，社交能力和深厚的友谊与课外活动、学习成绩一样重要。

随着年龄的增长，维持和经营友谊变得越发重要，因为许多关系会随着我们的衰老而枯萎。当我们步入老年时，陪伴我们的可不是泛黄的满分化学试卷，而是我们与他人之间的友谊。

蓝色地带①的人为什么长寿

丹·比特纳（Dan Buettner）在《蓝色地带》（*The Blue Zones*）一书中指出，日本冲绳岛居民的预期寿命是世界范围内最高的。[18] 男性平均预期寿命为 84 岁，而女性则将近 90 岁，这比大多数国家的平

---

① 蓝色地带指世界上拥有最高比例的长寿人口的地区。——译者注

均预期寿命高出 5—10 岁，具体差距取决于你的居住地。

生活在冲绳的人不仅寿命更长，身体也更好。他们较少患有心血管疾病和癌症，而这些疾病经常夺去西方人的生命。同时，冲绳居民罹患老年痴呆的概率也低于平均水平 50%。为什么蓝色地带的平均寿命更高？不同地区具体原因有所不同，当然饮食和运动也发挥了作用。

这些蓝色地带存在一个共同点：它们都建立了牢固、积极的社会关系。在蓝色地带，各个年龄段的人积极参与社会活动，积极融入社区。英国也曾实施一些类似的方案，以加强老年公民的社会联系，例如伦敦的“老年女性生活互助组织”（Older Women's Co-housing）。该组织鼓励原本独居的女性独立生活的同时加强彼此的社会联系。[19] 据报道，加入该组织的女性在情绪健康、日常活动和生活满意度方面均有所改善。

男性也没有被遗忘。近年发展起来的“男性工棚”（Men's Sheds）组织在帮助男性消除孤独感以及降低男性自杀率方面受到了许多关注。“工棚”起源于澳大利亚，它会组织一系列工作坊，男性成员可以在完成各种项目的同时进行社交。研究人员发现，工棚成员可以自然而然地建立人际关系和友谊，这种模式尤其适合男性。根据伦敦国王学院的调查，工棚成员在心理和身体健康指标（自信、思维和开朗）上的得分均高于非工棚成员。[20]

显然，人类生来就是社会动物。我们的健康、幸福和成就感源于我们与他人的互动。但是，许多人却难以与他人进行沟通，难以建立积极的、有意义的人际关系。对他们而言，人际关系不但没有

> 归属于一个更大的、更有意义的集体，
> 这种感觉是构成我们心理健康和幸福的重要因素。

成为正能量生活的基石，反倒变成了压力、愤怒、悲伤和恐惧的培养皿。

寻找稳定的亲密关系

归属于一个更大的、更有意义的集体，这种感觉是构成我们心理健康和幸福的重要因素。[21,22] 这种归属感可以通过多种渠道获得。从微观层面讲，你可以加入校友会、体育队或运动俱乐部；从宏观层面讲，你可以通过自己的民族身份、文化背景或宗教信仰去培养自我认同。在对抗抑郁症和药物滥用等问题上，社交团体能够维持人们的心理健康和幸福，这一点已经受到了广泛关注。[23,24] 此外，社交团体在帮助我们应对生活中的重大事件或转折点（如进入大学、第一次为人父母、大病痊愈、退休、痛失至亲）等方面也发挥着重要作用。

社交团体通过各种活动和日常安排（例如定期参加瑜伽课或跑步俱乐部）能够在成员之间创造一种共同的社会属性（例如摩托车手俱乐部或柯基犬主人俱乐部），也能鼓励成员追求共同的目标（例如抗议暴力或保护环境），这让成员们的生活更加有意义。[25] 我们拥有什么样的价值观或人生目标，就会选择加入什么样的社交团体。反过来，我们乐意与那些支持我们、肯定我们的志同道合的人分享我们的价值观和人生目标。

当我们找到自己的团体后，我们还得保持些许警惕。社交团体的确可以带给我们一些归属感，但同时它也让支持团体价值观的社会群体和反对团体价值观的社会群体更加分裂。令人遗憾的是，在我们现在生活的世界里，人们即便是简单表达自己的想法，也会招致持反对意见的个人或群体的攻击。

社交媒体在制造社会分裂方面也是“功不可没”。它们喜欢根据种族、宗教或党派将人划分为多个阵营，蓄意利用不同群体的价值观和信仰制造冲突。分裂主义和部落主义一直存在于我们的社会中，而无孔不入的社交媒体将其不断放大。这就是为什么有些人竟然会对与自己饮食习惯不同的群体发出死亡威胁。(《每日邮报》曾刊登过一篇题为《自鸣得意的素食主义者受到了死亡威胁，因为他们建议乳制品工厂工人“换个工作”》的报道。)[26]

我们需要明确一点，我们的目的并不是反对言论自由。我们只是想表达，仇恨言论只会让这个已经分裂的世界更加分裂。除此之外，它不会带来任何结果。推特上的许多标签，如“英国脱欧”“特朗普”“抗议猎狐”“移民”“政府监控”，甚至“纯素香肠”等，都是典型的制造分裂的话题。2018 年，律师吉娜·米勒（Gina Miller）就英国脱欧事件质疑了英国政府。于是，她的推特账号收到了洪水般的恶毒评论。这些评论充斥着性别威胁、暴力和仇恨，违背法律的同时具有极强攻击性，令人发指。这些评论都是在恐吓、侮辱、欺凌当事人，并不会产生任何积极作用。

侮辱性的言语并不能迫使持反对意见者重新审视自己的立场，坐下来进行有意义的交谈，也不能推动人们重新考虑自己的立场或进行稳定的亲密关系对生活质量、心理健康、身体健康和预期寿命来说至关重要。

富有成效的辩论。相反，它只会阻止人们静下心思考问题，只会拉开人们之间的距离，只会让社会更加分裂。侮辱并不能带来理性的讨论或交流。侮辱的目的是分裂，而不是团结。

所以，当我们尝试理解他人、团结他人（尤其那些持反对意见者）的时候，我们必须投入巨大的精力。我们都是文明社会的人，不应将恶语相向称为沟通。如果我们的目标是让别人倾听我们的意见，那么在推特上宣泄怒气可不是什么明智之举。这样做的背后意图就是欺辱、恐吓、制造分裂，而不是通过交流和互相理解来影响别人。

我们已经知道，稳定的亲密关系对生活质量、心理健康、身体健康和预期寿命来说至关重要。事实上，社会凝聚力和社会关系是幸福、快乐和长寿的基石。

通过这本书，我们力求提高你的亲和关系能力，帮助你建立持久的、有益的人际关系。依靠这些关系，你可以更加顺利地应对生活中不断出现的矛盾、分歧或挑战。因此，我们应该努力提高理解他人的能力。他人既包括我们最亲近的人，也包括那些我们讨厌或害怕的人。

总　结

1. **人际沟通的能力可以习得。**无论你性格内向还是外向，你都需要他人。但是，沟通的目的是加深你的人际关系，而不是拓宽你的人际关系。人际关系的深度远远比广度重要。因此，别急吼吼地在社交媒体上结识更多朋友。相反，请将注意力放在你真正想与之建立更深刻、更有意义的关系的人身上。对于那些已经淡出你生活的重要人士，努力修复与他们的关系。你不能，也不应该独自一人生活在这个世界上。

2. **沟通技能好比人体肌肉，请定期锻炼它**。多项研究表明，孤独不仅不利于我们的心理健康，也不利于我们的生理健康。你在注重饮食和锻炼的同时，不妨多多思考如何提高自己的人际关系技能。你可以寻找那些志同道合的人，也可以加入一些俱乐部，参加一些社交活动或志愿者服务，通过这些方式找到归属感。
3. **我们同属一个世界、一个部落**。请尽可能避免使用分裂主义、部落主义语言。攻击他人、侮辱他人不会让你的形象更高大。面对你的劲敌和持相反价值观的人，也要努力去理解他们。你不必去喜欢他们，也不必去认可他们，但请努力理解他们。这是战胜分裂主义的关键。有时候，使用侮辱性的仇恨言词或许极具诱惑力，但请不要沉迷于它。这些语言贬低的不是别人，而是你自己。
4. **团结他人，关心他人**。努力去团结、去理解那些生活在同一社区的年轻人和老年人。判断一个社区是否健康，就看该群体中不同年龄段的人是否沟通融洽。去拜访你的邻居，记住他们孩子的名字，帮助年迈的邻居取快递，修剪自家草坪的时候顺便帮助他们修剪草坪。这些小事可以增进邻里之间的关系。如果你实在太忙，没时间做这些，你可以间接做出一些努力。你可以根据自己的价值观，选择性地赞助或者支持某个公益活动、某个环保组织或其他社区团体。

5. **与最亲近的人建立亲密关系**。和你的孩子、父母、祖父母相处时，别光询问他们做没做作业、看没看医生、吃没吃药。你得花些时间认真倾听他们，了解他们真正在乎什么。在之后的章节中，我们将介绍打造亲密关系的具体技巧。在阅读下一章之前，请问问自己，你的人际关系需要改善吗？你又是否愿意做出改变呢？

第二章

让你说的话有分量

当文字躺在字典里的时候，它们是那么无辜、那么渺小。然而，一旦文字落入语言大师的手里，天知道它们能变得多么伟大或多么邪恶。

——纳撒尼尔·霍桑（Nathaniel Hawthorne）

劳伦斯：1993 年，刚从大学毕业的我坐在位于吉尔福德的小办公室里。我的面前放着六个黑色文件箱，每个箱子里堆满了文件。箱子一侧用黑色记号笔写着“R–V– 斯塔格”，这是我作为法庭心理学家负责的第一个案子。柯林 · 斯塔格是发生在温布顿公园的瑞秋 · 尼克尔谋杀案的主要犯罪嫌疑人。瑞秋是一位年轻妈妈，有一个两岁的儿子，名叫亚历克斯。凶手当着她儿子的面捅了她 47 刀。被发现时，亚历克斯正紧贴着瑞秋的身体，哀求着“妈妈醒醒”。斯塔格被捕，首先是基于目击者的证词，其次是基于心理学家和犯罪侧写师保罗 · 布里顿提供的犯罪侧写①，然而他的侧写并不准确。[1]

斯塔格独自居住在温布顿公园附近罗汉普顿小区的一套小公寓里。他经常去公园遛狗。他独来独往，不喝酒不吸毒，他也承认自己不合群。30 岁的时候，他还是处男，但非常渴望谈恋爱。警察搜

① 犯罪侧写是一种常用的调查手段，它在分析犯罪以及犯罪手法的基础上识别罪犯。但也有人担心警察局滥用侧写，因为一些人与罪犯有某些共同之处，更有人仅因肤色便被侵扰，甚至被逮捕。但也有人主张，在这样一个恐怖主义和暴力犯罪肆虐的年代，我们不得不依据犯罪形态而调查某些人，哪怕这种怀疑是基于一个人的种族。——编者注

查他的房子时，发现一个房间被涂成了全黑，墙壁上用白色粉笔画着警方认为非常邪恶的图像，让人感到不安。实际上，这些图像是巫术符号。

布里顿在其提供的原始侧写（斯塔格被捕之前）里断言，嫌疑人很可能是有着奇怪性取向的独居者，而且很可能就住在案发现场附近，年龄接近 30 岁或 30 岁出头。在审讯过程中，警方也发现斯塔格非常怪异，他似乎很符合布里顿的侧写。布里顿看完审讯视频后，也证实斯塔格嫌疑很大。

于是，警方决定开展卧底行动（代号为“埃泽尔行动”)。一名警察化身卧底，代号丽兹·詹姆斯。她要和斯塔格成为朋友，以找到斯塔格的犯罪线索，将其绳之以法。最开始，他们只是写信，之后他们还会打电话、见面。

警方委托我审查此案的多个细节。这是我作为法庭心理学家接手的第一个刑事案件，当时我刚 20 岁出头。一位高级警官警告我，“劳伦斯，这个案子对伦敦警察厅来说很重要”，他严肃地说，“如果你站在辩方那边，请相信我，你将永远失去和英国警方合作的机会”。其实，无论这位警官是否警告我，我都会全力以赴，认真对待。

我仔细审查了斯塔格和丽兹·詹姆斯之间的互动，这是我的主要任务之一。我分析了他们之间的通信、电话和见面的各种细节。当我探索这些细节时，我一直在思考，斯塔格是否真如警方所断定的那样是一位凶残的强奸犯，还是说他只是在警方的诱导下说了一些对自己不利的话，而他其实是无辜的。

25 年过去了，我仍对这一惨案的许多地方记忆犹新，其中有两个细节尤其深刻。我看过案发现场的整套照片，它们从视觉上让我对此案形成了基本了解。前面所有照片都充满血腥，直到最后一张，它将镜头移至凶杀现场之外。

正是这张照片一直刻在我的脑海深处。它采用了高空镜头，对准了公园边缘的风车，下面是个停车场。风车的影子笼罩着停车场，一辆车孤独地停在那里，正是受害者瑞秋的车。当我看到这张照片时，悲伤向我袭来。那辆车被笼罩在风车的影子之下，看上去那么孤独。我脑海里出现了一幅画面：瑞秋和亚历克斯走下车，他们要去公园散步，然后回来取车。他们无论如何也想不到，他们的人生将以悲剧收场，他们再也回不到车上。

接下来是第二个细节：警察公然采取手段操控斯塔格，诱导他认罪。为了达到目的，丽兹暗示斯塔格，如果他能认罪，她愿意和他谈恋爱，发生性关系。斯塔格不善社交，不吸烟，不喝酒，不吸毒，也没有暴力史，但他渴望一段恋情。丽兹是一位漂亮的金发女郎，频频对斯塔格施展性魅力。在诱惑之下，斯塔格自然开始上钩。

据我分析，斯塔格之所以说出那些对自己不利的证词（关于在身体上和心理上羞辱女性），都是因为受到了卧底警察的影响和操控。他这样做的目的只是想和丽兹发生性关系（当然，这永远不会实现）。丽兹反复告诉斯塔格，如果她听到一些女人被侮辱并且毫无还击之力的描述，她就会欲火焚身。于是，斯塔格开始编造一些场景满足丽兹的欲望，但这些终究不是事实。为了让斯塔格认罪，警方开始不择手段，卧底行动变得荒谬透顶。有一次，斯塔格始终不愿承认自己杀害了瑞秋，丽兹竟然对他说："如果是你干的就太棒了……我真希望凶手是你。”斯塔格回答道：“抱歉，丽兹，真的不是我，抱歉。”在两人的互动过程中，斯塔格从未认罪。

基于我提供的心理分析，首席大法官奥格纳最终宣布斯塔格无罪。奥格纳还谴责警方和保罗·布里顿的行为“急功近利”和“极具欺骗性、十分粗暴”。但是，媒体、公众，甚至是瑞秋的家人都感到被法庭出卖了。他们认为法庭不该让这样一个强奸犯、禽兽、凶手逍遥法外，他必定会再次作恶。他们选择相信伦敦警方，认为斯塔格是唯一可能杀死瑞秋的人。然而，凶手另有其人。

17年后，多亏法医学的进步，真正的凶手浮出水面，就是罗伯特·纳珀。证据表明，纳珀很可能已经犯下了一百多次强奸罪，他才是“绿色链条”（Green Chain）连环强奸案的主谋，瑞秋正是受害者之一。在许多案件中，受害者都是有孩子的年轻母亲。她们因担心纳珀伤害自己的孩子而内心充满恐惧，于是只能任其摆布，这让纳珀更加兴奋。

就在瑞秋被害一年之后，纳珀又杀害了另一位年轻母亲萨曼莎·比塞特和她四岁的女儿贾丝明。他的手段之残暴，恶劣程度不亚于“开膛手杰克”[①]。

之前警方用胁迫、操纵和欺骗手段设置了一个甜蜜的陷阱，导致一名无辜的公民在押后被审讯14个月。这让公众蒙受了300万英镑的损失。最悲惨的是，凶手依然逍遥法外，继续强奸，继续杀戮，导致另一名母亲和她的孩子遇害。丽兹·詹姆斯试图通过欺骗与斯塔格

---

① “开膛手杰克”是1888年8月7日到11月9日间，于伦敦东区的白教堂一带以残忍手段连续杀害至少五名妓女的凶手的代称。——编者注

1993年，斯塔格被怀疑杀害了附近一位名叫瑞秋·尼克尔的年轻妈妈。他是一个大龄单身男子，警方发现他在房间墙壁上涂满了邪恶的图像，符合警方对凶手的侧写。
①
你好，我是丽兹。
柯林·斯塔格。
为了确认斯塔格是否有嫌疑，警方委派一名女警与斯塔格互动，试图让他交代犯罪细节。
②
如果是你干的就太棒了……我真希望凶手是你。
抱歉，丽兹，真的不是我。
不管丽兹如何诱导，斯塔格始终未认罪，我认为他是在卧底的诱惑和操控下才说出了对自己不利的证词。
③
因为我的分析，法庭宣布斯塔格无罪。17年后，警方最终发现了真正的凶手。
④

当你与他人建立亲和关系时，请不要使用花招。

建立联系，并向他施压，操控他、诱导他认罪，整个卧底行动就是一场骗局。要是斯塔格再软弱些，可能就上当了，被迫认罪，然后在监狱里苦熬 17 年，希望有一天沉冤得雪。

当我们试图通过虚假的承诺、压力和欺骗去影响、操纵他人时，我们可能会得逞，但是这种手段终究只是诡计，它经不起考验，最终会失败。通过这种手段建立起来的关系，如摇摇欲坠的危楼，很快就会倒塌。

当你与他人建立亲和关系时，请不要使用花招。亲和关系的基石是诚实和共情。有时候，人们可能会向你坦白他们的真实想法和真实行为，不管有多阴暗，你都不能强迫他们撒谎或胡编乱造。如果他们决定告诉你一些事情，那也是因为他们自愿选择这样做，而不是因为你的花招或手段。

斯塔格一案对我以及我的整个职业生涯都产生了重大影响，让我对人际沟通有了新的认识。此案也揭示了一个残酷的现实：文字具有强大的力量。

艾米丽：当我在威斯康星大学麦迪逊分校学习行为科学和刑法时，我遇到了玛丽·安·瑟伯，她是一位社区警察。1979 年，瑟伯成为美国第一批女警中的一员。快退休的时候，她在接受当地一家报纸采访时说："善良是世界通用的语言。"

我和瑟伯的短暂互动发生在 1993 年。从这一次经历中，我深刻领悟了这句话的精髓。那是一个秋天，阳光明媚，秋高气爽，瑟伯开着她的警车来接我。我当时 19 岁，很紧张。她像是一台小型发电机，精力充沛。她有一双明亮的眼睛和一头浓密的黑发，总是笑容满面。她从汽车后座递给我一件防弹背心，“穿上它，以防万一”，然后冲我眨了眨眼。

“究竟会发生什么？”我深吸了一口气。

途中，我们接到当地收容所打来的电话。一名工作人员正受到前男友的威胁。他喝醉了，在门口大喊大叫。收容所的工作人员和住在那里的无家可归的人关上所有入口，拉下金属卷闸门，躲在里面不敢出来。该男子威胁说，如果他前女友不出来，他就杀了她，还要放火烧了收容所。她害怕极了，收容所里面的其他人也吓坏了。接线员打电话时说的最后一句话是：“他们说他是个大块头，玛丽，他又高又壮……”

“呃，”玛丽对我说，“太危险的话，你就留在车里，别担心。”当她试着安慰我的时候，我发现她的眼睛睁得大大的。我们驶入停车场，随后便看见那个壮如黑熊的男人。他不停地猛踢卷闸门，发出哐哐的巨响。他看上去像个醉酒的疯子，让人不敢靠近。

玛丽看着我说：“我们停好车后，你先下车，然后绕到车子后面去，躲在那里不要走动，除非我叫你，好吗？”她用坚定、自信、沉稳的语气说道。我想她之所以要我下车，是因为她过会儿得把那个男人铐进警车里。我完全赞同玛丽的安排。

“好。”我说，尽量表现出勇敢。当我下车后，我听到那个男人在喊：“快给我滚出来，你这个贱人！我要杀了你！把这该死的门打开，不然我一把火把这里烧了！”

他烂醉如泥，把注意力全部放在卷闸门上，都没有看到我们下车了。

“嘿！”玛丽对他喊道，“快别那么说，过来和我聊聊。”

他转过头用布满血丝的眼睛看着她，额头上面全是汗水。

“贱人，你想干什么？”他咆哮道。

“嘿！”玛丽说，“别这么不友好！跟我说说吧，究竟怎么回事？到底发生了什么？”

于是，他吼叫着讲述了女友如何离开他，如何打破要一辈子在一起的承诺。突然，他停顿下来，似乎刚反应过来玛丽是一名警察。

“你别给我废话，我知道你要逮捕我！”他边说边盯着她，就像一头准备发起进攻的牛。

玛丽依然保持着沉着和镇定。“如果有必要，我们会逮捕你。但现在，我只想让你解释一下发生了什么。你叫什么名字？”

“托马斯。”他用犀利、充满怀疑的语气回答道。

“好的，托马斯，你携带了什么我应该知道的东西吗？”玛丽平静地问。

“没有。”托马斯喃喃地说。

“好的，把裤兜翻出来让我看看好吗？”

“行，行，又是这一套！”他冲她吼道，翻出了牛仔裤的裤兜，就像是投降的白旗。

“告诉我发生了什么，这是怎么一回事？”玛丽用鼓励的口吻问道。

“我只想和她说说话，但她就是不出来，就是不肯见我，就是不接我电话！天啊，你知道我心里是什么滋味吗？你想象一下，你曾把她当作你的全世界，而现在，她将你踢出了她的世界！哦，你不会明白……”托马斯咕哝着说。

他仍然很激动，但是眼神发生了变化。之前的托马斯剑拔弩张，一副要杀人的样子，而现在，感觉他要哭出来了。

“我明白，你很生气，也很绝望，所以你来找她了，你只是想和她说说话。有时候，爱情让我们变得有些疯狂。但是托马斯，我停车的时候，我听见你说要杀了她，还要烧了这个地方！”

“是这样，但我这么说是因为她不出来！”托马斯像个孩子一样为自己辩护着，好像自己情有可原。

玛丽又问他：“你来之前喝过酒吗？”

“是的，喝了一点点。”他喃喃道。

他们又说了10分钟左右，但是声音轻柔。我没听清具体内容，但是我观察到托马斯的行为发生了改变。他开始放松，靠在墙上，看着玛丽的眼睛。他们离开了收容所门口的台阶，朝警车走去。

玛丽对他说：“现在我得带你去警局，托马斯，你明白的。”

他停下脚步，似乎在思考要不要逃走，随后说：“好，好，我明白。”

就在那时，另一辆警车停了下来，两名男警官来了。我都不知道玛丽什么时候叫的支援。

“我猜这两个肌肉强壮的人是来给我戴手铐的，对吗？”托马斯问道，他重新燃起怒火。

“托马斯，”玛丽说，“看看你自己，一米八三的身高，壮得跟熊似的，我当然要打电话叫支援。但是，别冲动，好吗？我们会给你戴上手铐，这没什么大不了。你确定你没携带什么吗？可不要给我惊喜。”托马斯摇了摇头。

“好吧，我们这就去警局，把事情讲清楚，好吗？”玛丽说道。

小巧的玛丽竟然驯服了一头烂醉如泥的猛兽，在我看来太了不起了。托马斯居然同意警察逮捕自己。玛丽是怎么做到的？她是怎么说服托马斯的？

一名男警察绕过警车用手铐铐住托马斯，将托马斯按在汽车的后备厢上，然后检查了托马斯的裤子。托马斯开始用难听的语言咒骂，但没有动手。

突然，警察抓住托马斯的头往车子后部猛撞了一下。随着“砰”的一声，场面开始失控。

托马斯开始对周围的人大打出手，不分对象。包括玛丽在内的三名警察同时跳到他身上，所有人一起试图制服这个喝醉的庞然大物。

我一直躲在警车后面。最后我看到他们用扎带控制住托马斯，使他脸朝地。警察像举烤猪一样将他举起来，扔进其中一辆警车的后排座。车门关上的那一刻，他仍在咒骂他们，朝他们吐口水。

玛丽走到我身边。她的头发凌乱不堪，脸上满是灰尘。“哎，本来好好的，”她叹了口气，“真是个蠢货……”我不确定玛丽口中的蠢货究竟是指托马斯，还是指把托马斯的头当壁球的警察同事。不过，两种可能性都挺大。

玛丽和托马斯之间的互动结局不太理想。我当时还有些同情托马斯。我觉得自己不该这样，毕竟他曾威胁要杀死自己的前女友，还要烧掉收容所。

玛丽在整个过程中表现出来的镇定、耐心以及她说的每一句话都

1993年，我与女警玛丽一起去处理一起醉酒男子闹事的案件。
快给我滚出来，我要杀了你！把这该死的门打开，不然我一把火把这里烧了！
POLICE
贱人，你想干什么？你别给我废话，我知道你要逮捕我！
别这么不友好！跟我说说吧，究竟怎么回事？
我只想和我女朋友说说话，但她就是不出来见我，就是不接我电话！
我明白，你很生气，也很绝望，所以你来找她了，你只是想和她说说话。
POLICE
咱们去警局把事情讲清楚，好吗？
个子矮小的玛丽仅凭语言就说服了这名醉汉。
POLICE

> 想与他人建立亲和关系，你需要真正对对方感兴趣，你需要了解对方的想法、感受和核心价值观。

停留在我脑海中。她用语言——只用了语言——便驯服了一个醉酒的、攻击性极强、体格比自己壮很多的男人。其实当时玛丽不叫支援也能让托马斯坐进警车。她真的不需要那两位同事。在那个停车场，身高一米六的她就是最强大的人，她不需要提高自己的嗓门，也不需要拔出手枪。

身处复杂局面，玛丽依然成功建立了联系，凭借自己的耐心建立了亲和关系这一强大武器。它帮助玛丽说服了托马斯，它可比手枪有威力。这就是语言的力量！

想与他人建立亲和关系，你需要真正对对方感兴趣，你需要了解对方的想法、感受和核心价值观。即使是你在把控关系的方向，你依然需要学会倾听。

玛丽耐心引导托马斯讲述了他粗暴行为背后的故事，并在他们之间建立了信任和尊重。在互动过程中，她没有强迫、威胁、欺骗他。她明确告诉托马斯自己必须逮捕他，从未给出错误暗示。托马斯清楚知道这一点。

她选择将托马斯的错误言行暂时放到一边，逐渐引导他和自己合作。要不是警察同事瞎搅和，她就成功了。

你可能会想，为什么要对一个犯罪嫌疑人说这么多？托马斯当时威胁要杀人，极其危险。为什么玛丽不直接掏出手枪命令托马斯脸朝下趴在地上？在我看来，这种操作在世界范围内，特别是美国，非常普遍。但是，然后呢？如果他拒绝合作怎么办？接下来怎么处理？朝他开枪？无论是对警察还是对犯罪嫌疑人来说，这真是一个好结果吗？

别误会我的意思。如果托马斯真做出什么实质性的危险动作，我也赞同玛丽使用她的武器。如果不得不开枪，玛丽也不会手软。但对她而言，开枪是万不得已的选择，这不是她的行事风格。① 相反，面对身高一米八三、烂醉如泥、体壮如熊的托马斯，她更愿意利用自己的人际关系技巧去引导他。

以上这个故事证明了语言的力量。人们既可以利用语言去给他人施压，去胁迫他人，也可以利用语言让他人平静下来好好沟通。要掌握亲和关系的秘诀，我们必须弄清楚亲和和武力之间的区别。

克服你的本能

我们内在存在一种本能，它诱惑我们使用武力去促使他人按我们的希望行事。这一本能貌似还挺管用。确实如此，特别是当对方没有能力阻止我们使用武力或以牙还牙时，但这未免有些野蛮。作为父母，我们经常遇到这种情况：当你想把孩子放进汽车安全座椅或婴儿车时，他们总是淘气地扭来扭去，像是一只想要逃跑的雪貂，于是你不得不一遍又一遍地尝试。这确实很费事，但好在小朋友总有累了的时候，我们总是赢家。

从长远看，胁迫、欺骗和操纵之类的武力手段其实成本很高。它

① 此前，泰国曼谷一名情绪失控的人持刀闯进警察局，没想到警察安拉特·麻里（Anirut Malee）却走上前给了他一个拥抱，让他放下了武器。在人际技能和暴力之间，安拉特同样选择了前者。视频地址：https://www.youtube.com/watch?v=qv-OSyQkPXM。

> 人际技能不是一种简单的技能，你需要克服自己的本能，积极主动地去培养。

会滋生恐惧、怨恨和轻蔑。也许在当下，你不会发现什么不妥之处，但它们的负面影响会随着时间的推移渐渐浮出水面。如果不想这样，我们必须培养自己的人际关系技能。

要想得到他人的赞同和服从，我们需要具备强大的自制力、情绪管控能力和耐心。想象一下，你要去体会不想上车的孩子的感受，然后承认自己小时候面对这种情况时也很痛苦，再去说服他们上车才是正确的选择，做到以上这些需要多大的耐心？

人际技能不是一种简单的技能，你需要克服自己的本能，积极主动地去培养。许多父母可能会说："你在开玩笑吗？！谁有这么多闲工夫？"但是，如果你每次开车前都想和孩子干上一架，那就用武力吧。它会让你达到目的……直到孩子们的力气足够大，能与你抗衡。如果你不想这样，请和孩子建立亲和关系。你需要调整你的思维，抛弃"强者生存"的概念，建立"善者生存"的思维模式。

*

坐下、闭嘴

艾米丽：我们与反青少年暴力项目合作的时候，遇到了一个少年，名叫亚历克斯。他瘦瘦的，正处于青春发育期。那个阶段的男孩关节突出，四肢结实，看上去都像长颈鹿。他顶着一头杂乱的沙棕色头发，穿着松松垮垮的校服。令我印象最深刻的是他的眼睛，死气沉沉，冷冷冰冰，完全不像这个年龄段的孩子应该有的样子。

亚历克斯9岁时，被妈妈带到了国外。因为妈妈吸毒，他不得不在街上乞讨，给妈妈凑钱买毒品。可以想象，这段经历给亚历克斯的内心带来了巨大的恐惧和创伤。他妈妈被捕后，他被遣返回英国，然后去了福利院。当我们遇到他时，他只有13岁。亚历克斯非常喜欢参加这个项目。最开始那些天，他不怎么说话，但是当我们在房间里走动时，他的目光会专心地跟随着我们。

当时老师规定，孩子们要等到每个人都安静地坐在座位上后才能上课。许多孩子患有多动症，所以这是一个很大的挑战。随之而来的混乱场面也让亚历克斯疯狂。于是第四周，他走到每个男孩面前告诉他们："要上课时，请给我在该死的椅子上坐好，不然我打断你的胳膊，听明白了吗？"

我们告诉亚历克斯，如果他想让同伴坐好，让课堂按时开始，这可不是最佳办法。他的回答是："确实不是，但我的目的达到了！"

早期的经历告诉亚历克斯，他必须成为最强大的那个人。在他的认知中，暴力和恐吓确实能帮助他达到目的，这一点完全可以理解。亚历克斯很难理解友谊的重要性，也很难理解让别人害怕他并不是好事。对于他来说，目的大过手段。我们可以预料，亚历克斯成年后，如果他继续奉行这种"按我说的做，否则我就……"的人际关系哲学，他很可能会陷入暴力和失败的循环，甚至锒铛入狱。

一段健康的关系不能建立在恐惧之上，与同学、与下属、与伴侣、与孩子都是如此。一旦恐惧被引入人际关系中，你将永远无法完全消除它。恐惧就像锈斑一样，它可以不断扩大，从内部腐蚀你的人际关系网。

一段健康的关系不能建立在恐惧之上。

许多人认为，如果想从别人那里得到什么，那就冲他大叫，欺负他，直到他屈服，还可以捶桌子，威胁对方，这些都是行之有效的捷径。我们在电视剧中反复看到这样的情节：把别人吊起来打，他们将告诉你想知道的一切。

在现实世界中，无论是在学校、家庭还是在工作场所，我们都曾面对来自他人的压力。如果我们拒绝服从、取悦比我们强势的人，他们就会强迫、威胁、恐吓我们。一些老板威胁员工，如果不好好工作就会被辞退。在老板看来，这是提高员工绩效的最佳方式。你遇到过这样的上司吗？

我们自己也曾使用过这种战术。如果孩子早晨赖床，一些家长就会大吼："马上起来，不然我用冷水泼你！"如果员工工作效率不高或者老是迟到，一些老板便会发飙："再迟到一次，我就扣你绩效。"如果伴侣不愿意分担家务，一些人就会气呼呼地在厨房摔盆砸碗。

回想一下，如果你是以上战术的受害者，你有什么感受？是感觉自己受到了激励于是动力十足，还是感到恐惧和恼怒呢？

你又是如何回应的？你顺从了对方吗？如果是，你心怀怨念吗？

如果你是这些战术的使用者，你的目的达到了吗？你和对方的关系是改进还是恶化了呢？

最重要的问题是，从长远看，这些战术的效果能维持多久？是永久性的还是暂时性的呢？

大量研究表明，这些战术不会带来永久性的效果。即使在当下，它们的确奏效了，但从长远来看，它们后患无穷。[2] 为了报复，人们常常采取“恶意顺从”的方式作为回应：他们表面服从，然后背地里做一些事去挑战那些企图控制他们的人的权威。如果受害者是员工，他们会假装生病请假，故意拖延工作，恶意诋毁公司，说公司坏话，破坏公司生意等，这种例子不胜枚举。如果受害者是我们尚未成年的孩子，他们可能会疏远父母，不断挑战父母的底线，或者加倍掩盖不当行为。如果受害者是我们的伴侣，他们可能会忍着怒气帮忙整理厨房，然后再和你冷战。

从长远看，这些战术会侵蚀你们之间的信任与相处。很快，你的操纵对象会集中精力找到对付你的方法，而不是与你合作。从长远看，对于人际关系而言，这些战术不仅没有用而且破坏力极强。它们会让我们产生一种幻觉，觉得自己已经控制住了对方。

如果你想建立的是亲和关系，你就绝对不能让矛盾升级。这并不意味着你需要违背自己的原则，或者你必须赞同对方。我们的意思是，你不能继续使用侵略、威胁或恐吓的武力手段。这些手段的本质是操控、统治和暴力。它们向别人传达了这样的信息：我怎么说你就怎么做，我不在乎你的感受。如果你拒绝，你会后悔的。

如果你希望别人真心实意地赞同你，而不是表面服从，内心怨恨，你需要投入足够多的耐心和精力去理解对方。只有这样，你才能达到目的。不管对方是你的员工、你的孩子还是你的伴侣，只要你保持内心的平静坚持到底，你就能收获他们的认同，而不是恐惧和憎恶，你就能与他们建立一段牢固的合作关系。

我们的一位学员曾经告诉我们，她 15 岁的儿子每次倒完垃圾都不把带轮垃圾桶拉回原处，而是扔在车道口，因为车道太长，他懒得走那么远。很多次她开车回家，由于垃圾桶堵住了车道，她都得下车走回去，这让她忍无可忍。一次吃完晚餐后，她对儿子说：“查理，你能把房间里的垃圾丢出去吗？”她心想，这样儿子肯定能发现他把垃圾桶留在了车道口。查理拿着垃圾，一路走到车道口，将垃圾丢在垃圾桶里便返回了。垃圾桶依然停留在原地。

这个故事告诉我们：如果你想要什么，就直接开口，礼貌地、尊敬地、耐心地说出你的需求。不要以为别人都会读心术，别讽刺挖苦别人，更别恐吓别人，直接表达自己的想法就够了。

总结

1. **警惕花招和欺骗**。你要抵抗花招和欺骗等手段的诱惑，不要使用它们达到自己的目的。也许它们有存在的道理，但在下一章你将认识到，诚实才是亲和关系和健康交流的核心。如果你放弃了这一原则，你就会失去正直的品格，失去别人对你的信任。从短期来看，也许你的目的已经达到，但从长远来看，你将付出沉重的代价。
2. **永远不要欺凌他人**。永远不要采取威胁和暴力的手段强迫他人服从你。你需要寻求别人的合作，获得他们的认同，然后与他们建立亲和关系。威胁和暴力或许能够取得立竿见影的短期效果，建立亲和关系却需要很多时间和精力，但是如果你欺凌别人，你不会换来尊重，只会让人害怕你。道德是你人生的指南针，永远不要弄丢它。

第三章

你开口之前所做的事才是沟通的关键

站起来发言需要勇气，坐下来倾听同样需要勇气。

——温斯顿·丘吉尔（Winston Churchill）

人们通常认为，所谓沟通艺术，就是在正确的时间以正确的方式说正确的话。但是，你在开口之前所做的那些事才是沟通的关键。想与他人建立牢固的关系，取决于你是否能做到认真倾听，而不是自顾自地滔滔不绝。

亲和关系建立在四块基石之上：

1. **诚实：** 在表达自己的想法或感受时，请尽量直接，尽量客观；
2. **共情：** 通过别人的信仰和价值观去了解他们；
3. **自主：** 别人有自由和权利选择是否配合你，不要去强迫他人；
4. **反馈：** 反思此前的交流，找出那些有助交流的技巧，并发扬光大。

诚实（Honesty）、共情（Empathy），自主（Autonomy）和反馈（Reflection）共同构成“HEAR 原则”。我们发现，无论人们面对何等不利和尴尬的局面，都可以利用 HEAR 原则和他人展开良好互动，建立积极的、富有成效的关系。

现在，请结合你的实际情况，选择自己生活中两段人际关系作为HEAR原则的试金石：第一段关系牢固又健康，第二段关系岌岌可危。在第一段关系中，你是否已经践行了HEAR原则？在第二段关系中，你又是否能找到以上基石的身影？

坚决占领交流的高地

在前言中，我们谈到了亲和关系如何帮助你获得信息。然而，在某些人际互动中，获得信息并不是你的目的，你又该怎么办呢？如果对方对你来说完全不重要呢？他可能是海关的迂腐职员，发现你护照中的一页被撕坏了，就开始刁难你。他可能是你在超市停车场遇见的陌生人，抢先一步占领了你瞄准的车位。在这些情况下，亲和关系管用吗？我们认为依然管用。如果我们摩拳擦掌要给对方一点颜色瞧瞧，这有用吗？要回答这个问题，你可以问问自己："这样做可以解决问题吗？"换句话说，这样做是否能够帮你实现沟通目的？

在进行人际互动时，我们首先应该问问自己："我们的目标是什么？"遇到蛮不讲理的人，我们如何回应才能避免事态升级，甚至化解尴尬局面，收获想要的结果？

即使你的互动对象对你来说微不足道或者你不屑与之为伍，你也应该坚决占领交流的高地。亲和关系能够帮助你做到这一点。如果我希望海关的职员在我护照上盖章，我就会努力克制与他争吵的冲动。

> 在人际互动中，永远不要丢失你的高地，
> 特别是面对你认为不值得的人。

如果停车场的陌生人抢了我的车位，在破口大骂之前，我会问自己："我还想愉快地度过剩下的一天吗？为了不影响心情，要不就算了？"如果你能贯彻亲和关系的原则，即使对方是个彻头彻尾的浑蛋，你也能在每一段人际沟通中维护自己的自信、诚实和人格。

当我们向审讯人讲述这个道理时，他们有时不能理解。因为他们经常和一些十恶不赦的人打交道，如强奸犯、种族主义者、恋童癖者和杀人犯，他们觉得没必要和这些人讲诚实、共情、自主和反馈，这些人不配他们花费如此多的精力。

然而，如果我们使用欺骗、侮辱、胁迫的手段对待他人，我们贬低的是自己，而不是对方。还记得上一章中粗暴对待托马斯的警官吗？他的粗暴和残忍让我对托马斯产生了怜悯之情，我本不应该产生这种情感。当我们遇到难以对付的人时，以牙还牙并不是我们该做的。如果事情并未朝我们期望的方向发展，那么谁才是赢家？

在人际互动中，永远不要丢失你的高地，特别是面对你认为不值得的人。不管对方如何表现，坚守 HEAR 原则。守住你的高地，你才能施展你的人际技能，建立亲和关系。

应对高难度的对话

那么，基于 HEAR 原则的交流方式究竟是什么样？我们来做一个热身练习。假如你的父亲现在 70 多岁了，一直以来，他都非常独立，

身体健康，能干好强。然而最近，医生怀疑你父亲视网膜的黄斑开始发生病变，很可能会影响视力。于是，你不放心让父亲继续开车，怕他出车祸伤到自己或别人。你心里清楚，如果他不能继续开车，这对他来说是一个巨大的打击，因为他不能再像以前那样独立生活了。你不知该如何将这个残酷的事实告诉父亲，如何说服他不要开车。你心里清楚这个问题不能逃避，这一天迟早要来。

现在，你可以想象一下对话将如何进行，你父亲会做何反应。一想到要进行对话，你是否感到恐惧？如果你很害怕，那么你将很难表达清楚自己想说的话。最终，你可能会吞吞吐吐或者说不到重点。或许，你会采取迂回的方法，说自己最近看到一篇文章，建议上了年纪的司机检测一下自己的视力。又或许，你会以提问作为开场："爸爸，最近开车还顺利吗？"

听到这些，你父亲的反应是什么？迷惑、怀疑，还是生气？当他发现你的言外之意后，他会发火吗？一旦他发现你遮遮掩掩，一旦他反应过来你的真实意图后，他的怒火会翻倍。一是因为你有话却不直说，二是因为你不知所云。既然这样，何必如此拐弯抹角，惹他生气。

不管他会做何反应，你要谨记自己的目的：让父亲彻底明白你的意思。

HEAR 原则可以帮助我们实现这一目的。首先，我们要诚实、要直接，切忌遮遮掩掩、拐弯抹角。我们必须清楚向父亲表达担忧。不妨先深吸一口气，然后开门见山。

接下来，我们需要遵循"共情"原则。不得不承认，这种对话难度确实很大。你可以凭借自己对父亲的了解去推测他的反应，然后尽量理解这种反应。他可能会生气，觉得你不该开启这样的话题。那么，请做好相应的心理准备，理解父亲的反应，不要生他的气。你们的对话可能会这样：

你：爸，我想和您讨论一件事，也许会惹您不高兴（**共情**）。我想和您说说您的视力问题，它可能会影响您开车（**诚实**）。

父亲：（头也不抬地说）我视力没问题，我开车也没问题。

你：我知道，但我确实很担心您的黄斑变异。医生说它越来越严重，已经开始影响您的视力了（**诚实**）。我知道开车对您来说很重要（**共情**），您和我都不希望这样的事发生。只是，我很担心黄斑会越来越严重，怕您出什么事故，伤到自己或伤到其他人（**诚实**）。

父亲：（带着明显的怒气抬起头）所以你是想吊销我的驾照吗？我开车的时间比你来到这个世界的时间还长，从来没有发生过意外，现在我亲生的孩子却想吊销我的驾照！

如你所料，父亲很生气，而且开始反击。面对这种情况，你的本能反应是生气还是回击？你会说“爸，我是出于好心，您这样说我不公平”，还是“爸，我并不是要吊销您的驾照，不要小题大做，您就不能好好听我说吗”？

现在，究竟是谁在生气、谁在反击？不要让父亲的情绪影响到你，让你也变得和他一样。开口之前，你不就预料到了他会生气吗？

所以，坚守你的高地，坚守 HEAR 原则：最大限度地尊重他的自主权。也就是说，尽量辅助他主动做出不再开车的决定，不要帮他做决定（除非到了万不得已的时候）。最后，仔细倾听父亲在对你说什么，时不时地回顾一下，同时表达你的理解。一定要控制自己的反应，千万不要被本能牵着走。

你：爸，我明白您在生我的气，您好像觉得我在针对您（**反馈**）。

父亲：我并不是说你在针对我，只是你真的没必要担心。

你：爸，我也希望如此。您说得对，这些年来您从来没有出过意外，您的确是一位出色的司机（**反馈**）。但我们还是要面对现实，您的视力会越来越差（**诚实**）。当然，只有您才能判断它的影响。这个决定应该由您来做，而不是旁人。

父亲：我明白。（叹了口气）

你：我只是希望在事情变得严重前，我们能好好谈一谈（**诚实**）。这都不是您的错（**共情**）。但是一想到您可能会出车祸，我就紧张得要命（**诚实**）。

父亲：我知道，我也不希望出什么事。说实话，现在真没必要担心。我保证，我一定会注意的！如果我发现眼睛问题越来越严重，对我影响很大，我会告诉你的。如果我认为我会给别人带来危险，我不会继续开车的。

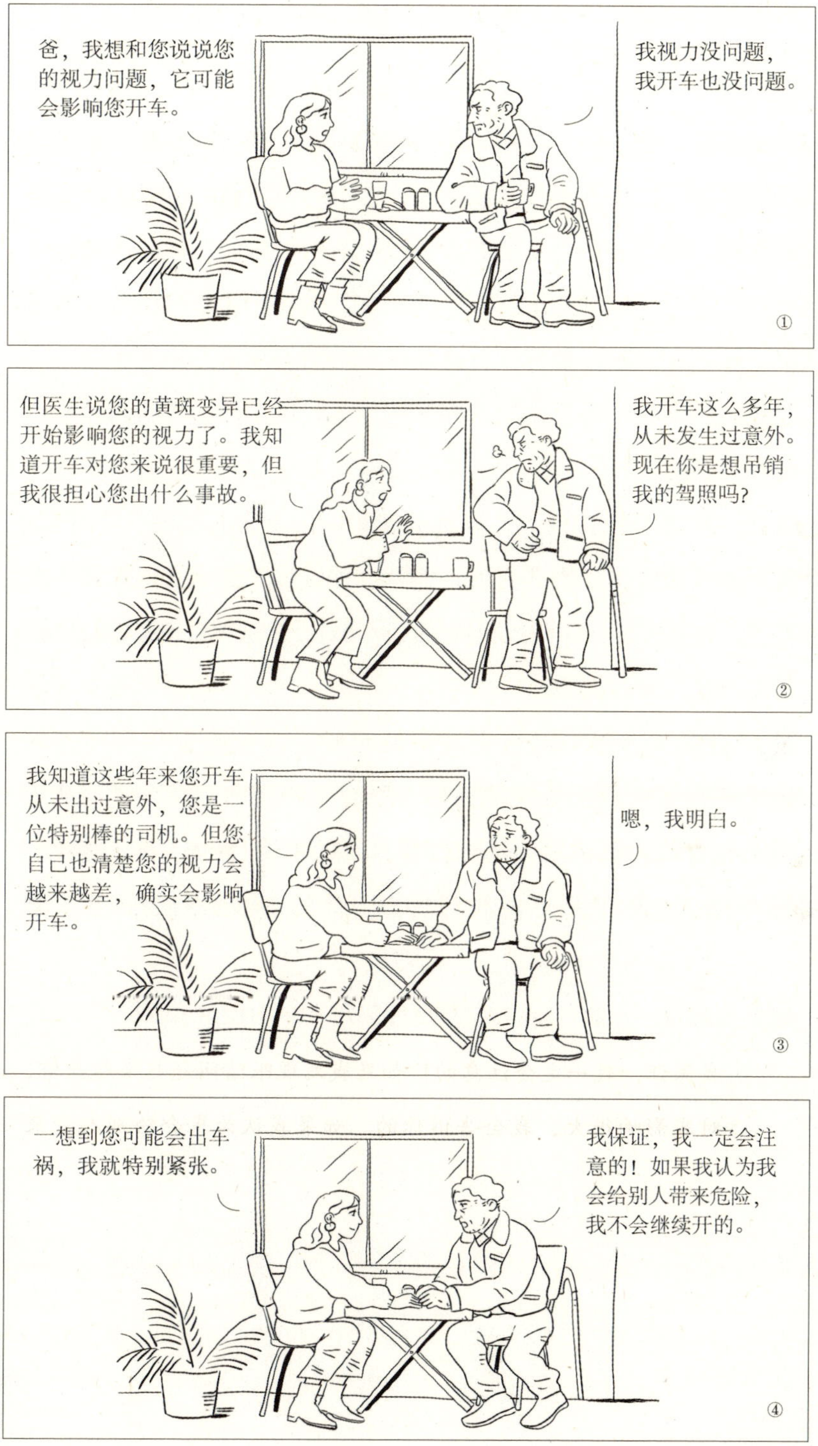
爸，我想和您说说您的视力问题，它可能会影响您开车。
我视力没问题，我开车也没问题。
①
但医生说您的黄斑变异已经开始影响您的视力了。我知道开车对您来说很重要，但我很担心您出什么事故。
我开车这么多年，从未发生过意外。现在你是想吊销我的驾照吗？
②
我知道这些年来您开车从未出过意外，您是一位特别棒的司机。但您自己也清楚您的视力会越来越差，确实会影响开车。
嗯，我明白。
③
一想到您可能会出车祸，我就特别紧张。
我保证，我一定会注意的！如果我认为我会给别人带来危险，我不会继续开的。
④

> 亲和沟通从来都不是易事，因为你得随时随地控制自己的本能。

在整个过程中，你一直将注意力放在问题本身，没有被父亲的反击或愤怒带偏。你并不想和父亲吵架，也不想伤害他的情感。通过坚持诚实原则，同时表达对父亲的理解，你不仅为你们之间的沟通打开一扇大门，还为今后的交流打下了基础。父亲答应你会关注自己的视力状况，一旦有问题会告诉你，这是你们之间的承诺。他还保证，一旦危险或风险太大，他会主动放弃开车。可以说，你们之间已经签订了一份行为合同。

现在，你需要保持耐心，尊重父亲对你的承诺。可能一个月后、一个星期后或当天下午晚些时候，他就会理解你，然后告诉你他不会再开车了。重要的是，你已经在你们之间搭建了一座牢固的沟通之桥，以此为起点建立亲和关系。

最开始使用这种方式进行对话的时候，你可能会觉得不好操作，因为你需要时刻记住沟通目标，同时字斟句酌。亲和沟通从来都不是易事，因为你得随时随地控制自己的本能。但是，熟能生巧。你练习得越多，你使用这些技巧越多，你的沟通就会越自然、越轻松。

想要实现这一目标，第一步便是理解每一个 HEAR 原则。

诚实

这句谚语不仅适用于公共事务，而且适用于私人事务：诚实永远是上上策。

——乔治·华盛顿的告别演说

“诚实待人”这一建议听起来简单明了。但人们很容易因为太过诚实、太过直接，导致别人无法接受，从而伤害到他们的感情。

艾米丽：几年前，我回美国探亲的时候，发现我妈妈的活动能力急剧退化，因为她的膝盖和大腿的关节炎越来越严重。我知道她有这个病，但没想到会发展到这个地步。她仍在尽量维持正常生活，拒绝使用拐杖，更别说轮椅了。我记得有一天晚上，她想上楼去卧室睡觉，我看到她因为疼痛站在楼梯口抽泣。

她对我说：“亲爱的，我没事，一分钟后就好了，每天晚上都这样。”

第二天吃早餐时，我对她说：“妈，您已经残疾了。”

她看着我，好像我刚扇了她一巴掌。

我说：“您需要坐轮椅。您无法像以前一样生活了。也许您会好转，但目前您确实已经残疾了，您得接受现实。”

听完我的话，她明显很震惊也很生气。

▍别把负面事实用那么不留余地的方式说出来，尤其是对你爱的人。

“我没有残疾！你在夸张！”她反驳道。

“妈，走几步路、爬几步楼梯，您都觉得痛得不得了。您确实已经残疾了，您需要面对现实。”我继续强调着。

我们争吵了几分钟。最后，她含着眼泪对我说：“我已经很难了，为什么你还要对我如此残忍？”

“因为我爱您，我不忍心看着您遭罪。”我哭着回答她。

我太直接了，于是我们俩的情绪都崩溃了。我说的是事实吗？确实是。是出于爱吗？确实是。但我的语言过于直接、过于残酷，让她无法承受。

有句俗谚说：“不要用斧头去砍你朋友额头上的苍蝇。”它想表达的是，不要花大力气去办小事，否则事情会变得更糟。如果是事实，你确实没必要遮遮掩掩。但同时，也别把负面事实用那么不留余地的方式说出来，尤其是对你爱的人。

建立亲和关系的技巧在于利用自己的敏锐正确把握诚实的度，以实现沟通目的：

1. 不要耍花招，不要欺骗对方；

2. 说话方式尽量清楚、客观、直接；

3. 保持平静，控制好自己的情绪。

你只能愚弄我一次

上一章科柯林·斯塔格的案例表明，使用欺骗或胁迫等手段诱骗他人按我们的希望行事，会有两种结果，一是常常没有效果，二是即使有效果，也不长久。通过欺骗去影响他人，这种方式不仅效果短暂，还充满风险。假以时日，对方迟早会发现自己被耍了。

克里斯·麦基（Chris Mackey）和格雷格·米勒（Greg Miller）在《审讯者》（*The Interrogators*）一书中讲述了驻阿富汗美军如何利用骗局迫使囚犯提供情报。[1] 他们让一名美国士兵假扮成阿拉伯上校，告诉囚犯如果他们拒绝提供情报，就会把他们送到海湾国家，“那里审讯手段极其残忍，让整个阿拉伯世界闻风丧胆”。这些审讯人想利用死亡和酷刑让囚犯产生恐惧，让囚犯招供。即便他们真开口了，这些情报的可靠度和价值又有多高？最终结果表明，这种精心设计的骗局获得的情报往往没什么战术价值。就连麦基和米勒都承认，当囚犯到达关塔那摩（美军在那里设置了军事基地）后，他们一下运输机就会发现，原来自己并不在海湾国家，原来自己掉进了美军的骗局。这将使下一次审讯变得更加艰难，审讯收获更小。

警方的审讯工作不应该依赖操纵、欺骗和胁迫手段，我们与他人，特别是亲近的人之间的人际关系更不应该依赖这些手段。从长远看，一时的欺骗会腐蚀人际关系的基础——人们之间的忠诚和信任。

▍说服他人的另一个强大技巧便是互惠。

想象一下，如果你使用欺骗的手段说服父亲放弃开车，会发生什么？如果你假装医生写信给父亲，引导他交出驾照放弃开车，又会发生什么？也许父亲会落入你的圈套。但是，一旦他发现了你的诡计，你们之间的关系将会破裂，他永远不会再相信你（或者那位医生）。

交易之前想想你是否能兑现承诺

说服他人的另一个强大技巧便是互惠。互惠是交易的方式之一，它意味着你给别人一颗桃子，然后别人回报你一颗李子。心理学研究证实，互惠能让别人更喜欢你。[2] 有研究发现，顾客在餐厅用完餐后，如果服务员给他们一些薄荷糖，他们会给更多的小费，尤其是当顾客觉得服务员这么做是出于善意而不是惯例时。[3]

但在实际工作中，互惠技巧操作起来却比较困难。如果我是审讯人，我给你倒一杯茶你就会对我更热情，或者回馈我一颗薄荷糖或一块口香糖；我离开房间时，你甚至还为我开门。但是，你会告诉我你叔叔要和塔利班秘密会面吗？恐怕不会。

因此，互惠还存在一个程度问题。我向你提供的东西必须足够诱人，你才会考虑进行交易。什么东西足够诱人呢？你的自由？将你的孩子带离冲突地区？在引渡你之前通知你妻子？承诺不将你交给那些非常善于折磨囚犯的国家？

这些承诺可能足以引诱你交代一些重要信息，你甚至打算大义灭亲供出你叔叔。但是，如果我无法兑现承诺呢？我只是口头说说，并没打算履行诺言。许多人可能会想，“那又怎样？谁在乎呢？如果能让他们开口，撒谎未尝不可，对恐怖分子不需要讲什么信用”。

但问题是，一旦你无法兑现诺言，即便是对不值得的人，你也是把自己变成了骗子。在他们眼中，在和他们有联系的人眼中，你都是骗子。你已经证明了自己不诚实，所以下次你想故伎重施时，你得祈祷你的审讯对象不知道你的撒谎前科。

富国银行（Wells Fargo）因定期伪造支票和储蓄账户陷入了假账丑闻，因此“名声大噪”。富国银行创立于1852年，1929年的经济大萧条都没有影响到它，假账丑闻却让它名誉扫地，受到了前所未有的关注。但富国银行真想顶着骗子的头衔获得这样的关注吗？它的长期目标会受到怎样的影响呢？

心理学家、美国前空军成员詹姆斯·米切尔（James Mitchell）被称为后“9·11”时代的“强化审讯”大师。他在书中描述了如何使用水刑让囚犯在审讯过程中“柔化”。[4]审讯人常告诉囚犯：“我们可以停手，只要你交代出我们想知道的东西，你再也不用经受这些痛苦。”这种情况下，犯罪嫌疑人会透露一些信息。但审讯人会想当然地认为，既然囚犯已经开口了，不妨继续对他们使用水刑，他们会交代更多信息。这样一来，囚犯很快认识到，无论他是否开口，审讯人都会一遍又一遍地无休止折磨他。无论他说的是实话还是在撒谎，审讯人都不会停手。于是嫌疑人下定决心不再配合，他们对审讯人的仇恨不断升级。

弄虚作假的代价如此昂贵，按理说应该有点效果，然而实际情况

> 当你在使用“交易”这个人际技巧时，应该以不伤害亲和关系为前提，同时你所承诺的事必须在自己能力范围之内，你必须遵守你的诺言。

并非如此。富国银行通过账户作假获得的经济收益微乎其微。其背后原因主要是银行员工迫切想达到管理层越来越高、越来越不合理的业绩要求，而因为丑闻，富国银行不得不面临巨额罚款以及经济处罚，许多员工因此失业，银行也遭受了前所未有的声誉损失。

现在我们回到审讯领域，强化审讯技术的目的据称是获得情报，然而审讯人的收获同样微乎其微①，整个国家安全部门和心理学领域也因此受到牵连，声名狼藉。

美国中央情报局对基地组织一名嫌疑恐怖分子动用了 83 次水刑，还有许多其他酷刑，包括强迫裸露、剥夺睡眠、狭窄空间囚禁、压力姿势和肉刑。[5] 人们不禁发出疑问：到底什么时候美国中央情报局才会醒悟这些方法根本没有效果？是第五十次吗？是第一百次吗？这些手段除了没效果外，还有什么其他问题吗？

我们究竟想表达什么呢？从此以后不要和任何人做任何交易吗？父母不应该假扮圣诞老人“贿赂”孩子吗？我们绝对不是这个意思。我们想说的是，当你在使用“交易”这个人际技巧时，应该以不伤害亲和关系为前提，同时你所承诺的事必须在自己能力范围之内，你必须遵守你的诺言。不要试图通过诡计或欺骗去操控那些你真心想与之建立信任和联系的人——你的客户、伴侣、父母、孩子。因为，没有人会相信一个骗子。

---

① 尽管强化审讯的收效甚微，但报道称，米切尔及其同事与美国中央情报局签订了一份合同，价值高达 8100 万英镑。（https://www.nbcnews.com/storyline/cia-torture-report/cia-paid-torture- teachers-more-80-million-n264756）

不要太软弱，也不要太苛刻

我们建议无论什么时候，交流要尽量直接、尽量诚实。但这中间涉及一个平衡的问题。我们既不能避重就轻或拐弯抹角，也不能太过直接。我们所说的诚实并不是用软刀子伤人，而是采取真诚和直接的态度传达明确的信息。

回避冲突会阻碍沟通。在这样一个通信便捷的时代，你有多少次想采用委婉的方式传达坏消息？通常，我们要么完全避免交流，要么避重就轻，要么拐弯抹角，这是因为我们内心存在一种本能，它驱使我们逃避冲突和矛盾。这种逃避式的沟通方式并不能解决问题，反而会让它恶化。

例如你有一位名叫凯斯的同事，他经常与你讨论项目构思。但每次他在小组会议上呈现项目方案的时候，从来不提及你的贡献，好像全是他的功劳。遇到这种情况，你会怎么做呢？

至少，你内心会产生与他对峙的冲动。但这么做会让公司其他人看笑话，招致流言蜚语，你可能承受不起这样的后果。当你打消了这个念头后，你可能会采取消极的方法，开始在公司散布消息说凯斯是个小人。每次你在公司遇见他时，你都会故意冷淡他。这种情况可能会持续好几个月，你每次看到凯斯，负面情绪都会爆棚，对你来说，这样的工作氛围也不愉快。

然而，问题依然没有得到解决，凯斯依然抢占了你的功劳。

> 直面问题才有解决的可能。

最终，你可能会对凯斯摊牌，你会指责他，咒骂他，将他办公桌上的小摆设怒摔在地。干脆直接！

也许你永远不会处理这个问题，而是默默忍耐着，让它挫伤你的自信，影响你每天的心情，直到你决定辞职，彻底摆脱凯斯的那一天。太软弱胆小了！

为什么就不能诚实、直接地说出内心想法呢？当凯斯下次再来找你讨论工作的时候，明确向他指出他应该承认你的功劳，这完全合情合理呀。

为什么就这么难呢？回避冲突会导致问题得不到解决，直面问题才有解决的可能。我们常常担心，如果我们正面挑战某人，我们会变得情绪化甚至失控，场面会非常尴尬，让人难受。如果我们保持安静，沉默会将我们吞噬，直到我们彻底爆发或选择放弃。

当然，直接也是有度的，我们如何采取正确的度传递信息，以实现我们的交流目标呢？幸运的是，在这种情况下，时间会帮到我们。我们不必立即做出回应，因此我们有更多的时间去冷静思考。

首先，我们需要确定一个交流目标：我们是希望凯斯道歉呢，还是希望他公开承认我们的功劳呢？或者是让凯斯保证此类事情不会发生第二次？

一旦确定了目标，我们需要思考交谈的内容。当我们组织好语言后，就可以对着镜子在洗手间或其他地方排练。我们也可以对着另一个我们信任的人练习，以确保使用的语言能够准确传达我们想表达的意思，同时我们能够控制好自己的情绪。你可能会想：这不就是一次简短的对话吗？何必这样大费周章。但只要时间允许，你不妨提前排练一下，如果下一次时间比较紧张，你就能更快地组织好语言。

最后，你们可能会这样对话：

你：凯斯，最近几天，有件事一直困扰着我，我需要和你谈谈。星期一我们碰头讨论安德森公司的合同时，我提出了一些非常有用的想法和建议，让这个项目顺利进行。

凯斯：是的，我知道，谢谢你。

你：但是，当你向团队呈现方案时，你说话的方式让他们觉得这完全是你的构思，我心里有点别扭。（深呼吸三次）

凯斯：（有点震惊）好吧，我不知道你有这样的想法。我们确实在星期一聊了聊，但最终方案都是我写的啊。你也知道我正在努力晋升。这件事对你真有那么重要吗？

你：（忽略凯斯的防御和轻蔑）我知道方案是你写的，我无意抹杀你的努力，但是我希望你也向团队其他成员说出我的贡献，这对我来说真的很重要。

凯斯：好吧，如果你觉得我有问题，那对不起了。其实我觉得这有点小题大做，但我可以告诉其他人，这些构思是我们两人的共同努力。我不希望别人说我不公平。

你：谢谢你，凯斯，真的非常感谢。

凯斯，有件事我需要和你谈谈。星期一我们碰头讨论合同时，我提出了一些有用的想法和建议。
是的，我知道，谢谢你。
①
但是，当你向团队呈现方案时，你说话的方式让他们觉得这完全是你的构思，我心里有点别扭。
我们是聊了聊，但最终方案都是我写的啊。你也知道我正在努力晋升。这件事真有那么重要吗？
②
我无意抹杀你的努力，但是我希望你向团队其他成员也说出我的贡献，这对我来说真的很重要。
③
谢谢你，凯斯，真的非常感谢。
其实我觉得这有点小题大做，但我可以告诉其他人这是我们两人的共同努力。我不希望别人认为我不公平。
④

随着科技的进步，我们逐渐失去了面对面交谈的能力，我们总是习惯躲在电子科技这面屏障之后。

诚实常常需要克制。为了不被情绪带偏，你需要弄清楚自己想达到什么效果——你的沟通目标是什么？在以上案例中，你希望凯斯向团队其他成员承认你的贡献，而不是让办公室每个人都讨厌他或者侮辱他。毕竟，你是在寻求解决方法，而不是寻求报复。

如果现在是你抢占了别人的功劳，你希望你的同事怎么处理这事？在公司散布谣言？给你写一封充满攻击性的电子邮件，还是直接与你沟通？

如果我是凯斯，虽然我可能不爱听你说的那些话，但我依然希望你直接告诉我，这样我会更加尊重你，这样问题才能得到解决。

对于受到不公对待的人来说，回避问题或写封邮件可能容易得多，因为如此一来，他们就不必管理自己的情绪，就可以避免尴尬的局面。但是，这种沟通方式过于被动，它会滋生猜忌和仇恨，主动沟通则不会。

随着科技的进步，我们逐渐失去了面对面交谈的能力，我们总是习惯躲在电子科技这面屏障之后。在英国和美国，短信是50岁以下人群最普遍的交流方式。[6,7]然而，短信作为一种比较被动、比较迂回的沟通方式，会危害到亲和关系。更加坦率、更加直接的沟通则不会，即便沟通内容是令人不快的。

与人交往的过程中，人们喜欢逃避冲突。如今许多企业也喜欢逃避冲突。目前，我们手头上的许多工作都是围绕企业施行的“鸵鸟政策”。“鸵鸟政策”是指企业故意或无意采取被动或间接的方式处理问题，而不是直面它、解决它。近年曝出了不少大型机构或组织的丑闻，从中你就可以发现“鸵鸟政策”的弊端。《卫报》曾深入调查了英国高校的性侵和性骚扰事件，在短短 6 个月内就发生了 160 起，暴露了这些高等院校的“鸵鸟政策”。[8] 许多受害者告诉记者，他们之所以没有采取行动或向法院起诉，是因为高校不鼓励他们这样做。此前，世界各地曝出天主教牧师性侵儿童案件，教会的处理方式也说明了“鸵鸟政策”的存在。[9] 教会从未彻底调查过这些指控，只是将涉案牧师调到其他地区，允许他们继续作恶。

要避免这种局面，人力资源部必须提高以坚决的态度正面解决欺凌和骚扰等事件的技能，而不是采取“鸵鸟政策”。然而现实中，遇到这类问题，人力资源部通常是安抚受害者，或者干脆将施害者调到另一个部门，让他们继续为非作歹，直到有人勇敢站出来投诉。你可能也遇到过这种情况，作恶者没有受到应有的惩罚，因为没人敢站出来对峙。

尴尬、不愉快的对话本来就是人生的一部分，为什么要回避？我们都会在某个时间点经历它，与其尽力逃避，还不如趁早建立应对这些时刻的信心和勇气。以恰当、具有建设性的方式直面问题，这是一份珍贵的人生财富。

回顾此前进行的无数对话，最让我们感到遗憾的便是没能表达真正想说的那些内容。我们不想制造不快，所以我们犹豫不决或沉默不语，事后又后悔。一部分原因在于我们想避免冲突和矛盾，另一部分原因在于我们没有信心在不侵犯对方的前提下表达我们想说的话。

但是，总有一些特殊情况要求你必须开口，如此一来你便有机会突破自己的心理障碍，你便能做到直接、坚定和自信。比如当孩子生病住院时，你可能需要和护理人员进行必要的交涉。有时，即使所有社会规则都在告诉你最好保持沉默，你的内心却鼓励你说出自己的想法。

思考一下是什么在阻止你直言不讳，阻止你做出改变？你会因为自己想逃避冲突而不去解决问题，导致它越来越严重吗？你需要培养直接表达意见的能力，这是人生的必要技能。但直接、坦率的同时不要冷酷刻薄，不要咄咄逼人，不要心怀恶意。当你和伴侣的相处时间太有限，当你担心孩子沉迷游戏，当你父母的健康水平和活动能力在下降，在与他们互动的过程中，不要回避核心问题。这些对话难度都挺大，但如果你能坦率地表达自己的想法，你们之间就会建立信任，你更有可能实现交流的目的。

勇敢点，直接点，就当你在拔掉一颗智齿，你最好快刀斩乱麻。

不要让情感决定行动

控制情绪是一个十分困难、几乎无法完成的任务，特别是当我们要处理的事情比较棘手、比较私人化的时候。如果我们让情绪夺去了方向盘，车子就会偏离公路，驶入荒野，它可能会开到任何地方，甚至永远都不能到达终点。因此，我们必须把控自己的情绪，引导沟通朝着富有成效的、有意义的方向前行。但是，说起来容易做起来难！

当别人对你做了某件事，你感到自己受到了侮辱或批评时，你会下意识地觉得别人在攻击你，然后进入防御状态，即使是琐碎的事也会引起强烈的反应。比如你的伴侣批评你衣服没有叠好，你也许会立马感到沮丧、生气。接下来，你可能会开始回击伴侣，你们的争论逐步上升到夫妻关系。还有一个常见例子，如果你在开车，坐车的人对你说："小心！你快撞到墙上了！"我们的本能反应是立刻大声回击："我才没有，你根本不清楚状况！"即使车子一侧已经发生了剐蹭，你依然不肯承认。我想起了我的祖父母，他们一直坚持一个原则，如果坐车的人提意见，开车的人必须礼貌地回答："亲爱的，非常感谢你的建议。"

自我防卫是人类的自然本能，但你也没必要让情感掌控一切，这样是无益的，你将被他人的反应牵着鼻子走，进入自动驾驶模式，失去明确的目标和策略。让情感决定行动，这虽然是本能，但并不明智。当我们处于情绪超负荷状态时，我们很难清晰思考，找出更好的策略。

如果我们想控制内心的声音，我们需要学会自律并主动练习，以调整它的节奏和音量。试想一下，下一次你因为别人的话感到震惊、沮丧、懊恼、伤心、尴尬时，你会怎么做？如果内心的声音正在影响你和你的幸福，请采取行动，否则它会持续影响下去。首先你要承认自己的真实感受，然后思考如何回应才能不受情绪影响。你可以问自己："这个人为什么说这些？他真正想表达的是什么？"

试着找到隐藏在对方言语之下的真实信息。一旦你弄清楚了，就问他们："你好像是想让我对自己的选择（饮食/伴侣/生活方式）感到内疚/伤心/尴尬，因为你想让我改变。是这样吗？"你也可以说："每次我与你讨论工作、孩子、健康这些私事时，我都感觉我在惹你生气。你不习惯讨论这些话题吗？"当你坦白告诉对方他的行为给你带来的感受时，你就可以避免事态升级，避免再次陷入那个难以打破的恶性循环。如果此前你总是不敢直面对方的糟糕行为，这样做还能阻止他再次侮辱你、欺负你。但是你需要记住，即使你不同意对方的观点，也要试着站在他的立场看问题。如果你能做到坦率直接，你就能避免自己在情绪中受煎熬，你就能在一段关系中保护自己不被伤害。

小结

1. 不要试图通过撒谎和欺骗影响别人。

- 真相可能会造成伤害，但撒谎会破坏你们之间的信任，即使你认为是在保护对方或为了对方好。信任就像一张纸，弄皱了以后再难抚平。所以，无论何时都请诚实待人。

2. 传达信息做到直接、清楚。

- 当你要传达重要信息时，尽量不要选择被动的交流方式，例如电子邮件或短信。它们容易造成误解。当面传递复杂的信息是一项非常罕见的技能，它需要我们具备勇气和敏锐度。练习、练习、练习，直到你能恰当、自然、坦诚地表达自己。

3. 控制自己的情绪，如实表达自己的想法。

- 这项技能最为困难，尤其是在你情绪高涨、感受深切的时候。诚实意味着尽可能客观地反映现实。尽量不要用过度的情感和夸张的言行去遮蔽你想传达的信息。做到这一点难度很大，以下方法可以帮助到你：

- 不要立刻回应，先从 1 数到 10。你也可以明确告诉对方你需要一点时间思考；
- 分散大脑注意力（试着用力挤压拇指和食指，或者对自己说“淡定、淡定、淡定”，让自己冷静下来再回应）；
- 最后，当你回应时，请记住你的沟通目的——解决问题。你需要将注意力放在解决问题上，而不是发泄情绪上。

共情

如果你能掌握一个简单的技巧，斯哥特，你就能和形形色色的人搞好关系。但直到你学会换位思考，直到你钻进他们的皮肤，在他们身体里走一走之前，你不会真正了解任何一个人。

——哈珀·李，《杀死一只知更鸟》（*To Kill a Mockingbird*）

同亲和关系一样，“共情”一词使用频率也很高，但常被误解。许多人认为共情就是对他人表达怜悯或关爱，将它和“同情”混为一谈。然而，共情是指真正了解一个人的想法和感受。

> 共情不需要你的温柔、温暖，
> 它需要你真心想去了解对方的信念和核心价值观。

共情不需要你的温柔、温暖，它需要你真心想去了解对方的信念和核心价值观。只有这样，你才能“钻进他们的皮肤”，才能理解他们的行为。

如果你想培养孩子的共情能力，你需要为他们做出榜样。研究发现，小至 8 ~ 10 个月的婴儿，在别人生气或抑郁的时候都有一些共情表现。[10]然而，尽管共情能力和遗传、环境因素都有联系，但它并不是固定不变的。善解人意的孩子更有可能成为善解人意、尊重他人、理解他人的大人。因此，孩子身边的大人需要鼓励、培养孩子的共情能力。[11]

一旦我们长大成人，共情能力的培养将更具挑战性，如同许多其他技能。实际上，在我们培训精英审讯人的过程中，我们发现共情能力最难提高。但只要有足够的动力和信念，共情能力是可以得到提升的。在最近一项研究中，组织者邀请了 48 对夫妻，目的是提高他们对彼此的共情能力。[12]实验共持续 6 个月。结束后，参与者的共情能力确实得到了改善。此外，共情能力越强的夫妻对婚姻的满意度也越高。

第一阶段：了解自己

共情的第一步是当你经历某事时，你能够体会并描述你的想法或感受，例如“我感到害怕”，“我认为这不公平”以及“我觉得你不喜欢我了”。

但是，即便我们已经成年，有些人连第一步都难以驾驭。当你问他们为什么要这样做时，他们需要努力措辞来描述其行动背后的想法和感受。当你问他们对某事的感受时，他们告诉你“我不知道”。当你问他们当时在想什么时，他们回答“我不记得了”。能够体会、表达自己的想法很重要。自我意识是人际交往能力的基石。如果我们都无法体会、描述自己的想法和感受，我们又怎么去体会、描述别人的呢？

无论是成人还是儿童，人际交往的能力都是通过与他人的对话和互动培养起来的。为了学习如何坦诚表达想法和感受，我们需要让身边人有兴趣了解我们。通过与他人分享自己的经历，我们将更了解自己。如果你不擅长分享，你可以找一位你足够信任的人，你可以在他面前表现出自己的脆弱，与他坦诚分享你的想法和感受。如果你向某人坦白你的内心想法和情感，你们之间将更加亲密。

你可以从日常小事练起来，就是那些非常平常甚至无聊的事。你可以想想什么事情你经常做，同时又让你感到烦恼或沮丧，例如浪费食物。回想上一次你不得不扔掉未打开或未吃过的食物时，你是什么感受？

“唉，太烦人了！这个星期我们一直很忙，我完全没有时间做饭，都忘了冰箱里面有什么东西了。为什么这个家只有我记得食品的保质期？算了，从今以后我只买速冻食品。”当时你的感受是什么？内疚、沮丧、恼怒、不满？

谈及你的感受时，你也许感觉内疚，因为你的孩子环保意识很强，你正在努力减少浪费以树立榜样。你也许觉得沮丧，因为最近手头比较紧，你在努力不叫外卖以减少开支。你的感受传递了你的价值观：你关心地球，你想用行动支持你的孩子，你想勤俭持家，不想浪费，想存更多的钱。当你展开对话时，完全可以围绕这些价值观，它比单纯谈论浪费一根黄瓜有意义得多。

情况越糟糕，这项技能就越重要。当你和伴侣发生口角时，也可以运用它。与其关注对方说了什么，不如多花一些时间思考自己当时的想法和感受以及自己为什么这样做。试着用语言解释自己的行为，如“当他们这么说时，我以为……”“当他们离开我时，我感到……”“当我给前任发消息时，我在想……”如果你具备了清晰描述自己思想和感受的能力，你就把握了第一阶段的关键。

第二阶段：换位思考

在共情的第二阶段，你需要学会换位思考，想象同样的情况发生在你身上，你是什么感受。在我们 3—6 岁时，我们就开始培养这项能力了。孩子们可以以自己的经历为模板去理解其他小朋友。如果自己的玩具不见了，肯定会沮丧，于是就能理解其他小朋友丢失了最心爱的玩具也会伤心。此外，孩子也可以对电影中的虚构人物产生共情。当小鹿斑比的妈妈死去时，小观众会伤心难过。在这一阶段，你需要站在对方（朋友、伴侣、老板、斑比）的立场看问题，想象如果自己经历同样的事会产生什么样的感受。

作为夫妻，我们有许多机会换位思考，这一点我们很幸运。由于

> 当我们寻求他人的理解时，他们会反过来向我们寻求理解，而不是试着了解我们的感受。

我们的工作性质，我们俩经常加班或出差。因此，我们不得不时常调换家庭角色。

如果其中一个结束了15个小时的工作，回到家后已经筋疲力尽，那么另一个人完全可以理解对方，因为他（她）上周才做了同样的事。我们俩都明白，如果对方凌晨4点就起来去赶公交上班，回到家后，他（她）只想将东西丢在地上然后一头栽进沙发。

虽然待在家的人可能只劳动了8个小时，但他（她）已经做了很多家务，泡茶、打扫厨房和卧室、晾衣服、陪孩子做了两个小时的作业，他（她）也想窝在沙发上！

那么我们该怎么办？我们要比谁更累吗？我们要扔硬币决定输赢吗？

通常，当我们寻求他人的理解时，他们会反过来向我们寻求理解，而不是试着了解我们的感受。当对方说："你知道我有多崩溃吗？我凌晨4点就起来了。"这种情况下，我们通常会回击对方而不是理解他。

我们可能会说："你知道我今天有多少事吗？早上6点起床后，我就没歇过。你已经坐在火车上喝着咖啡休息几个小时了！"

然后对方反驳道："你知道火车上的咖啡有多难喝吗？!"争吵继续，直到爱消磨殆尽。这种对话方式使双方都感到不被理解、不被欣赏，因而怨气丛生。

但是，如果你能看到硬币的两面——无休止的家务和辛劳的通勤——你就更能理解对方，因为你也曾经处于对方的立场中。因此，当伴侣因辛苦劳作一天而疲惫不堪时，你可以准确体会他们的感受，因为你也有过这种经历！

有些夫妻的生活重叠度不高，每天的日程也大不同，对于他们来说换位思考可能挑战更大。你可能会嫉妒伴侣的日程安排，觉得远比自己的轻松。但你需要记住，共情不在于比较，而在于理解。你没必要将自己的一天与伴侣的一天进行对比，你只需要尝试了解他们的想法，尝试赞赏、尊重他们的感受和经历，而不是比谁更忙。如果你关心某人，那么他值得你付出更多的努力去理解他的内心。

哈佛大学医学院的研究人员进行了一项非常有趣的研究。[13] 他们发现，如果夫妻觉得对方愿意努力去了解自己，即使对方不能准确抓住自己的想法和感受，他们对婚姻关系也会更满意。愿意努力了解别人的人将更受对方喜欢！

第三阶段：感同身受

通过换位思考，我们的确可以有效体会他人的情感。但是在共情的第三阶段，你需要进入他人的大脑。如果你通过自己的价值观、信念和经历去解释另一个人的经历，你可能很难准确理解对方的言行。从本质上讲，虽然你们可以建立某种关系，但是你无法了解对方的内心。

在第三阶段，你需要问自己“他为什么要那样做”，而不是“在那种情况下我会怎么做”。要回答这个问题，你需要进入另一个人的

通过认真倾听和温和提问，你可以试着解读别人的思维。

头脑中，通过他的感受、核心价值观、信念、社会性别、年龄、生活经验，去参透他的行为和他的经历。

你怎么才能准确把握别人的想法和感受？答案是：有时候的确不能，但你仍需尝试，尝试才是关键。通过认真倾听和温和提问，你可以试着解读别人的思维。你尝试得越多，就越容易做到。事实上，这种技能是心理咨询领域的一种基本素养。

心理学家卡尔·罗杰斯（Carl Rogers）创造了“以人为本”的心理咨询模式。他认为，通过共情，咨询师可以与客户建立牢固的治疗关系。简单来说，咨询师只需要鼓励客户谈论自己的问题，不要去评价，不要去引导。[14]

在罗杰斯的观点里，只有自己才最了解自己。咨询师的角色是鼓励客户自己想出解决问题的方法。这样的话，客户更容易接受、认可这些方法，因为是自己想出来的，而不是心理医生强加给自己的。

对于父母来说，与孩子共情、理解他们的感受是一个挑战，每天都会遇到。在共情的第三阶段，你需要努力回忆自己蹒跚学步的日子。那时候，当冰激凌掉在了地上、当父母强迫你离开游泳池时，你都觉得是世界末日。

如果你 13 岁的孩子失恋了，你也可以回忆一下自己第一次被抛弃时的痛苦和绝望。你可能会对他说“振作起来”，“不要在一棵树上吊死”，“我相信你会遇到更好的”，这些话基本没什么用，因为你是从成人的角度，而不是孩子的角度出发。即使你说得有道理，也无法建立共情。

如果你能把握别人的立场，
你就可以在解释自己的观点之前承认对方的感受。

幼儿和 T 恤

如果你能把握别人的立场，你就可以在解释自己的观点之前承认对方的感受。这一步很重要，它影响着你能否有效传递信息或诉求。艾米丽将其命名为“幼儿和 T 恤”法。

想象一下 3 岁的孩子对你说：“妈咪，我今天想穿我的恐龙 T 恤去托儿所。”但是这件 T 恤刚洗过，还没干。如果你只是简单地应付回答：“宝贝，你不能穿，它还是湿的。”孩子可能会继续说：“可我就想穿它。”“衣服还是湿的，宝贝，你不能穿湿的 T 恤去托儿所。”“但我就是想穿。”孩子不依不饶，直到你们当中一个或两个都躺在地板上号啕大哭。

为了避免这种结果，你可以换种方式。“宝贝，我知道，你很喜欢那件 T 恤，它是你的最爱。你真的很喜欢它，不穿的话你就会不开心，对不对？（宝贝忽闪着大眼睛点头。）但是宝贝，那件 T 恤还没干，穿上会不舒服，我保证今天就把它烘干，这样你明天就可以穿它了。今天你可以从另外 20 件恐龙 T 恤中挑一件。这样我们就能准时去托儿所了。”

当孩子突然对你关上门

与未成年孩子共情可能更加困难，因为我们很难再回到那个荷尔

> 谈话过程中，你可以试着探寻背后的原因，但不要先入为主。

蒙和情绪跌宕起伏的青少年时期。现在的青少年经历着一些我们从未经历过的事情，例如社交媒体、网络暴力和网络色情。

假设你的孩子和平时相比突然变得安静、沉闷，他们不想谈论学校发生的事情、不想谈论朋友，或者什么都不想说，至少不想对你说，或许他们正在努力逃避你，躲在自己的房间里玩手机。有人可能会说："没什么，很多孩子都这样。"对于某些父母和孩子来说，这可能是一个常见现象，但"常见"并不代表就没有问题。如果你的孩子行为举止发生变化，你最好调查一下。

他们为什么这样？你可以设想尽可能多的原因。毒品？男 / 女朋友？网络暴力？荷尔蒙？这种行为只是一时的吗？接下来，你得为每个假设寻找证据了，然后试着与孩子沟通。谈话过程中，你可以试着探寻背后的原因，但不要先入为主。

最开始的时候，不要自己提出猜测向孩子求证，因为如此一来，对话会变成一场乒乓球赛，你就不能实现交流的目的。

> "你和男 / 女朋友闹矛盾了吗？""没有。"
>
> "学校发生了什么事吗？""没有。"
>
> "和社交媒体有关吗？""没有。"
>
> "是为了哪个女孩吗？""不是！天哪，你很搞笑！我很好，不要再来问我了！"
>
> "那么是因为女孩子吗？"（孩子转身离开。）

使用问题轰炸以获得答案，这一方法极具诱惑力，难以抵抗。但

> 共情不仅可以提高你和在乎的人之间的关系深度，
> 还可以提高你和敌对方的关系深度。

是我们最好不要这样做，更好的做法是安慰孩子的同时邀请他们与我们谈心。如果孩子拒绝，也没关系。就像前文提到的驾照案例（见 48 页），我们应该鼓励孩子自己解决问题，而不是把我们的建议强加给他。你可以告诉孩子你已经注意到他的变化，以及你是怎么发现的。你可以这样说：

> 你看起来特别需要一个人待着，也不太想和我说话。我有点担心你，一切都还好吗？有什么我可以帮忙的吗？

你也可以这样说：

> 最近你不太对劲。如果你想聊聊，我随时都在。我不会说你，不会吼你，不会发脾气。我只是想帮帮你。

即使孩子没有立即向你敞开心扉，但你已经打开了他们的心灵大门。当他们准备好时，自然会来找你。你可以在开车接孩子回家的途中向他们发出谈心的邀请，虽然孩子可能不会当场应邀，但他们也许会在睡觉前来找你。在“自主”这一节（见 79 页），我们将详细讨论如何尽可能为他人提供选择。

共情不仅可以提高你和在乎的人之间的关系深度（这一点毋庸置疑），还可以提高你和敌对方的关系深度。当警察审问犯罪嫌疑人时，他们就像在走钢丝，既不能评价，也不能咒骂。我们的统计分析表明，如果警察能够成功建立共情，他们从犯罪嫌疑人那里获得的信息会更可靠。共情不等于热情或友好。正如我们所讨论的那样，真正的共情在于理解对方，理解对方在乎什么，无论他是 ISIS 恐怖分子、持械抢劫犯，还是性侵者。

了解某人的动机、价值观或行为并不等于你就对此表示赞同。你不必赞同他们的观点，但是你必须表现出了解他们的兴趣，同时你不要发表任何评论或意见。

如果你的孩子沉迷游戏，或者和学校里的坏孩子混在一起，又或者不到最后一分钟不做家庭作业，你和他们聊天时就可以采用上一段提到的思维模式。可能你对每件事都有非常清晰的看法，但是在你能够理解孩子的想法之前，不要指望你能影响他们的行为。

所以你需要带着耐心和好奇心去倾听他们，对他们说的话表现出兴趣和理解，即使你内心并不赞同。你要判断他们哪些行为、哪些价值观和你不一样。如果你想引导、影响他们的行为，首先你得了解他们的认知。

小结

1. 提高自我意识。

- 你可以将自己的行为和其背后的想法、感受联系起来，以此建立自我意识。

2. 共情不是比较。

- 试着站在他人的角度看待事物，以此与他人建立联系。不要和对方比较谁更应该被理解。公开表达共情，你周围的人会感到你的尊重和理解，并最终用共情回报你。

3. 站在他人的立场认识他人，而不是从自己出发。

- 尽量保持开放的心态，探索各种可能。你需要认识到你的思维和感受由你的生活经历决定，同样，你的孩子、伴侣、同事等也是如此。仅根据你的经验来推断别人会过于草率。即使别人的行为与你的价值观和信念背道而驰，你也要尝试通过别人的视角看问题。

自主

人类最强大的成长法则——选择。

——乔治·艾略特

自主是人际互动的一个重要方面，决定着他人是否控制我们，能够对我们的行为产生巨大影响。每一个人都渴望自由，都希望掌控自

> 良好的审讯不应该建立在操纵、欺骗和胁迫之上，我们与亲近的人之间的关系也不应该如此。

己的命运，这是人类的本能。

我们在审讯恐怖分子的工作中发现，保护犯罪嫌疑人的自主权（选择权）能够决定他是否愿意配合警方。这点听上去好像有违我们的常规认知：如果你给他们选择权，他们为什么还要配合呢？毕竟这些人被恐怖主义洗脑了，而且他们把审讯人视为敌人。要想让他们配合，你必须得给他们施加压力或者以某种方式操纵他们才行。

好莱坞电影经常告诉我们，如果你想要罪犯配合，你就威胁他们（粗暴对待他们），诱惑他们（给他们一些口头承诺），柔化他们（请他们为了受害者配合警方），胁迫他们（敲桌子，用手指着他们），不断给他们施压（直到他们筋疲力尽，主动坦白一切）。但电影终归不是现实。

我们的研究发现，这些方法都不能确保信息的可信度。虽然它们的确能够影响罪犯的行为，能使他们更脆弱，但同时也会提高罪犯提供虚假信息或假装坦白的可能性。这些战术不够专业，过于急功近利。

良好的审讯不应该建立在操纵、欺骗和胁迫之上，我们与亲近的人之间的关系也不应该如此。我们希望伴侣对我们忠诚，是因为爱情而不是恐惧。我们希望孩子听我们的话，是因为尊重而不是怨恨。我们希望亲近的人和我们分享一些事情，是出于信任和亲密，而不是我们要了什么手段。

那么，如何通过给他人提供选择来鼓励他们合作呢？以人为本的心理干预方法的精髓就在于尊重客户的自主权，愿不愿意开口由他们自己决定。在审讯嫌疑人方面，英国和美国法律也有类似的规定：嫌疑人有权决定是否配合。当审讯人发自内心地尊重这条规定，将自主权交到嫌疑人手上时，他们更有可能不走极端，更有可能配合审讯人。

对加拿大皇家空军上校拉塞尔·威廉姆斯的审讯便是一个很好的案例。[15]2010 年，威廉姆斯被判谋杀两名女性，多次性侵以及入室偷窃女士内衣。[16] 当时，审问威廉姆斯的是渥太华警探吉姆·史密斯。吉姆·史密斯精通亲和关系，善于让嫌疑人产生自主感。

按照惯例，审讯刚开始，史密斯就向威廉姆斯强调了他的权利：他可以随时要求休息，可以随时咨询律师（这一点史密斯在两分钟内强调了四次），他可以拒绝回答审讯人提出的任何一个问题。但是，史密斯的说话方式完全不像是照本宣科或走过场，即使他已经重复了许多次。史密斯给人一种真诚的感觉，让嫌疑人觉得他不会随意收回权利。结果，威廉姆斯并没要求休息或见律师，也没有拒绝回答史密斯的任何问题。

其实当时史密斯承受着巨大压力，他正在调查 27 岁的杰西卡·劳埃德失踪案，他必须想办法让威廉姆斯配合。当时警方认为，杰西卡的失踪和另外两起入室盗窃案及一些性侵案有关，可能指向同一人。威廉姆斯卡车的轮胎与杰西卡家附近发现的轮胎痕迹相匹配，因此警方想审问他。审讯过程中，史密斯非常清楚坐在他对面的这位军人大概率是性捕食者，他很可能杀害了杰西卡或把她囚禁在某个地方。当时，史密斯有十万个理由给威廉姆斯施压，去胁迫他说出真相，但史密斯没有这么做。

审讯持续了大约 4 小时后，史密斯摆出了一些确凿的证据，如脚印和受害者房屋附近的轮胎痕迹，然后问威廉姆斯："拉塞尔，你有什么想告诉我的吗？”

威廉姆斯回答：“我想尽量减少对我妻子的影响。”

威廉姆斯刚说完“妻子”两个字，史密斯脱口而出：“我也是这么想的。”

威廉姆斯抬起头问：“那我们该怎么做？”

突然，审讯人和犯罪嫌疑人变成了“我们”，一个共同的目标将他们结合在一起。史密斯回答：“这样吧，我们从说实话开始。”

随后是一段长时间的沉默，仿佛心跳都停止了，史密斯似乎并不着急让威廉姆斯开口。他为威廉姆斯提供了一个思考空间，让他自己决定要不要把头放进绞刑架中。

终于，威廉姆斯小声但坚决地说出，“好。”

史密斯平静地回答：“好的，她在哪里？”

又是一个令人心碎的停顿，持续17秒。终于，威廉姆斯小声地问：“你有地图吗？”短短几个字让人不寒而栗。在那令人心碎的17秒中，威廉姆斯没有受到任何外界压力，一切压力都来自他自己。他必须清楚判断眼前形势并决定是否配合，因为每条证据都客观公正地摆在他面前。整个审讯过程中，史密斯说话直截了当，语气不急不缓。他的耐心，无尽的耐心，逐步让威廉姆斯意识到有一个囚笼正在向他步步逼近。

史密斯没有捶桌子，没有侮辱嫌疑人，没有强迫他坦白，没有暗示有轻判的机会。通过客观证据、恰当的审讯技巧以及给予嫌疑人选择权，史密斯取得了什么效果呢？

最终，威廉姆斯眨了眨眼睛，松了松肩膀，坦白了。

比起控制，给予对方选择权更能促使对方配合，而控制常常引起叛逆。

为什么？为什么给嫌疑人提供选择能取得这样的效果？

答案既简单又复杂得令人沮丧——我们不希望别人告诉我们该怎么做。这是人类的本能，是人类的天性。我们要决定自己的命运，掌控自己的命运，要为了自己拼搏。这种对自主权的渴望扎根于我们内心。它决定了我们是否能成为独立的有机体。

为什么渴望自主是人类的本能？有关动物行为的许多研究都能证明这一点。芝加哥林肯公园动物园的一项研究发现，那些能自由选择室内活动或室外活动的黑猩猩和大猩猩，对群体其他成员表现出了更积极的亲社会行为。与那些活动范围受到饲养员管控的猩猩相比，它们能花更多时间放松自己，情绪也更稳定。[17]活动受到限制的黑猩猩和大猩猩则更加反社会，攻击性更强，压力更大。换句话说，当动物感受到对环境有一定的自主权时，即使是在人工饲养的环境中，它们也会更快乐、更健康。

同样，当熊猫和北极熊有权自由选择去非展览区以逃离公众视野时，它们就没有那么易怒和紧张了，异常行为（如来回跑动）也减少了。[18]最有趣的是，即使动物很少行使这种选择权，这些变化依然存在。例如，北极熊选择待在非展览区的时间只有2%。换句话说，重要的并不是什么选择（展览区还是非展览区），而是有没有选择。选择权能够让动物更健康。因此，在促进亲社会行为方面，选择权是一个很基本的策略。比起控制，给予对方选择权更能促使对方配合，而控制常常引起叛逆。

牵马饮水

但所有情况都是这样吗？有例外吗？如果你是去看医生呢？难道你不希望医生告诉你该怎么做吗？难道你不希望医生给你建议和治疗方案吗？难道你不想获得明确的指令吗？“先吃这两种药，然后明早给我打电话。”答案是以上情况也不例外，只是我们理所当然地认为它是一个例外。

假如你最近常常感到疲惫不堪，然后你去看医生。同时你最近工作很卖命，常常加班，睡眠也不够，压力很大。你发现自己每晚起夜的次数变多了，但你觉得这是因为白天喝了太多咖啡。

到医院后，医生首先询问了你的饮食习惯：“有没有吃太多加工食品？你觉得自己平均每天要吃多少糖？”

你心想，为什么要问我这些问题？我身体出大毛病了？

医生继续说：“我担心你会得糖尿病，因为你的身体已经出现了一些症状。你吃太多糖和加工食品了，你得做一个血液检查。其实你可以做一些改变来降低糖尿病风险。”

太好了！医生会告诉我如何降低患病风险，这样我就不会得糖尿病了！快告诉我该怎么做，我一定做到！

你真的能做到吗？

医生会告诉你，你吃了太多糖和加工食品，你需要健康饮食，规律运动，增加睡眠，减少压力。如果你不能做到，那么你可能会患上

2 型糖尿病，你的健康将受到严重影响。

但是，其实你早知道自己该这样做了，不是吗？那你为什么不做呢？

我们之所以难以做到，是因为医生的建议和指令与我们的内在驱动力——我们的核心价值观和信念——不一致，所以我们没有足够的动力做出改变。任何改变都得符合我们的核心价值观和信念，这样才是发自内心的。

想象一下，医生并没有问你摄糖量，而是这样展开对话：

医生： 当你感觉身体不适后，你有什么担心的吗？

你　： 我感觉不太对劲。我觉得很不舒服，担心随时会倒下。我怕我得了什么大病。

医生： 还有什么别的症状吗？

你　： 每天晚上我要起床上三次厕所。我不希望自己身体越来越糟糕。我怕自己得了癌症或心脏病。我虽然不指望着永葆青春，但我也没有那么老啊！

医生： 嗯，所以你觉得这些症状可能和某些重大疾病有关，你这么担心，是害怕身体真的垮掉。

你　： 是的，就是这样。我现在都没法和孩子们踢球了，因为我精力完全不够！等我有孙子的时候，我可不想坐在椅子上看他们玩，我父亲之前就这样。

医生： 嗯，你能及时来看医生是对的。你担心身体出了大问题，担心自己得了癌症或心脏病，所以你感到焦虑和担忧。不过从你的症状来看，我认为不太可能是这两种病。但我担心你可当我们对别人施加压力，恐吓或威胁他们以使他们屈服于我们的意志时，我们会引发心理学家所说的“反抗心理”。

> 能已经出现了2型糖尿病的早期症状。我知道你不希望身体垮掉，你想和孙子们踢足球，陪他们一起玩。其实，我们有很多方法可以实现这个心愿，比如积极改变饮食和运动习惯，想办法减轻压力，这些都会有很大帮助。你觉得呢？

对比一下，第一次对话和第二次对话有何不同？

第二次对话中，医生倾听了患者内心的担忧，不但真的听进去了，还向患者证明了这一点。

不仅如此，他还发现了患者的核心价值观——希望能够为了子孙后代保持健康。这位医生以此为基础向患者提供建议。医生并没有直接说“不要再吃加工食品了”，而是针对患者的独特价值观提出个性化的积极建议，来鼓励患者：“为了陪伴未来的孙子，我们改善下饮食习惯如何？”

当你向别人提供建议或告诉他们如何解决问题时，通常是什么结果？在许多情况下，即使他们认为你的建议有帮助、明智和合理，他们仍然不会接受。为什么会这样呢？

越施压就会越反抗

当我们对别人施加压力，恐吓或威胁他们以使他们屈服于我们的意志时，我们会引发心理学家所说的“反抗心理”（reactance）。20世纪60年代，社会心理学家杰克·布雷姆（Jack Brehm）首先提出了这一概念。当我们感知到自己被控制或自由受到了威胁时，就会产生这种心理。[19]它会导致我们故意进行反抗、采取叛逆行为。

令人担忧的是，你可以让原本没有反抗心理的人产生反抗心理。假如我想让你帮我扔掉一个盒子，我对你说“直接扔掉，不要打开它”，你就会产生好奇心。现在，我已经成功在你脑海中“植入”了打开盒子的念头，而在我说这句话之前，你可能根本没这想法。如果我想让你的好奇心更强烈，我可以说“切记不要打开”。我越想阻止和控制你，你的反抗心理会越强，你越想反着干。

不管什么时候，我们都应该给予对方选择权，即使这与我们的想法或信仰相悖。不管我们多想让孩子放弃文身，多想让年迈的父母去看医生，多想让孩子吃蔬菜，我们都不应该强迫他们服从我们的心愿。我们需要认识到，这些都是他们的个人选择。虽然我们可以鼓励他们、支持他们，但我们更需要给他们空间和时间自己思考，自己做决定。

在心理咨询领域，临床心理学家米勒和罗尔尼克非常擅长改变客户行为。[20]他们的成就主要来自他们对药物滥用的研究。他们注意到，当治疗师想鼓励客户改变其行为时，经常会无意间触发客户的反抗心理。

米勒说：“研究表明，咨询师的咨询风格可以大大加强或削弱客户的抵触心理。我们建议咨询师尊重客户、理解客户，而不是与客户争论或对峙，抑或否定他们。这样更能促使客户改变自己的行为，减轻他们的抵触心理或反抗心理。”[21]

善良的建议并不能激励别人改变行为，我们得去尊重、理解对方

> 善良的建议并不能激励别人改变行为，我们得去尊重、理解对方的愿望或意愿。

的愿望或意愿。如果我们希望所爱之人去看医生、放弃文身或吃蔬菜，我们可以先询问他们的感受，以此表达自己尊重他们、关心他们的内心。通过倾听他们的感受，你可以鼓励他们深入思考自己的行为，这样他们更乐意改变自己。

假设现在你有一个任务，你要劝你的姨妈戒烟，因为你真的关心她。你担心她的健康状况，担心吸烟会影响她的日常生活。当你向她表达担忧时，她可能会反驳你："我很好，你什么都不用担心。比我抽得凶的大有人在。"

听到这里，你如何让她戒烟呢？

总不可能你见她一次就提一次吧，那样她肯定会开始躲你。

也许你可以迂回一点，上网找一些关于催眠、针灸、灵气治疗法、排毒饮食和医疗保险的文章发给她……最后，她可能会在社交媒体上对你取消关注或拉黑你。

也许你可以向她推荐戒烟口香糖，或偷偷将戒烟传单塞进她的信箱……最后，她可能干脆把信箱封了。

当你终于见到她本人时，她可能故意当着你的面，接连抽四支烟！

为什么会这样？因为你的努力成功引起了她的反抗心理。你没有去鼓励她戒烟，而是在强迫她戒烟。你的努力换来的是她的反抗。

作为一个充满爱心的人，你究竟应该怎么做才可以影响别人的行为？

让对方自己做出最终决定

如果你姨妈告诉你她就喜欢抽烟，不可能戒烟，你可以去挖掘她行为背后的深层次的东西。你可以说："您的意思是，您真的很喜欢抽烟，这样能让您放松。您觉得戒烟真的很困难，毕竟抽了这么多年了。"

如果你这样说，姨妈会认为你能理解她、倾听她、尊重她，即使你不支持她吸烟。

她可能会这样回复你："就是这样。我之前就试过戒烟，只是没告诉你。真的很难，总是停了一段时间又开始抽。不管我多努力，都是白费力气。"

你可以说："这么说您确实有过戒烟的想法，您也不想又一次面对失败。"

姨妈回答："是啊。我生了第二个孩子后，戒了一年多。那段时间感觉真好，我可以安心陪孩子们，还省了不少买烟的钱！唉，我为什么又要重新开始抽呢？"

突然，我们顽固的姨妈重新有了戒烟的念头。为了鼓励她，接下来我们可以讨论一下她当初是如何戒烟的，又为何复吸。

尊重某人的自主权意味着倾听他，与他一起商量。但是，一旦我们想将规则和建议强加给他，或者强迫他按我们的心愿行事，他就会产生抵触心理和反抗心理。

相反，我们必须给他选择，必须让他自己做出最终的决定。我们

> 自主是获得幸福、应对压力的关键因素。

总是轻易告诉别人该怎么做，但是我们每个人都是独立的个体，只有自己才最了解自己。[22]

老年人最需要的是自主权

老年人在生活上特别需要他人的照顾，因此他们极易丧失自主权。随着年龄的增长，许多可以自己完成的事情不得不依靠其他人，比如换床单、做饭、穿衣服、洗澡，甚至上厕所。这种独立性的丧失会对老年人产生深远的心理影响，让他们陷入孤独和沮丧。

人年纪越大，活动能力越差，就越需要独立和自由，这对他们的情感幸福至关重要。许多针对养老院的研究发现，自主是获得幸福、应对压力的关键因素。养老院的老人明确表达了渴望自己决定日常生活的想法，比如何时午休、何时去户外呼吸新鲜空气、何时沐浴、何时进餐。[23]

但是，养老院的管理层和工作人员常常无视老年群体的自主权。工作人员会根据自己的需求而不是老人的需求制定规则、安排日程。有时候，老年人每天都不能选择穿什么衣服或吃什么东西。[24]当他们失去自主权和选择权后，他们的身体机能、活动能力、身心健康都受到了损害。老人告诉研究人员，他们“不曾感受到尊敬和关心”，仿佛他们的想法和心意无关紧要，一切都得遵从养老院的安排。他们觉得养老院把自己当小孩对待，又或者当成隐形的幽灵，他们感到总是被忽略。

我们该怎么做才能纠正这种现象？由于时间、资源或身体能力的限制，有时候老年人确实没办法百分百实现自主。但是，我们可以尽量为所爱之人提供选择。我们可以积极与他们讨论他们的日常安排，在洗澡、进餐、穿衣和活动等方面充分尊重和认可他们的意愿。如果他们讨厌桥牌，即使我们认为桥牌对他们有好处，也不能强迫他们加入桥牌俱乐部。如果他们不想吃肉饼，就不要强迫他们吃，毕竟他们不是小孩。

任何事我们都可以提前征求他们的意见，尽量不要给他们“惊喜”。例如，不要随便送他们画或植物，因为他们可能没地方放。相反，我们应该提前询问他们想如何布置房间让它更温馨，我们得尊重他们的想法。我们也不能随意去探望他们，我们得提前问他们什么时候最方便，然后尽量在约定的时间去。

记住，他们是独立的人，有自己的意愿、价值观和愿望。我们要去了解他们的想法和价值观，尊重并理解他们说的每一句话。当他们不得不牺牲自己的自由住进养老院时，他们会感到不满或愤怒，因此开始挑工作人员、护理设备、食物，甚至家人的刺。他们觉得自己被至亲抛弃了。（为什么你不能来多看看我？为什么要把我扔进这个陌生的地方？）

你可能很想说：“这地方挺不错的。我们一共考察了三个地方，这可是您亲自选的！这里的饭菜比您自己做的好吃，这里还有很多娱乐活动，待在家多无聊。我一有时间就来看您，不要这么愁眉苦脸了。”

如果你这样说，那么你将成功引起他们的反抗心理和抵触心理。你会让他们觉得自己不该抱怨，觉得你不理解他们。

正确的做法是，你得认可他们的情绪，承认他们的沮丧。他们失去了独立，失去了空间，你需要和他们建立共情，毕竟这对任何人来说都很痛苦。如果他们攻击或批评你，不要和他们计较，总得让他们发泄发泄。这不是他们的错，罪魁祸首是看不见的岁月。

现在，让我们整理整理思路，试着这样交流：

我知道您现在确实不想住在这儿。我理解，您想家，想您自己的房间。我看出来您在生气，您在伤心。我要怎样做才能让您好受点呢？

小结

1. 每个人都希望掌控自己的命运。

- 如果你陷入了交流的困境且束手无策，你可以从日常小事开始，练习如何给别人提供选择。如果你的决定事关他人，一定要提前询问他们的意见。人们总是打着好心的名义在无意间剥夺他人的选择权，却无法认识到自己行为对他人的影响。

2. 每个人都需要独立和选择权，无论何时何地，我们都要予以尊重。

- 我们可以问问他们看重什么、关心什么，然后尽量将这些与眼前情况结合起来，不管难度多高、挑战多大。我们还要结合具体情况，去分析选择权的重要性。如果你的小孩非要乱穿衣服，你一定要听他的吗？如果气温只有零下四度，他非要穿人字拖，你总不能就让他穿吧？在这种情况下，你可以拿蝙蝠侠套装转移他们的注意力。

3. 哪怕成本再高，也试着为对方提供选择。

- 还记得这章最开始提到的父亲开车的故事吗？如果真到了万不得已的时候，如果你必须采取强硬的态度要求父亲不要开车，也请引导他自己做出决定。这样，年迈的父亲才更有可能放弃开车，他才更能接受这一决定。

4. 即使到了进退两难的地步，一边是魔鬼一边是大海，我们也想自己决定是奋力一搏还是直接跳崖。

反馈

你善于说话，拙于倾听。

——约翰·韦恩

前面三个原则都在为第四个原则——反馈——打基础。反馈意味着重复或者转述别人说的话。当你使用这一原则时，你其实是通过对方提供的关键词引导对方深入交流，提供更多信息。

你不妨回顾一下我们之前讨论过的一些例子，年迈的父母要去养老院，我们是如何开导的；姨妈吸烟多年，我们是如何帮她戒烟的。

> 反馈是对话管理的制胜法宝。你可以选择对方言谈中的关键词，将其转化为交流的动力，推动沟通向希望的方向前进。

我们所推荐的谈话方式都是基于他们的真切感受。如果我们善于反馈，他人会乐意分享更多信息，纠正或拓展他的观点，从而使你对他本人及想法有更深入的了解。

如果你真正理解了某人说的话，理解了他们想法背后的价值观，那么你不仅可以更好地反省自己的观点，还可以了解最真实的对方——他们言谈中的漏洞，逻辑上的矛盾，改变他们观点的切入点。

反馈是对话管理的制胜法宝。你可以选择对方言谈中的关键词，将其转化为交流的动力，推动沟通向希望的方向前进。很快，你就会惊叹于它的魔力。当然，前提是你得选择正确的关键词。因此，反馈之前，你得专心倾听对方说了什么，然后找到你想深入了解的方面，依此选择关键词。

然而，反馈听上去容易，但做起来很难。在本书介绍的所有沟通技巧中，反馈最为重要，因为它是解锁其他技能的关键。因此，我们将在下一章详细讨论。

小结

1. 反馈的关键在于倾听，然后重复或转述别人的话。

- 你需要判断你想进一步了解什么，而不是简单重复对方最后说出的那几个字。

2. 反馈能够为交流提供动力，推动沟通。

- 它虽然简单，但功能强大，值得你花精力掌握。

HEAR 原则总结

1. **诚实**。无论何时，都尽量诚实。说话应该直截了当，但也不要过于锋利伤到对方。同时，努力克制逃避问题的欲望。
2. **共情**。共情意味着对别人的核心价值观和信念形成客观的理解和认识。为了让对方畅所欲言，我们只需要倾听，不要去评论对方，也不要去拉拢对方。
3. **自主**。没有人喜欢别人对自己指手画脚。在交流的过程中，我们应该鼓励他们自己做出正确的决定，而不是试图说服他们。无论何时，尽量为对方提供选择。
4. **反馈**。反馈的关键在于认真倾听对方，找到自己想进一步了解的东西，筛选相关关键词，以继续推动交流。这样，你就能更加详细地了解他人的真实感受。

第四章

反馈是最好的礼物

透过现象看本质；每一个细节都有其价值，不要让它们逃过你的眼睛。

——马库斯·奥雷留斯（Marcus Aurelius）

上一章我们讨论了诚实、共情和自主，它们都关系到我们是否能够正确对待他人，是否能够影响他人的行为。我们诚实待人，因为我们要建立信任；我们善解人意，因为我们想寻求理解；我们尊重自主权，因为我们想为他人创造自由。反馈是 HEAR 原则中的最后一项，至关重要，因为它能帮助我们实现以上所有原则。反馈既是一种态度，又是一套技巧。作为倾听者，我们可以利用反馈去理解和探索他人的思想、感受、信念和价值观。如果我们能够理解这一原则，我们会发现这一技巧虽然简单，但能有效深化人际关系。

如果我们看不见文字背后的内容（不仅是对方说了什么，还包括对方想表达什么），我们可能会对他人的感受做出错误的推断。如此一来，我们又怎么知道对方想要什么，怎么进行换位思考呢？

人们经常误解反馈式聆听，认为它就是机械重复他人说的话。接受心理治疗的人常常问心理医生这样一个问题："医生，你有什么看法？"而医生却往往反问自己的客户："嗯，那你又有什么看法？"如

> 反馈能够帮助你向他人传递共情和理解，也能帮助你战胜好为人师的本能冲动。

果这样，客户为什么不去找个机器人，这比看心理医生省钱多了。机械重复对方的话并不等于反馈。

反馈能够帮助你向他人传递共情和理解，也能帮助你战胜好为人师的本能冲动。心理医生在倾听客户谈论自身问题的过程中，内心总有一种冲动，想迫不及待地批评客户或扔出自己的意见。或许你也曾经遇到过这种情况，别人征求你的意见时，你很想脱口而出："不要再这么做了，一切都会好起来的。"

孩子为什么叛逆

艾米丽：我在工作中曾遇到一位单亲妈妈，她说自己十几岁的儿子西蒙在家里越来越叛逆，不服管教。妈妈个子矮小，神情焦虑，就像一只受惊的兔子，一直警惕着掠食者。每次来我办公室的时候，她都紧张慌乱，仿佛每一次咨询都充满了想象不到的压力和挑战。刚满 14 岁的西蒙则像是一只笨拙的小鸟，被捕食的猫盯上了。他蓬松的金色刘海和低垂的头让我几乎无法与他进行眼神交流。我只有趁他抬头的瞬间，快速瞥一眼，然后他又会低下头。妈妈告诉我，西蒙两岁开始脾气就很大。她说之前的家庭医生建议她使用"拥抱疗法"，在西蒙情绪爆发的时候紧紧拥抱他，直到他平静下来。

她已经使用"拥抱疗法"很多年了。虽然现在西蒙已经十几岁了，她仍在坚持。目前，妈妈（几乎）还能用这种方法来控制她那瘦瘦高高的儿子，只不过两人都会弄得满身淤青，筋疲力尽。

有一次，妈妈向我描述了她是如何让西蒙上楼睡觉的。在她整个陈述过程中，我好想告诉她，她的做法只会让情况更糟糕，好想告诉她应该怎么做，好想给出我的建议。

但正如我们所讨论的那样，这样做无助于发现问题的根本，也无助于解决问题。以下文字为妈妈的描述，你可以边看边思考，自己读到什么地方时特别想指出她的错误、告诉她应该怎么做。

*

当时，西蒙正坐在客厅用手机发消息。我已经告诉他两次——非常礼貌地提醒他——他应该睡觉了。第三次，我依然礼貌地提醒他，但是他完全不理我。我一下就爆发了。我走到他身边，从他手里抢过那该死的手机，把它插进我的裤子后兜里。他疯了一样地冲我嚷嚷："还给我！还给我！"

我说："不可能，接下来的一周你都别想碰手机了。"

他更加疯狂，感觉像要打我。他盯着我，冲着我的脸尖叫："还给我！马上！"

我知道他正在失控，于是我告诉他："不行，西蒙，听我的话，上楼睡觉。"

他猛地站了起来，将我推开，而且是用双手将我推开。我无比震惊！

我说："不许推我，西蒙！你不能推我！"然后，我一把从他身后抱住他，紧紧搂住他的腰，就像家庭医生告诉我的那样。

"你现在冷静一下！"我说。

西蒙彻底愤怒了，大喊大叫："放开我！放开我！"我只好将他抱得更紧了。

*

眼前这个可怜的女人正在让事情变得更加糟糕，她继续讲。

*

“该死的！放开我，妈妈！”西蒙开始歇斯底里，一遍又一遍地吼叫。

我试着把他按在地板上。我说：“你不冷静下来，我是不会放开你的！”

突然，他用力把我向后推，我们的身体越过沙发一起跌倒在地，这下我反倒被他按在地板上了。我们都开始哭。我知道他不是故意的，但是我的腿受伤了，我只好让他走了。我继续躺在地板上哭，他抢回了手机。我本来想再次抓住他，但我已经没有力气了。

*

说完，她哽咽地说：“他已经失控了，我不知道该拿他怎么办。”

我听完后，感到十分诧异，一件小事——让孩子上床睡觉——竟然可以升级到一次暴力事件。我敢打赌，当你听完后，你可能会理解西蒙的行为，可能想为妈妈提供一些建议，帮助她更好地处理这件事。你可能想说：“下次不要抢走他的手机，直接把 Wi-Fi 关了。”或者，“如果他再推你，告诉他你会报警告他袭击”。又或者，“他要走就让他走，没人可以在愤怒的状态下解决问题，等你们俩都冷静下来再好好聊聊”。也许你只是想表达一下理解和同情，“太糟糕了，孩子怎么可以这样对待自己的母亲”。也许你会对妈妈的处理方式表示震惊，心想：“如果你这样抱着我，我也会做同样的事情！”

但是，这些方式——提供建议、提供解决方法、指导、表达理解、评论——都无法帮助这位母亲真正解决问题。为什么？有两个原因。

首先，人只有自己才最了解自己，只有自己才最可能找到问题的根本。而你，作为治疗师，你做不到。

其次，如果他们想解决问题，那么最佳策略便是结合自己的信念和价值观，自己找到解决方案。作为治疗师，你不能将自己的想法强加给他们，然后期望他们改变。

你不妨回忆一下自己曾经为了改变某个行为付出了哪些努力，比如节食。如果有人给你一本健康食谱大全，你也许会照着里面的食谱做饭。你可能会觉得自己的健康得到了改善，甚至体重也有下降。但是，没过多久你的生活就被打回原形，你以前的饮食习惯会战胜你的健康计划。厨房里再也看不见那本健康食谱大全，它正在书架上积灰。

如果我们没弄清楚我们与食物之间的关系就开始节食，最初的改变不会固化。它可能会持续一周，甚至一个月，但旧习惯之后又会占上风，因为我们的信念和价值观未发生改变。（“我值得好好吃上一顿，我工作这么辛苦。我实在不想自己做饭。从下个星期一或者下下个星期一开始，我再努力。”）

即使你提出了很好的建议（对方也认同这是个很好的建议），他们也难以改变自己的行为，因为建议本身并不能帮助他们了解问题产生的原因。如果没有找到问题的本质，又怎么从根本上解决问题呢？

我当时很想对这位母亲说：

“你的‘拥抱疗法’会使西蒙感到你在侮辱他、控制他。他已经14岁了，而不是4岁。他从没有机会学习如何控制自己的情绪，因为你总是想通过拥抱他让他屈服。你需要去尊重他，而不是仍把他当4岁小孩。如果你希望他尊重你、关心你，你也要尊重他、关心他。”

看到西蒙受侮辱、受控制，我内心不是滋味；看到西蒙的妈妈如此

> 在我们真正找到问题根源之前，我们需要去倾听、去探索，而不是提出我们的看法或建议。

焦虑和烦恼，我内心同样不好受。

但是，如果我直接提出建议，她也许可以理解。即使她表示赞同，她依然不知道如何与孩子建立这种相互尊重的关系。这一点很难，因为他们之间的旧有相处模式已经持续14年了。我也可以采用菲尔博士[①]的套路，问她："你觉得这样做有用吗？"以显得自己很聪明，但这不是重点。我不能简单告诉她不要这样做，要理智，然后开始祈祷她离开我的办公室后会发生改变。

为了深入了解他们之间的相处模式，改善母子之间的关系，我需要了解妈妈养育子女背后的核心价值观和信念。这将有助于我们一起找到应对儿子叛逆行为（对青少年来说再正常不过了）的方法，而不是继续通过摔跤、咒骂和哭泣去解决问题，这使母子两人都痛苦不堪。

你也许很想直接提出一些有用的建议或直接尝试解决问题。但是，在我们真正找到问题根源之前，我们需要去倾听、去探索，而不是提出我们的看法或建议。只有这样，我们才能找到事物本质，才能找到根本原因。如何才能做到这点呢？那就是反馈。

妈妈倾诉完之后，我对她说了这些话：

"你每次和西蒙发生争执的时候，场面都会失控，对此你很懊恼。一方面，你觉得你需要继续使用拥抱这一技巧，就像对待小时候的西蒙那样；另一方面，你希望西蒙能够更加成熟，更有责任感。你能再给我讲讲吗？"

---

① 菲尔博士（Dr. Phil）是美国家喻户晓的电视心理学家、当红脱口秀节目主持人、畅销书作家。——译者注

当我和妈妈深入探索了她抚养子女的价值观后，我逐渐发现她十分恐惧西蒙长大。面对孩子对独立的要求，比如乘公交车去见朋友或晚上熬夜，她无所适从。她会直接拒绝西蒙的要求，从来不会考虑他的感受。她总是固执地坚持要求西蒙晚上 8 点准时睡觉，这样她才能够保持自己对儿子的控制。

在她的定义中，好孩子就应该百分百顺从父母，默默接受命令。在这对母子的关系中，儿子没有话语权也没有独立权。妈妈告诉他做什么，他就得听话，不然就得被妈妈抱住直到自己屈服。

妈妈不敢放弃所谓的"拥抱疗法"，因为在西蒙还是小孩子的时候，这个技巧能够帮助她制服儿子的叛逆行为。我必须让她明白"拥抱疗法"已经没有用了，它不能让西蒙学会控制自己的情绪，它会让母子两人都感到生气、恼怒。当西蒙越来越大，越来越强壮，"拥抱疗法"还会增加身体受伤的风险。

几次治疗之后，妈妈终于放弃了"拥抱疗法"，开始采用"洞穴疗法"（当儿子开始生气、需要空间冷静的时候，双方必须立刻停止一切互动，至少 20 分钟）。几个月后，母子的关系逐渐改善，西蒙获得了更多的自由和独立。因此，他再也没有对妈妈发过飙，再也没有因为妈妈强行拥抱自己而猛烈对抗。

我在工作中曾遇到一位单亲妈妈，她14岁的儿子西蒙表现得越来越叛逆。之前的家庭医生建议在西蒙情绪爆发的时候紧紧拥抱他，直到他平静下来。
西蒙，别再玩手机了，该上床睡觉了！
还给我！还给我！
①
但是这一次，西蒙没有因为“拥抱疗法”而安静下来，反而更加暴力地反抗她。
放开我！妈妈！
②
我明白你对每次和西蒙发生争执感到很懊恼。但是你有没有意识到自己对儿子的控制欲呢？
“拥抱疗法”是针对小宝宝使用的，现在西蒙已经是一个青少年了，他有独立的需要。
③
通过几次治疗，母亲放弃了“拥抱疗法”，在两人吵架时，选择给儿子独立的空间让他冷静。母子关系终于有所改善。
妈妈知道你有自己的想法，不如我们都先冷静一下，再讨论这件事。
好的，对不起，妈妈。
④

人际关系和经历都能塑造你的价值观，它们好比土壤，
你的信念和价值观在此生根发芽，不断成长。

及时回应他人的信息，才能更深入交流

为了帮助他人成功诊断问题背后的根本原因，你需要找到他们的思维模式。也许你生活中经常有人来征求你的意见，或者对自己的选择后悔不已，比如就孩子抚养问题和前妻/前夫争吵不休，或者不喜欢现在的工作但是又找不到合适的职位，或者自己的孩子总是和问题少年在一起。

从根本上改变行为需要大量的努力和耐心，不管是对需要改变的人还是那些支持他们做出改变的人来讲，都是如此。探索他人的意识以及潜意识充满挑战。在日常生活中，我们总是凭直觉做很多决定和选择，意识不到它们背后的价值观。有时候，我们自己都不知道自己的价值观是什么，来自何处。

但当你静下心来思考的时候，你便能发现那些塑造你价值观和信念的人与事：父母、一位重要的老师、为人父母、所爱之人病逝、事故等。这些人际关系和经历都能塑造你的价值观，它们好比土壤，你的信念和价值观在此生根发芽，不断成长。

我们的核心价值观和信念具有强大的力量，所以改变之路困难重重，不是说你调整一下自己的想法和感受就可以实现的。比如听几句鸡汤语录，“人嘛，最重要的就是开心”，或者“所有的困难都是机遇”，它们的作用微乎其微，不足以改变我们的行为。如果我们不改变自己的价值观和信念，我们就不能从根本上改变行为。

> 及时回应对方提供的信息，坚持反馈，直到交流进入更深入、更有意义的阶段。

要理解他人，我们就要探索他们的核心价值观。做到了这一点，我们就能理解他人，与他人建立亲密关系，特别是两性关系。第一次约会的时候，如果你的约会对象和你要了一样的牛排，或者将你最喜欢的流行歌曲设为来电铃声，你会窃喜。但如果你突然发现约会对象支持的总统候选人和你不一样时，或者他在很多复杂问题（如理财、子女教育）上和你意见相左时，你的情绪就会波动。

那么，我们如何在不冒犯对方、不咄咄逼人的前提下找到他们的深层次的思想和观点？关键就在于及时回应对方提供的信息，坚持反馈，直到交流进入更深入、更有意义的阶段。这听上去有些复杂，其实关键就在于你能否做到仔细倾听。接下来，我将举例说明，如何以普通寒暄作为开场白，从而获得对方更多有趣的个人信息，让我们将场景设定为一对男女的第一次约会。

杰克和简的第一次约会

简：你上一次度假去了哪里？

杰克：啊（羞怯地微笑），我不太好意思讲……

简：为什么？为什么？有什么秘密呀？

杰克：我去了贝尼多姆[①]……

简：（抬起头，眼睛睁得大大的）哦……我明白了。挺好的……要不我们还是换个话题吧。

---

① 贝尼多姆小镇是最受英国游客青睐的西班牙海滨小镇之一，除了绵延漫长的金色沙滩外，这里最出名的就是夜店，很多人来这里体验丰富的夜生活。——编者注

杰克：千万别误会我！不是你想的那样……我可没去泡夜店，也没做什么见不得人的事！

简　：那为什么要去贝尼多姆呢？

杰克：因为我是自由行，费用超便宜。我和其他两个男生一起去的，我们小学就认识。每天我们不是冲浪就是去逛老城，绝对没有玩什么过火的游戏，我发誓！

简　：冲浪？听起来很酷。你喜欢这种假期吗，既出去旅行还能运动？

杰克：喜欢啊，我不是很接受跟团游，跟关在集中营一样。

简　：集中营?!

杰克：你知道的。8点钟开始，就裹着毛巾躺在游泳池旁边的太阳椅上，到点了就去餐厅吃饭，然后看一些无聊的娱乐节目，困了就上床睡觉。第二天重复同样的活动。我宁愿被一枪打死……

简　：这么说你不希望别人来安排你的行程喽？

杰克：是啊。我喜欢深度游，喜欢亲近大自然，想深入探索每一个地方，品尝当地美食。我希望能够自己来安排行程。

简　：这样的话，可能比较辛苦。

杰克：我倒不觉得辛苦。我就喜欢自己安排行程。生命短暂，不能让别人替你做安排。

简　：你觉得自己是不是有点叛逆呢？

杰克：呃……反正我不是很喜欢权威。

简　：“不是很喜欢”是什么意思呢？

杰克：我时不时地会让自己卷入一些麻烦。

通过反馈，你可以得到对方的许多信息，同时也不会过多暴露自己。

简　：一些麻烦？

杰克：嗯，我小的时候，被学校开除过，后来换过好几所学校。我管不住自己的嘴，总喜欢顶撞别人，尤其是老师。

从上面的对话可以看出，简很擅长挖掘对方的信息。她会在杰克说完一句话以后，立刻捕捉到他提供的一些重要信息，然后引导杰克深入交谈。你可能已经注意到了，在这段对话中简很少谈论自己或者发表自己的观点，她将注意力放在杰克身上。通过这一技巧，简已经了解到很多关于杰克的信息，他属于运动型男生，渴望冒险。他喜动不喜静，不想躺着晒太阳。他会反抗权威和规则，这导致他被几所学校——而不只是一所——开除。

虽然杰克还有许多故事没有告诉简，但是简已经在脑海里面慢慢拼凑出了杰克的性格。对治疗师来说，反馈是一种强大的武器。通过反馈，你可以得到对方的许多信息，同时也不会过多暴露自己。

我们来看看杰克怎么回复的：

杰克：我们下次约会的时候可以继续聊这个话题。你呢？你上次度假去了哪里？

简　：巴塞罗那。

杰克：不错，那里怎么样？

简　：挺有趣，这座城市酷酷的，有很多时髦的餐厅和酒吧，充满艺术的气息，当地人也很友好活泼。

杰克：你待了多少天？

> 无论是在短期互动还是长期互动中，
> 反馈这一技巧都可以帮助你提高沟通效率。

简 ：只有三天，比较短。

杰克：你一个人吗？

简 ：不是，我和一个男生去的，我们当时正在约会。

杰克：哦，这样……

简 ：只是在接触，没那么深入。

杰克：你去参观圣家族大教堂了吗？

简 ：当然了，每个去巴塞罗那的人都会去参观圣家族大教堂，这可是必须打卡的地方。（长时间的停顿，气氛比较尴尬）那你去过吗？

为了避免尴尬，简再次将话题扔给杰克。为什么？为什么杰克的聊天风格让人提不起兴趣？原因就在于，他没有对简提供的信息做出反馈，交流停留在表面。他只是提出一个又一个问题，等待简回答，他并不在乎简提供了什么信息。这种聊天方式不能建立真正的联系，也不能帮助杰克了解简内心的价值观和信念，所以两人之间无亲密可言。杰克收获了什么信息呢？简和她前男友一起在巴塞罗那玩了三天，他们参观了圣家族大教堂。挺有意思。他们可能还在公交车站讨论了牛奶的价格。

反馈式倾听：SONAR

无论是在短期互动还是长期互动中，反馈这一技巧都可以帮助你提高沟通效率，它可以让你避免掉入一些常见的沟通陷阱。让我们再快速地回顾一下父母与子女的沟通方式。

表 4-1　常见的父母与孩子的对话案例

策略	孩子	父母	孩子的回应
要求	我今天真的不想上学	不行，你必须去上学	你不能强迫我
讽刺	我知道我应该完成家庭作业，但是我太累了	你算了吧！等你有了一份正经工作后，再来告诉我什么叫累	算了…… 你根本不理解我
指责	每件事你都要指责我	如果你能自觉点，不需要我反复提醒你，我干吗还要指责你？每次说你都是左耳朵听右耳朵冒	我讨厌你 （我现在为自己难过）
放弃	我喜欢数学，但这道题太难了，没人会做	如果没人会做，老师也不会布置，你再多下下功夫	我已经很努力了，但就是不会做，我放弃了
对峙	打扫我的房间是在做无用功，因为它还会脏	所以你打算生活在垃圾堆，每天被脏衣服包围着睡觉吗	是，我就是这么打算的

呃……好像都不管用！

这些沟通方式让交流进入了死胡同，接下来可能就是摔门而去或大吼大叫了。如果你忽略对方的感受，强迫对方服从，他们自然会反抗你。我们如何才能避免引起对方的反抗心理？关键就在于反馈。

我们用 SONAR 这个英文字母组合来概括反馈式聆听所涉及的一系列技巧。正如声呐（sonar）利用声波探测目标，善于反馈的人在认真倾听的同时，也会向对方发送声波，然后接收对方反射回来的信号。

S 复述 （Simple reflections）	复述指直接重复对方刚说的话。这一技巧的关键在于选择正确的内容作为切入点：你想进一步了解什么？对方刚说的话有什么重要意义？
O 指出矛盾 (On the one hand reflections)	这一技巧用于对方总结出两种截然不同的观点、情绪或证据时，你最后说的那些话能够决定对方是否愿意向你吐露更多心声，所以一定要注意方式方法。
N 不要争论 （No arguing）	不要同对方争论，不要同对方讲道理。仔细反思对方的话，不要与之争辩。你可以试着这样说话，“所以你的意思是……”“关于这一点你能再给我讲讲吗？”这样的句子可以阻止你陷入争论。
A 强化正面信息 （Affirmations）	积极、主动地从对方的话语中寻找正面信息，暂时忽略负面信息——可以在交流结束之后再去研究。即便对方的言谈充满负面信息，也要努力去寻找积极、正面的东西，并以此为平台鼓励对方做出改变。
R 诠释总结 （Reframing）	通过诠释、总结对方的话，或者挖掘对方言语背后的感受和价值观，你可以对交流进行反馈。“根据你说的内容，我觉得 ____ 对你来说可能非常重要。”说完这句话之后，你最好再提一个关键问题，引导对方进入下一个主题。

接下来，我们将使用 SONAR 策略重新展开上面的对话。

表 4–2　使用 SONAR 策略开展的父母与孩子的对话案例

策略	孩子	父母	孩子的回应
S 复述	我今天真的不想上学	你今天真的不想去上学	真的不想去，那些女生事太多了，我头都大了
O 指出矛盾	我知道我应该完成家庭作业，但是我太累了	你现在觉得很累，不想做作业，但你又觉得你确实该做家庭作业	对，就是这样！这一学年很重要，学校会根据我们的考试成绩给我们排名（虽然觉得很辛苦，但依然想努力一把）
N 不要争论	每件事你都要指责我	告诉我你为什么有这种想法（你需要对孩子接下来说的话做好心理准备）	你从来不和我商量。你总是命令我做这做那，我很生气 （父母：你觉得我老是命令你，从来不和你商量）
A 强化正面信息	我喜欢数学，但这道题太难了，没人会做	和我说说你为什么喜欢数学	它是我的强项之一，我享受解题的过程。但这道题真的难上天了 （也许对父母来说并不难，但是对孩子来说确实很难）
R 诠释总结	打扫我的房间是在做无用功，因为它还会脏	你觉得房间打扫完还是会脏，是一个死循环，你很无奈，也很烦恼。所以你不想打扫是吗	对的！虽然我也不喜欢房间脏，但这就是个死循环，太让我绝望了 （父母：其实你还是希望房间干干净净的。我们怎样才能让它一直保持整洁呢）

也许孩子多多少少还会有些抵触心理，但对话还能继续。

SONAR 策略能够让我们进一步看清局面，找到问题的根本原因，从而成功解决问题。在与他人的沟通中，反馈是唯一一项能够快速改善交流的技巧。当你使用它时，你们的对话将更深入，更有内涵，你将更加理解对方，与对方建立亲密关系。为了培养这项技能，你可以练习就对方抛出的每一个话题点提供三种反馈。如果你坚持不懈，你将开始看到成效。

为了开发你的 SONAR 策略，接下来我们将详细讨论这五种技巧。

S——复述

在五种反馈技巧中，复述可能难度最小。当然，我们依然需要注意切入点。通过仔细聆听对方的言语，同时复述关键信息，我们不仅能进一步理解对方，也能引导他们就我们感兴趣的话题分享更多内容，或许我们能发现重要信息。可以说复述这一技巧极具战略意义。

在我们的培训生涯中，曾遇到过一个滑稽的案例。犯罪嫌疑人在接受警察审讯时交代："当时我们在厨房吵架，气氛变得有些激烈，所以我想离开。我推开了她，然后我撞到了一盆盆栽。她说我拿盆栽砸她，她在说谎。"

审讯人重复道："盆栽？"

犯罪嫌疑人一脸迷茫。

▌不要被细枝末节带偏。

没人关心盆栽。比起“吵架”“有些激烈”“推开了她”这些关键信息，“盆栽”根本不重要。如果我们在调查一项袭击指控，我们管它是盆栽还是什么，我们需要关注和袭击相关的描述。这里涉及一条反馈法则：不要被细枝末节带偏。我们需要有技巧地、聪明地使用反馈技巧，这样才能找到更多重要信息，更了解对方。

复述的重要性体现在两个方面。第一，它能敦促你集中注意力倾听，这样你才能复述出对方话语中最重要、最有意义的内容。第二，它能让对方体会到你的用心，这样才能鼓励对方敞开心扉。

让我们来看一下这几句话：“我知道我们讨论过同居，但是我觉得现在时机还不成熟。我们现在这样也挺好的。”

你该如何反馈？不妨想想你对哪些字眼更感兴趣。

“我知道我们讨论过同居，但是我觉得现在时机还不成熟。我们现在这样也挺方便的。”

我们可能会选择“时机”或者“方便”。让我们先试试“挺好”。

“挺好？”

“是啊，我住的地方离公司很近，所以我不需要通勤。我现在每天要工作 10 —12 个小时，我们可以在周末见面。我觉得我们应该再等一下，等到存够首付，买我们自己的新房。我也不喜欢分居，但目前这确实是最好的选择。”

你可能不满意这样的回答，但是你确实了解了一些对方的想法。他之所以想继续分居，是出于实际或金钱考虑，而不是因为不爱你。现在你已经掌握了一些信息，你可以试着继续交流而不是和对方吵架。也许你内心有些小受伤，也许你觉得他不够重视你，但是你已经

亲爱的，上周我跟你说过搬到一起住的事，你想好了吗？
①
我知道我们讨论过同居，但是我觉得现在时机还不成熟。我们现在这样也挺好的。
挺好？
②
是啊，我住的地方离公司很近，另外我每周工作的时间也很长，我们可以在周末见面。
所以我觉得我们应该再等一下，等到存够首付，买我们自己的新房。
③
我也不喜欢分居，但目前确实是最好的选择。
好吧……虽然我想尽快搬到一起，但我理解你的考虑。
④

> 反馈的目的在于让沟通继续下去，让你掌握更多信息，直到你真正理解对方的内心。

开始理解他背后的动机了。你不需要表示赞同，但你可以继续交流，而不是吵架。吵架会让沟通刹车，会在你们之间竖起一道墙。反馈的目的在于让沟通继续下去，让你掌握更多信息，直到你真正理解对方的内心。

O——指出矛盾

让我们看看这几句话："我知道我需要注意饮食，重新开始锻炼，但是目前确实不太可能。我每天都很忙，没时间做其他事。"

你可能会这样回复："你哪有那么忙！你这周在网飞上看了整整一套电视剧！如果你想改变自己，你真的需要更努力。"

听到这里，他可能想把你赶出门外，然后叫一份比萨，继续坐在沙发上看电视。这样的说话方式不是在鼓励对方，而是在让对方羞愧，羞愧可不能带来改变。当你启动了对方身上的"羞愧按钮"后，他会觉得你在攻击他而不是鼓励他。相反，你应该好好思考对方心中的矛盾，然后继续推动谈话朝着有意义的方向前进："我知道现在你觉得压力太大，身体太疲惫，但你也很需要健康饮食、规律运动。"

听到这里，接下来对方将会告诉你他为什么想恢复健康的生活方式，你可以强化这种正面信息。他可能会这样回复：

"以前我每周要去三次健身房，吃得也很健康，我感觉自己充满活力。以前睡眠也更好！我想回到过去那种生活方式，但是我确实心有余而力不足。”

现在，他把自己带回到过去，那时的他充满正能量。你可以鼓励他重拾这种心态：“确实有一种挫败感。健康的生活方式给你带来很多好处：体力更好、睡眠更好。要想回到以前那种状态，你觉得你可以从什么小事开始吗？”

指出矛盾这一技巧的关键就在于你得小心询问，保持好奇心和包容的态度，千万别去评价对方，也别怀疑对方、不信任对方。也许你很想脱口而出：“等等，你之前那样说，现在又这样说。”你一定要克制内心的冲动。

一旦对方觉得你在批评他，或者在给他下套，他便会退出交流，不想再听你唠叨。我们经常在警察审讯犯罪嫌疑人的过程中目睹这一结果。审讯人会拿出一条证据追问犯罪嫌疑人：“真是你说的那样吗？那这条证据你怎么解释！”这种战术只在电视剧中管用。在现实世界，嫌疑人往往会停止配合，要求见律师了。不要将某人逼到墙角，他们不但不会合作，还会关闭自己，保持沉默。

如何指出对方话语中的矛盾之处是一门艺术，避免你将对方逼至墙角，从而保护对方的尊严和面子。或许他会继续胡编乱造，但言谈中的漏洞总会出卖他。又或许他会承认自己撒了谎，开始坦白真相。不管什么结果——继续欺骗还是坦白——都能帮助我们获得信息或证据，以继续调查、挖掘真相。我的一位同事总是说：“我不在乎他们是不是在撒谎，我只在乎他们是否还愿意开口。”

> 当我们感觉受到了攻击或指责，我们的本能反应便是反击。而基于亲和关系的人际沟通则建议我们欣然面对指责，探索它、反思它。

N——不要争论

当双方权力不对等时（老板与员工、父母与孩子），人们往往容易针锋相对。当我们感觉受到了攻击或指责，我们的本能反应便是反击。而基于亲和关系的人际沟通则建议我们欣然面对指责，探索它、反思它。这不仅可以让对方说清楚指责的原因，还可以缓和气氛，避免火上浇油。这种策略类似于合气道[①]，我们可以在不伤害攻击者的前提下保护好自己。

棍子和石头

艾米丽：我曾经主持过一次集体测评，参与者包括20多名受到家暴指控的男子。当我分发测试表、下达指令的时候，一位年轻的参与者哈维对我说："你怎么这么严肃？也许你需要找人上床。"他嘲笑我的时候，就像一只鬣狗。他身体靠在椅背上，双手交叉放在后脑勺，想在所有参与者面前装酷。

哈维的话让我感到尴尬和不适，这是我情感大脑的本能反应。我的脸也开始出卖我的内心，越来越红。我努力压制本能反应，理智告诉我

---

① 合气道是一种利用攻击者动能、操控能量、偏向于技巧性控制的防御反击性武术，所以合气道不提倡主动攻击；它源于日本大东流合气柔术的近代武术，主要特点是"以柔克刚""防守反击""借劲使力""不主动攻击"。——编者注

哈维的话其实和我无关，和性无关，但和权力有关。他觉得自己没有权力，权力不对等让他想将他内心的虚弱转移给我。

我大概停顿了足足5秒，思考怎么回应，我的脸也越来越红。其他参与者全在窃笑。

最后，我对他说："哈维，你为什么要对我说这种话？"

"因为如果你想找人上床的话，我倒是可以帮忙……"他回答道。

我再次停顿了几秒，身边持续传来嘲笑声。我并不想和他争论，于是我开始回顾他说的话："哈维，我想弄清楚，你说我有点严肃，所以你在你的家暴测评中提出想与我发生关系，目的是为了帮我。我的理解对吗？"

人群中一个男的开始大笑。

哈维怒视着我："我其实并不想和你发生关系，别自恋了。"

我回复："那太好了，因为我也不想和你发生关系。"

其他参与者继续窃笑。"既然我们已经明确了我们都不想和对方发生关系，那可以开始测评了吗？"我边说边将测评表交给他。他不情愿地从我手里接过表格开始填写。

当时的局面很尴尬，我现在回想起来都觉得有些胆怯。但是我通过客观地回顾哈维的行为，（"所以你在……"）打破了他的权力争夺计划。

反馈虽然看上去很简单，但是往往和人类的本能反应相左。在上述案例中，我的本能反应并不是理智地进行反馈。当时我的情感大脑有以下几个想法：

（1）忽视它，假装什么都没有发生；（2）回击，告诉他"你不能这下一次别人针对你、攻击你的时候，努力克制自己的本能，停下来思考一下对方为什么这么说，目的何在。

么说话，请你出去”；（3）祈祷火警响起，挽救我。但是以上三种方法都不能解决我面对的问题。

如果我选择（1），我会显得很软弱。如果我选择了（2），一旦他拒绝离开，事态很可能会升级。而且这样做会让我显得小心眼，小题大做，让其他目睹整个过程的参与者看笑话。哈维可能还会将它变成一种战术，以后每周见面的时候，都故意让我难堪，让我的脸和猪肝一样红。通过理性反馈，我缓和了局面，测评得以继续。

那么你如何使用这一技巧呢？下一次别人针对你、攻击你的时候，努力克制自己的本能，停下来思考一下对方为什么这么说，目的何在。然后你需要尽量平静地找到他们言语背后的信息。有时候，对方想什么就说什么，有时候对方又会拐弯抹角，这种情况下，我们需要找到隐藏在文字背后的信息。

警察审问嫌疑恐怖分子的时候，审讯人和受讯人之间的价值观和信仰往往相冲突。犯罪嫌疑人可能会攻击审讯人以及他们的信仰，比如：

“你并不真正关心这个世界在发生什么。你只知道坐在警察局边看电视边吃炸鱼、薯条，等着收下个月的工资。人们在挨饿，在失去家园，小孩在睡梦中被炸死。你做了什么？你什么都没做！”

你的本能回答是什么？为自己辩护？你会告诉他们自己已经把一生献给了警察局以帮助他人吗？你觉得他们会接受这样的解释吗？或者你也可以罗列出自己为慈善事业做了哪些贡献：将旧毛毯给流浪汉、每月捐 3 英镑给“水援助”组织（Water Aid）。他们会把你当慈

> 这就是反馈的力量，它能避免你掉入陷阱。通过反思对方的话中话，你不仅能够避免争吵，还可以引导对方主动解释自己的立场。

善家吗？也许你还可以说自己并不喜欢炸鱼、薯条。

其实，不管你怎么说，他们都不会接受，因为他们的目的就是和你争论。所以，不要争论，不要让他们得逞。相反，回顾他们说了什么，找到言谈背后的信息：

“似乎你觉得大多数人都只顾自己的生活，不愿意做些事情去帮助世界上正在遭受苦难的人。但是，你却不一样。那你为世界做了什么呢？”

如果你这样回应，接下来他们很可能会向你解释他们的价值观和感受，以及他们为什么会选择走这条路。也许他们还会时不时地侮辱你和你捍卫的事物，但重要的是他们在开口说话，而你只需要听着就行。你没必要将宝贵的时间浪费在争吵上，或者为自己辩护，又或者讨论捐 3 英镑是否能够证明你是个好人。

这就是反馈的力量，它能避免你掉入陷阱。通过反思对方的话中话，你不仅能够避免争吵，还可以引导对方主动解释自己的立场。为了帮助你更好地理解这一技巧，我们来看一个生活中的例子。

假设你的妻子对你说：

> 我感觉最近身材走样了。我知道我胖了不少，以前的衣服都穿不下了。我太绝望了！吉莉安一直在上塑形课，她身材就很好。你不觉得她身材很好吗？我打赌你喜欢她，对不对？

千万不要回答这个问题。这就是道送命题！如果你否认，你的妻子会觉得你在撒谎。如果你承认，你晚上可能只能睡沙发了。所以，

> 你可以试着逃避话题三次，如果对方依然坚持不懈，那么你就得正面回答问题了。

是时候发挥你的反馈技能了。你的妻子究竟想表达什么？她真的希望你否认或承认你喜欢她闺密吗？

你怎么回答才能避免一场争吵呢？救命！让我们试着探索她话语背后的心态：

似乎最近你对自己不太满意，觉得自己身材不好。我觉得每个人都有过这种想法，我也一样！最近我们饮食不是很健康。也许我们两个人都应该向吉莉安学习，你觉得呢？她的塑形课贵吗？

哇！接下来你们就可以讨论报名塑形课，或者计算碳水化合物的摄入，或者买一辆动感自行车——而不是你是否喜欢她的闺密。

如果事情没有按照希望的方向发展怎么办？如果她不依不饶继续追问："可能有些贵吧。你到底喜欢她吗？我肯定你喜欢，我知道她是你的菜。"

呃……现在怎么办？继续反馈吗？不要滥用反馈。我们一般建议审讯人在使用反馈技巧时遵照"事不过三"的原则：你可以试着逃避话题三次，如果对方依然坚持不懈，那么你就得正面回答问题了。

你可以这样回复："我的菜？什么是我的菜？"

她可能会有点生气，然后这样回答你："你知道啊，运动型，健美型，对自己很自信。别否认了，我知道你喜欢她。"

这种情况下，你就可以使用第三章讲到的"幼儿和T恤"技巧（见75页）：

听我说，我知道你现在有些沮丧，对自己不是很满意，所以你才

> 强化是反馈的重要组成部分，它要求你专心去挖掘躲藏在对方话语中的正面信息，然后去强化它，帮助它战胜负面信息。

一直问我是否喜欢吉莉安。但我觉得你真正想问的是“我是否还喜欢你”。我的回答是我喜欢你，我一直喜欢你，每天都喜欢你，不管你是胖是瘦。因为我爱的是你，而不是吉莉安，所以我会一直喜欢你。

如此一来，你回答了你妻子内心真正关心的问题，而不是她嘴上问了什么。你直击了问题的本质，而不是简单回答是或否，这种方式会让你们的沟通继续进行。

如果妻子打破砂锅问到底，不给答案就不罢休，那么我们需要明白她其实并不关心答案，她就是想吵架。你有两个选择，要么满足对方，要么干脆一言不发地走开，因为争吵不会带来任何好处。

A——强化正面信息

大多数人喜欢积极的反馈，讨厌消极的反馈，这是人之常情。所以我们应该尽可能强化对方的优点，而不是缺点。强化是反馈的重要组成部分，它要求你专心去挖掘躲藏在对方话语中的正面信息，然后去强化它，帮助它战胜负面信息。

行为心理学领域的诸多研究都证明了强化或者奖励正面行为更有助于改变人类或动物的行为。相比之下，惩罚负面行为则收效甚微。

嘲讽某人的饮食习惯并不能鼓励他走上健康饮食之路。谴责某人总是抱怨工作并不能帮助他从工作中发现乐趣。惩罚迟到的人也不能鼓励他下次准时出现。

明白了这些道理，当我们想影响他人的行为时，我们应该随时关注对方的优点而不是缺点。这并不是说你应该完全忽视对方的消极行为，而是说你应该睁大眼睛寻找对方身上那些你赞同的行为或态度，然后进行强化。米勒和罗尔尼克将其称为“在杂草中寻找鲜花”。所以，当你想鼓励他人改变自己时，不要交给他们一捆“杂草”。

即便他人的行为很极端，我们也应该努力克制内心想去批评的冲动，而是要努力挖掘对方的正面信息。对方的行为越令你憎恶，说的话越难听，寻找正面信息就越难。你可能会这样想：“哪有什么鲜花，全是杂草！”

面对那些对挚爱之人做恶劣之事的人，我们经常出现憎恨心理。但是我们依然要努力寻找他们身上的正能量，然后以此为基础帮助他们找到改变的方法。哪怕再困难，哪怕希望再渺茫，我们都需要努力挖掘正面信息。有时候，一股微弱的正能量也能搭建改变的平台。

不要因为愤怒而冲动行事

艾米丽： 几年前，我遇到一位客户，他曾严重家暴他的妻子。他下班回家发现他们两岁的孩子坐在地板中央，小脸通红，哭着喊“妈妈，妈妈”。她脸上全是眼泪，鼻涕流个不停，很明显她已经哭了有一阵子了。而她妈妈则坐在沙发上，和一位朋友打电话聊天。

“你为什么不把孩子抱起来？”他生气地问她。

“我在打电话。”她边说边朝他翻白眼。

听到这句话，他感到怒不可遏。他一巴掌打掉她的手机，弄伤了她的下巴，又抓住她的腿将她从沙发拖到了地上，然后猛踹她的肚子，接连好几脚。

面对这样一个充满暴力和仇恨的人，你依然需要发挥大海捞针的精神，找到他内心的闪光点，以此为灯塔指引他做出改变。

父母不应该对一个哭泣的孩子不闻不问。这便是他做出改变的起点。他的行为透露了他的价值观，尽管他采取了极端的方式去捍卫自己的价值观。

当他向我讲述完事件经过之后，我对他说：“你女儿被忽视了，所以你很生气，我能清楚看到这一点。我明白在你的意识里，父母不应该对一个哭泣的孩子不闻不问。”

“确实是这样。”他坚定地说，“我6岁的时候就被送到福利院，因为我妈妈‘监护不当’。所以当我看见我妻子不管孩子，任由她哭时，我就爆发了。”

通过关注正面信息而不是负面信息，我理解了他行为背后的价值观，理解了他行为的根源。但同时，我也发现了他的价值观和行为之间的矛盾之处。

一方面，他觉得父母不应该对一个哭泣的孩子不闻不问。他觉得这样是在忽略孩子、伤害孩子。但另一方面，他当着孩子的面家暴她妈妈，他对女儿造成的伤害远远超过对妻子的伤害。

如果我们想给他指出矛盾之处，同时又不让他感觉我们在批评他、指责他，我们首先需要肯定他的价值观，然后对比分析他的价值观和他的行为。这就涉及我们之前提到的如何指出矛盾（见118页），这一技巧

> 与其谴责他人然后指望他们改变，我们还不如举起一面镜子，让他们看到自己身上的缺点。

能够帮助我们利用对方言行中的矛盾之处挑战对方。

“很明显，你希望你的女儿可以感受到爱和关注，你不希望她重蹈你童年的覆辙。告诉我你攻击你的妻子时，你女儿在做什么。”我平静地问。

他停顿了很久，然后说道：“她一直在尖叫，我现在都忘不了她的尖叫声。”

他又停顿了一会儿，然后抬起头看着我，对我说：“我的行为让情况更加糟糕。我不知道我为什么要那样做。到底为什么？”

与其谴责他人然后指望他们改变，我们还不如举起一面镜子，让他们看到自己身上的缺点，这容易得多。当人们感受到攻击时会下意识地采取防御措施。所以，不要攻击他人。相反，通过恰当的反馈让他们看见你希望他们看见的东西。

如果我们不会强化对方的优点，我们就不能为他们架起改变的梯子。你可以回顾一下你为改变自己做了哪些努力（比如饮食不健康、开车超速、抽烟、拖延症、做事没条理等行为）。当你努力改变自己时，其他人或者你内心的声音（尤其是你内心的声音）在关注什么？是负面信息。它在不停对你吹耳边风，例如“你没有意志力”、“你坚持不了多久”、“你一直都这样”和“你不会成功”。

改变思维并非易事，但试着将这些耳边风换成“优雅面对过去的失败”、“不要放弃”和“你可以改变”。这样，我们的大脑就能与我们并肩作战，而不是与我们作对。无论你自己想做出改变还是想鼓励别人做出改变，都请将注意力锁定在正面信息上。

R——诠释总结

这恐怕是五种反馈技巧中最难的，因为它要求倾听者一边仔细倾听一边分析对方的言语，然后进行合理解释和推断，以便推动交流深入发展。

重复是复述对方的话，指出矛盾是呈现对方言行中的矛盾之处，而诠释总结则是从对方的言语中推断出弦外之音，推断背后的价值观和信念。它要求你透过对方的话看到其本质内涵。这项技巧以我们前面所讨论的不要争论（N）、强化正面信息（A）为基础。

如果你能正确推断他人言语背后的价值观和信念，你便能对他们产生影响。如果他们觉得你能理解他们的内心，他们更有可能在接下来的沟通中反思自己，做出正确的决定。

在艾米丽帮助问题少年的过程中，她和同事总是借助这一技巧。这些孩子总是在挑战权威，他们逃课、吸大麻、酗酒，在法律边缘游走。他们觉得自己的生活没有意义，没有人真正关心他们，那么他们为什么要遵守规则？要帮助这些少年，关键就在于找到他们足够在乎的事物，然后鼓励他们做出改变。我们不能向他们灌输我们的想法，不能直接告诉他们为什么他们需要改变自己。相反，他们应该自己找到改变的理由和动力。记住，我们的目标是解决问题。

其中一个问题少年是一个女孩，她很聪明，但也很暴力。无论在校内还是校外，她经常和别人打架。她曾站在二楼将椅子砸向一楼的老师，还打断过一位同学的手指。

我们有各种理由让她停止自己的暴力行为：她的学习成绩惨不忍睹；她也许不能顺利毕业；她会留下犯罪记录；她会伤害其他人；学校可能会开除她；她很可能会坐牢。但问题是，她对这些都无所谓，她的价值观不关注这些。我们的工作重心便是找到她真正在乎什么，然后鼓励她主动改变。

她热爱音乐，很想加入学校举办的 DJ 师友计划。她的梦想是去西班牙的伊维萨岛当 DJ。她常常幻想自己周游世界，在各种音乐节上当 DJ。她的梦想便是我们的切入点。我们告诉她，如果想加入师友计划，她必须保证 6 个月的课堂出勤率。虽然她已经浪费了不少时间，但是我们和师友计划的负责人商量好了，如果她能够在接下来的四周好好上课，她就有机会加入。此外，我们还告诉她，吸毒会破坏她的注意力，让她不能专心上课，她未来的计划也会受到影响。一旦她吸毒被抓到，让她出国就会受到影响，比如美国就禁止瘾君子入境。听到这些，她的脸上第一次浮现出一些担忧。她突然意识到她的行为正在阻碍她实现自己的梦想和抱负，于是她开始在乎起来了。

阅读下面的案例，看看你能否找到说话人的价值观和信念，然后想想你应该如何诠释他们的言语。

曼迪（20 岁）正在读大二，她遇到了一些问题："现在我发现学习好难。我期中考试的成绩不是很理想，我有些泄气，不想用功了。我本以为我会很喜欢生物，毕竟我中学的时候是科学课的尖子生。但现在，我排名能进前百分之五十就很幸运了。我努力还有什么意义？”

推荐回答：“你的情绪似乎比较低落，因为你在大学的表现不如中学时期。我觉得你其实在生物学方面还是很优秀的，否则你也不会继续攻读，这一点想必你内心也清楚。”

特雷弗（36岁）对自己的生活感到失望：“每天都在重复同样的事情，我简直受够了。我们每天都在做饭、洗孩子的运动服、给孩子洗澡、喂宠物、打扫厨房、哄孩子睡觉，天啊！真是没完没了！我们夫妻很少交流，也没有二人世界，更别提性生活了。有时候，我就想待在车里，这样我就可以不去面对生活中的一地鸡毛了。”

推荐回答：“似乎你觉得日常琐事占据了你的生活，你没有时间放松。你觉得家庭生活让你和妻子无法享受二人世界，你很怀念过去。”

布莱德利（27岁）想脱单：“现代人的爱情观简直不可思议，没有人想寻找一段真挚的感情。别人对你有没有兴趣，会不会给你打电话，会不会同时和别人约会，这些你都得装作满不在乎。我讨厌这样。如果对什么事情你都无所谓，你又怎么能够找到一位共度余生的人？”

推荐回答：“似乎你觉得人们对稳定关系不感兴趣了，但是你却刚好相反。其实你内心知道，人人都渴望稳定的关系，只是他们嘴上说无所谓。”

正如我们之前所说的那样，诠释总结是所有技巧中难度最大的，它需要你进行大量的练习。你可以多使用这些句式，“似乎你觉得……”或者“看起来你很在乎……”它们可以让对方感受到你能理解他们言语背后的深层次的东西。如果你也想改善和某人的关系，下次你们聊天的时候，就可以试试这些句式。同其他反馈技巧一样，诠释总结的关键依然在于保持真诚和好奇心，同时不要去评价对方。

总 结

1. **认识到价值观的重要性**。反馈可以帮助你揭示人们行为动机背后的价值观和信念。理解了这些，你就可以增进与对方的关系，更加了解对方。
2. **克制内心“纠正对方”的冲动**。当别人告诉我们他无法控制饮食、无法戒烟戒酒，或者当别人询问我们的意见时，我们下意识的反应便是批评他或者给他提供建议。如果我们真想帮助他人，最好的办法便是引导他自己找到解决方法，而不是将我们的建议强加给他，更不要通过羞辱他企图让他改变。
3. **练习发射 SONAR 信号**。SONAR 策略以亲和关系为基础，它包括一系列技巧。这些技巧可以帮助你掌握最基本的反馈战术，包括重复关键词和诠释对方内心的价值观。也许你本来已经掌握了其中一些战术，但你可以试着不断丰富你的战术库，反复练习那些你还不熟悉的技巧。

4. **适可而止**。在建立亲和关系的过程中，你应该熟练掌握这些沟通技巧。如果你只能笨拙地重复一些关键字眼，或者滥用“一方面……另一方面……”这样的句式，你会适得其反。刚开始练习这些技巧时，你可能会感到吃力。但是，熟能生巧，只要你坚持不懈，你便能掌握任何技巧。你可以将每一次对话当作一次锻炼机会。你要抓住每一次机会去理解别人，加深你们之间的关系，尤其是那些最亲近的人。

第五章

动物模型：所有人际互动都有规律可循

受到赞美时，别心生欢喜；受到辱骂时，别心生怨恨。

——阿富汗普什图俗语

在人际关系中，每一个人都有自己的舒适区。
走出舒适区、处理棘手的人际互动很难。

在第三章和第四章，我们讨论了亲和关系的基础——HEAR原则，即诚实、共情、自主和反馈。不管你身处什么样的关系或环境中，它都可以帮助你改善沟通，增进关系。但是，人与人不一样，所处的环境也各不相同。一些人天生是领导者，在冲突中获得成长；而另一些人天生喜欢照顾别人，喜欢保持低调。在人际关系中，每一个人都有自己的舒适区。走出舒适区、处理棘手的人际互动很难。我们的本能引导我们尽可能逃避尴尬的社交场景。在第五章，我们将鼓励你走出自己的舒适区，开发你随机应变的潜力，以应对各种棘手的情况。

要做到这一点，我们需要掌握“动物模型”。每一种动物都代表了一种沟通方式，我们将分章节详细探讨。在此之前，我们最好先大致了解一下这四种基本沟通方式。

- **霸王龙：应对冲突**。为了应对冲突，你必须将攻击、贬低、惩罚等方法从你的人际沟通战术库中移除。优秀的辩论者坚定、坦诚、直率，他们不会去攻击、惩罚、讽刺对手。很多人觉得做到这一点很难，因为他们必须花费相当大的精力控制自己的情绪。

- **老鼠：做出让步**。如果你想让他人主导交流，你不能表现出软弱，同时要学会坐下来认真倾听，耐心优雅地接受对方的观点。好的倾听者，为人谦逊但不软弱。
- **狮子：领导他人**。做到这一点，你需要主导对话，有效引导对话。这么做有一定风险，你可能会显得很强势、固执、迂腐。好的领导者愿意支持跟随者，能够制定清楚的规章制度。他们鼓励员工努力拼搏，还能提高员工的自信。
- **猴子：开展合作**。为了建立友好的合作氛围，你得避免与人过度熟悉，过度亲密。朋友之间应该通过沟通交流、相互关心、相互体谅增进彼此的关系。

在这一章，我们会向你解释动物模型的运作机制，帮助你判断什么情况应该选择什么样的沟通方式。我们还会帮助你判断哪种沟通方式最适合你自己，同时你最需要改善哪一种。以下内容就是我们的目标。

1. **你能够正确判断互动对象的类型：**“我在和哪一种动物打交道？”
2. **你能够控制本能冲动，确保交流顺利进行下去：**“我的本能反应是选择哪种动物？它能帮助我实现沟通目的吗？”
3. **你能够自信驾驭每一种动物风格：**“我能否熟练地采用每一种动物模型进行交流？”

接下来的几章将分别讨论每一种动物模型，你将能判断哪一种沟通方式你最擅长，哪一种你亟待改进，以提高你的综合人际能力。

现在让我们来了解一下动物模型以及它的运作机制（见图 5–1）。

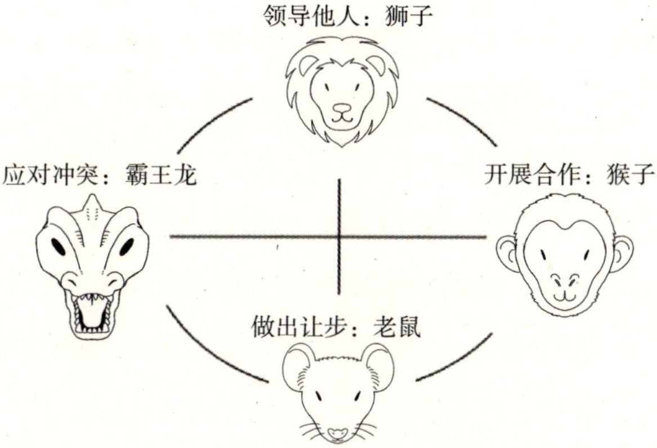

图 5–1 人际互动的动物模型

如图 5–1 所示，狮子和老鼠刚好位于上下对立的位置。你可以将狮子和老鼠之间的纵轴当作“权力轴”：谁想领导谁？当你是狮子时，你希望你的互动对象臣服于你。你可不希望他也是狮子，和你争夺权力。你希望对方或多或少能做出让步。

当你进入狮子的对立面，即当你变成老鼠、变成跟随者的时候，你希望你的互动对象能够主导对话，你希望对方是狮子。

简而言之，在老鼠和狮子的权力关系中，狮子的行为会鼓励对方变成老鼠。而反过来，老鼠的行为也能鼓励对方变成狮子。

霸王龙和猴子位于左右对立的位置，前者代表应对冲突，后者代表开展合作。虽然老鼠和狮子位于“权力轴”的两端，但是它们却互相吸引。霸王龙和猴子的情况则不一样，它们互相排斥。图中横轴代

> 所有互动都将遵循一套人际“规则”，它以垂直的“权力轴”和水平的“亲密轴”为基础。

表“亲密轴”。用最简单的话来讲，如果霸王龙代表仇恨，猴子则代表爱。仇恨不能滋生爱，只能制造更多仇恨。只有爱才可以培养更多爱。

当我们采用以冲突和排斥为特点的互动方式时，对方也会以同样的方式回敬我们。同样地，当我们采用以亲密、温和、合作为特点的猴子模式时，对方会回报我们以亲密、温和、合作。在水平的“亲密轴”上，对立的动物不能相互吸引。相反，冲突将会制造更多冲突，合作将会带来更多合作，物以类聚，人以群分。

我们必须承认，该动物模型在很大程度上简化了人际互动。你可以将它当作一种捷径，它能帮助你迅速判断你应该采取哪种交流方式。

大致上，所有互动都将遵循一套人际“规则”，它以垂直的“权力轴”和水平的“亲密轴”为基础。如果你是占主导地位的狮子，那么对方会在你的影响下变成老鼠。

例如，当你做圣诞晚餐时，你可能会变成狮子，给其他家庭成员下达任务：“笋剁碎，火鸡浇汁，胡萝卜切片，摆好餐桌。”你希望每个人都理解他们的任务，并发扬团队精神完成任务，但负责的始终都是你：“我是狮子，我是领导者，请遵照我的指示。”

相反，如果你是顺从的老鼠，你的言行也会鼓励对方变成狮子。你是否和孩子谈论过他们在学校的情况？一开始，你可能会非常热情（友好的猴子），但最后你总是提出一连串苛刻的问题（霸道的狮子），结果对话进行不下去了。如果你希望孩子详细告诉你发生了什么，而不是“还行”两个字，那么孩子的回避行为（安静的老鼠）会唤醒你心中的狮子。

但是在横轴上，霸王龙会引起对方的反击。当某人冲你大喊大叫或飙脏话，他为你打开了以牙还牙的大门。当双方都想占上风，你们往往会忘记事情本身然后开始人身攻击，最后交流直接变成争吵。

最开始可能是这样："你用完厨房也不擦一擦，你看看又脏又乱，下次请注意点。"前半部分的陈述直接又真实，后半部分的请求也很合理（狮子）。

对方可能会说："好的，对不起。"（老鼠）

到目前为止，气氛还算和谐，但却被下一句话打破："我告诉过你一百万遍，你为什么就是记不住?!"（霸王龙）

对方一听，迅速开启防御模式："你有没有搞错？就为了这点小事，你就向我开火？我可是在帮你忙！你反而来指责我，还没完没了？"（霸王龙）

现在你们都进入了争吵模式！问题不但不会得到解决，下次还会发生。回顾这次互动，最开始是狮子/老鼠模式，最后却变成了霸王龙/霸王龙模式。

同样，猴子也会鼓励对方变成猴子。合作、热情和友好自然会鼓励对方投桃报李。你给对方一个温暖微笑，对方也会给你一个温暖微笑。事实上，人们很难拒绝微笑的人。即便最开始你态度强硬，但由于对方的友好和热情，你也被感染变得友好起来，开始与他合作。街头推销的票贩子总是带着灿烂的微笑走进你，询问你来自哪里，玩得是否开心。突然，你发现自己手上多了一张敞篷巴士游览票。

几乎在所有互动中，我们都会采用这四种基本沟通方式中的一种。我们要么引导互动（狮子），要么跟随互动（老鼠）。我们要么友好合作（猴子），要么爆发冲突（霸王龙）。

如果你想使用该模型迅速判断眼前的互动模式，你可以问自己两个简单的问题：

1. 在这种情况下，对方是想让自己处于心理高位（狮子）还是心理低位（老鼠）呢？

2. 这个人是想吵架（霸王龙）还是示好（猴子）呢？

通过这两个问题，你可以判断对方想创造一种什么样的权力关系。

了解清楚这一点后，你就可以使用动物模型去预测别人希望你成为哪一种动物。这并不是说你需要顺从对方，但你必须弄清楚他们希望你如何回应，然后根据形势调整自己的回答。

你可以想几个你非常熟悉的人，例如你的伴侣、孩子、老板、最好的朋友，或者你在高中时的宿敌：

- 你能判断他们在大多数情况下是哪种动物吗？
- 当你在他们身边时，你是哪种动物？

你发现其中的窍门了吗？如果你想做到灵活应变，你必须了解自己。你需要问自己最喜欢哪种动物。你是否擅长领导他人、承担责任，却不擅长跟随他人、服从他们的指令呢？你是否能够轻而易举地提出完全合情合理的要求？你是否总是在逃避冲突，但又非常擅长称赞别人，与别人套近乎？

如果我们不清楚以上问题的答案，我们就会被别人牵着鼻子走，永远无法控制自己的反应，无法进入良性沟通。如果你总是喜欢与狮子同事争夺权力，那么每个项目都将变成一场战斗。如果你的孩子嘲讽你（霸王龙的不良行为），而你选择以嘲讽回击（更糟糕的霸王龙行为），你们就会吵起来，你就会被孩子带偏。

每种沟通方式都有正负两面

我们并不是说霸王龙的所有行为都很糟糕，也不是说我们应该努力在每个人面前成为可爱、快乐的猴子。在一些人的梦想国度中，所有人都以微笑回应，愉快击掌，与别人分享喜悦。然而现实生活中，每一种沟通模式都有其用武之地，霸王龙也有增进沟通的时候。所以，亲和关系和人际技能比人们想象中复杂得多，不是“一个微笑”那么简单。

人际关系理论学家已经指出，每种沟通方式都有正负两面。心理学家和婚姻咨询师约翰·比尔奇·内尔（John Birtch Nell）分别将其命名为“适应性正相关”和“适应性负相关”。前者指能够促进沟通的言行，后者指阻碍沟通的言行。[1]

同理，在我们的模型中，每种动物都有其正面和负面。它们的正面能够促进交流和沟通，而负面则会破坏或阻碍沟通。需要强调的是，就正面而言，不存在哪种动物最正面。换言之，不存在赢家。关键在于你能否根据不同的情况采取最佳沟通方式。

表 5-1 罗列了四种动物正面和负面的典型特征。

表 5–1　四种动物的正面、负面特征

霸王龙（应对冲突）：挑战他人，攻击他人	
正面	负面
坦率、直接、犀利，这个类型的人有什么说什么。有时候他们的言语会比较唐突，但好在真实。他们本意并不是去伤害他人。他们的态度是："我必须说清楚，这是我的底线。"	进攻性比较强，让人生畏。这个类型的人喜欢通过恐吓、威胁、暴力去控制他人。他们喜欢用语言侮辱、攻击、讽刺他人。他们的态度是："按我说的做，否则有你好受。"
老鼠（做出让步）：服从他人，屈服于他人	
正面	负面
这个类型的人往往谦逊、耐心、善于思考，能够尊重他人。他们可能会寻求他人的支持和安慰，在行动之前会三思。他们的态度是："我在倾听，在观察，待我准备好了自会上场。"	这个类型的人喜欢逃避，性格软弱，犹豫不决。无论什么时候，他们都会尽力逃避冲突。他们看上去不够果断，不够自信。他们说话谨慎，往往言不由衷。他们的态度是："我不知道我自己在干什么，要不你来帮我做吧。"
猴子（开展合作）：与他人合作，联合他人	
正面	负面
这个类型的人希望通过相互鼓励和相互支持寻求与他人合作。他们和善待人，充满团队精神。他们的态度是："我们是一个团队，只要我们肩并肩，便能攻克万难。我永远支持你！"	这个类型的人往往会模糊人际界限，不管是私人关系还是工作关系。他们过于亲近他人，搞得别人很不自在。他们喜欢讨好别人，不惜一切代价让别人喜欢自己。他们的态度是："大家都是朋友！"
狮子（领导他人）：领导他人，控制他人	
正面	负面
他们喜欢控制，把自己视为领导者。他们喜欢做决定，享受掌控局面。他们的态度是："听我的，我知道该怎么做。"	霸道、固执己见、盛气凌人。这个类型的人喜欢将权力全部握在自己手中，拒绝别人的意见，喜欢打断别人，推翻别人。他们的态度是："不听我的就滚蛋。"

现在，你能将你遇到的人对号入座吗？或者你能将不同情况下的自己对号入座吗？你最容易变成哪种动物？当你表现糟糕时，你是哪种动物？哪种动物的正面你最不具备？

如何把动物模型应用于人际关系

我们设计这个动物模型的初衷是提高父母和孩子（5 岁及以上）的沟通技巧，该模型也同样适用于成人之间的人际关系，无论是工作中还是生活中，或是柏拉图式的浪漫恋情中。它为所有人（包括小孩）提供了一种沟通模型：

- 当你在家时，大多数情况下你是哪种动物？
- 在学校呢？
- 妈妈大多数时候是哪种动物？爸爸呢？
- 妈妈让你打扫房间时，你会变成哪种动物？

一个 5 岁的孩子都可以清楚地描述他们的社交关系，他们的父母也能轻易理解。他们甚至还会借助该模型中的术语去理解、解释他人的行为，比如，“妈妈，在我面前你不必当霸王龙，我现在就做！”（孩子）或者“我是这座房子里的狮子，所以当我要求你做什么时，你得立刻行动起来！”（父母）

表 5–2　父母和孩子之间的不同沟通方式

正面	动物	负面
正面的霸王龙父母能够坚持自己的立场，不允许孩子打破自己的规则或跨越界限。他们可以在需要的时候发出明确的指令。（例如“这个周末你不能出门”，“你不能再玩玩具了，上床睡觉”）孩子知道面对霸王龙父母，他们得乖乖听话		负面的霸王龙父母通过威胁孩子、攻击孩子强迫孩子屈服。（例如“不做的话就……”，“等你爸回家收拾你”）他们甚至还会冲孩子吼叫，咒骂孩子。出于对父母的恐惧，孩子只有顺从
正面的老鼠父母可以在维持孩子对自己的尊重的前提下，向孩子道歉。他们会听取孩子的意见，尊重孩子的自决权		负面的老鼠父母会将主导权全部交给孩子。孩子在娱乐、学习、饮食和睡眠方面，自己管自己。他们在孩子生活中的参与度很低
父母与孩子之间如果建立了健康的猴子互动模式，那么他们之间的关系以友好和合作为基础。正面的猴子父母会以身作则，并且将孩子视为一个独立的个体去了解		负面的猴子父母更像是孩子的朋友而不是家长。如此一来，纪律就会松懈或完全消失，父母与子女之间的界限也会模糊不清
正面的狮子父母能够管理好孩子，孩子将他们视为老板。他们能制定明确的规则，清楚表达对孩子期望。如果孩子不遵守这些规则或让父母失望，孩子就得承担责任		负面的狮子父母过于死板，不懂变通。他们希望孩子始终服从自己。他们的理念是“没有为什么，听我的就行了”

> 是否成熟，能否变通，是衡量成年人沟通能力的标准，
> 也是判断我们能否应对复杂生活的标准。

如果你正在经历一段浪漫关系，你可以问自己这些问题：

- 当你和伴侣在家时，大多数情况下你是哪种动物？在公开场合呢？
- 大多数情况下，你的伴侣是哪种动物？
- 当你们吵架时，你是哪种动物？你们是否为了争夺权力发生过冲突？当你们争吵时，你们会不会攻击对方、讽刺对方？

如你所见，我们的动物分类并不是根据自然界每一个物种的实际行为划分的，而是基于一系列特征。换句话说，当你思考自己的沟通方式、育儿方式或合作方式时，不要太看重字面意义！例如，我们觉得合作是猴子的特征，但你可能会想到野外的猴子其实根本不喜欢合作（它们打架、偷食物、扔粪便）。尽量不要钻牛角尖，你可以试着把这些动物当成原型意象，即一种最基本的概括。

如果你不喜欢我们使用的动物分类，你可以选择其他方式来标记这四种原型意象。比如，有些人干脆直接使用“领导、合作、让步、冲突”这四个词语，也未尝不可。

可能我们生来偏爱某一种沟通方式，但这四种我们都需要掌握。如果你天生是害羞的老鼠，那么有时你可以试着做做狮子，给自己来点威严。如果你天生是友好的猴子，有时你可以试着做做严厉、坚定的霸王龙。是否成熟，能否变通，是衡量成年人沟通能力的标准，也是判断我们能否应对复杂生活的标准。

我们的目标是帮助你发展以下三项重要技能：

1. **识别自己的行为**。判断在大部分时间你会采取哪种动物模式，以及你需要避免或进一步培养哪种模式；
2. **判断他人的行为**。判断他人正在使用哪种动物模式，以便有效地做出回应并从互动中获得最大化收益；
3. **灵活应变**。掌握所有沟通方式，并根据情况随机应变。这不仅能反映你的人际能力，还可以使你的人际关系更加融洽。

最终，我们希望你能发扬每种动物的正面，同时尽量规避负面。理想情况下，我们希望自己精通四种动物模式，但你也不要给自己太大压力。或许偶尔，你会再次陷入旧模式，毕竟这是你多年的习惯。但不要苛责自己，因为这很正常，大家都会这样。人总是在不断的失败中不停尝试。一旦你放弃尝试，那就说明你在故步自封或沾沾自喜。

图 5-2 中每种动物的位置和 139 页的人际互动的动物模型相对应，方便你运用我们讨论过的沟通原则，同时预测哪种行为利于互动，哪种行为不利于互动。从图 5-2 中你可以看到，我们对之前的动物模型做了进一步分割，以呈现不同动物的行为之间的交叉处。比如，狮子和猴子都有“支持、对话、不评价”的特征（东北），而霸王龙和狮子都有“自信、果断、坚定”的特征（西北）。你可以看到这个模型更加精细了。通过它我们可以看到许多人际行为都是权力和亲密的结合。

在我们研究审讯的过程中发现，面对那些展现出动物正面的审讯人，嫌疑人往往参与度、合作度更高。相反，面对表现出动物负面的

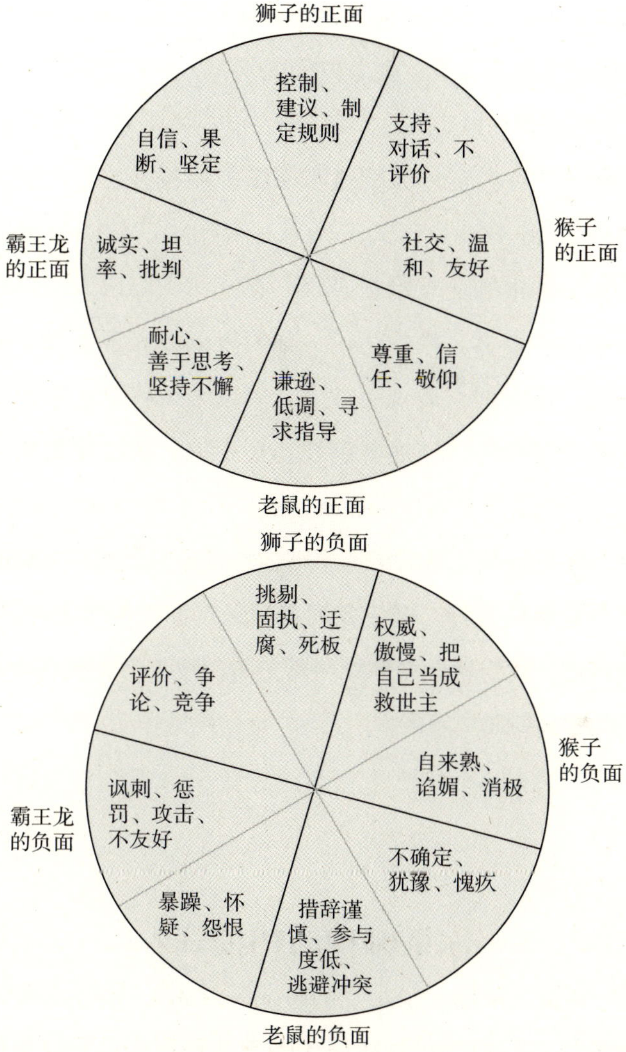

图 5-2　动物行为的特征

审讯人，犯罪嫌疑人参与度很低，而且反抗意识很强。如此一来，警方获得的可靠信息自然会减少。

回忆一下最近一次你与他人进行的糟糕互动。他们在模型中是什么位置？你又在什么位置？随着时间的推移，你们的位置发生了怎样的变化？你可以如何改进呢？

我们发现，有些审讯人精通正面图中的各种技巧（但偶尔会有糟糕的表现），还有些审讯人虽然对正面图中的技巧不够精通，但是能避免负面图中的所有糟糕表现。在这两类审讯人中，后者的审讯收获却比前者更多。换句话说，如果审讯人表现不错，那么审讯结果也不错；如果他们表现不够好，审讯结果将是灾难级的。在建立亲和关系的过程中，精通各种技巧还不够，还必须避免一切糟糕言行。

所以，建立亲和关系的第一原则，也是最重要的原则便是尽最大努力避免一切糟糕言行。霸王龙的负面最具摧毁性，尤其需要注意。在第六章开篇，我们就会向你描述霸王龙的攻击力和破坏力，以及它是如何彻底葬送一段关系的。

你是哪种动物模式？

也许你能立刻判断出自己属于哪种动物模式，本节将帮助你确定你最擅长以及最不擅长的动物模式。

为了说明这一点，我们来看一个发生在父母与孩子之间的例子。

莎拉（妈妈）接到学校的一个电话，说她女儿露西吃完午餐回来上数学课迟到了。她想等女儿回家后质问她。放学时间是下午 3 点 20 分，但现在已经 4 点了，露西还没出现。莎拉坐在沙发上，越想越生气，她觉得露西太随意，不守规矩，自己这么大的时候绝不会像女儿这样。

当露西回家后，莎拉会开启哪种动物模式？露西又会如何回应？

4 点 30 分，露西终于到家了。她把书包和外套扔在地板上，直接往楼上走去。

莎拉大喊："露西！给我下来！"（命令）

"什么？"露西翻了个白眼，"你想干什么？就因为我把外套扔在地上吗？真是的！"

"你确实不该把外套扔在地上，但我要说的不是这个事。你去哪儿了？"莎拉走到楼梯口，双手叉腰。（责问）

露西喃喃地说："我只是和朋友出去玩了……"（逃避）

"午餐的时候呢？你去哪儿了？（控诉）也和朋友在一起吗？"莎拉的声音变得有些刺耳。（讽刺）

露西回答道："我们去市中心买了些吃的，今天是麦迪生日。"（防守）

莎拉继续发问："那你们买完吃的以后就直接回学校了？"（进攻）

露西只说了一个字："对。"

"你撒谎！"莎拉大喊（攻击），"学校给我打电话说数学课你迟到了 15 分钟，你还满不在乎地走进教室，当老师问你时，你只是笑了笑。"（指责）

“这不是事实！哦，天哪，妈妈，我大概就迟到了5分钟，没什么大不了的。麦迪给我们买了纸杯蛋糕。佩里先生小题大做，我简直不敢相信你居然相信他而不是我！”露西生气了。（怨恨）

“露西，你这叫不懂尊重。你不尊重我，不尊重老师，不尊重任何人。我辛辛苦苦把你养这么大，可不想让你变成这样。你看看你那些朋友，我打赌你这些坏毛病就是从他们那儿学的。艾伦就喜欢惹麻烦，麦迪也一个德行。”（批评）

“我的天啊！你都不认识他们！妈妈，不要因为你自己没朋友就来攻击我的朋友！我告诉你，我只迟到了5分钟，你爱信不信，我不在乎你怎么想！”露西踩着重重的脚步回到自己的房间。（逃避冲突）

到底发生了什么？是谁的错？

其实谁对谁错并不重要。当我们试图通过与他人沟通来解决问题时，我们必须专注于一件事——目标。莎拉与露西沟通的目标是什么？应该是让露西准时上课并遵守学校规定。

这种互动让母女俩都怒气冲冲、心怀怨恨。莎拉的心情可能比互动开始之前更糟糕，露西也很可能在房间里跟同学吐槽妈妈，并暗暗计划明天继续去校外吃午餐。

为什么这种互动方式不起作用呢？那是因为妈妈想做狮子，而女儿并没有成为老鼠，两人都在错误的轨道上。狮子妈妈苛刻、教条，最终变身为负面的霸王龙——采用指责、侮辱、讽刺的模式。

于是露西变成了愤怒的老鼠 / 霸王龙，结果完全可以预见。露西一个字都听不进去，也不认为自己错了，甚至还回击了莎拉。

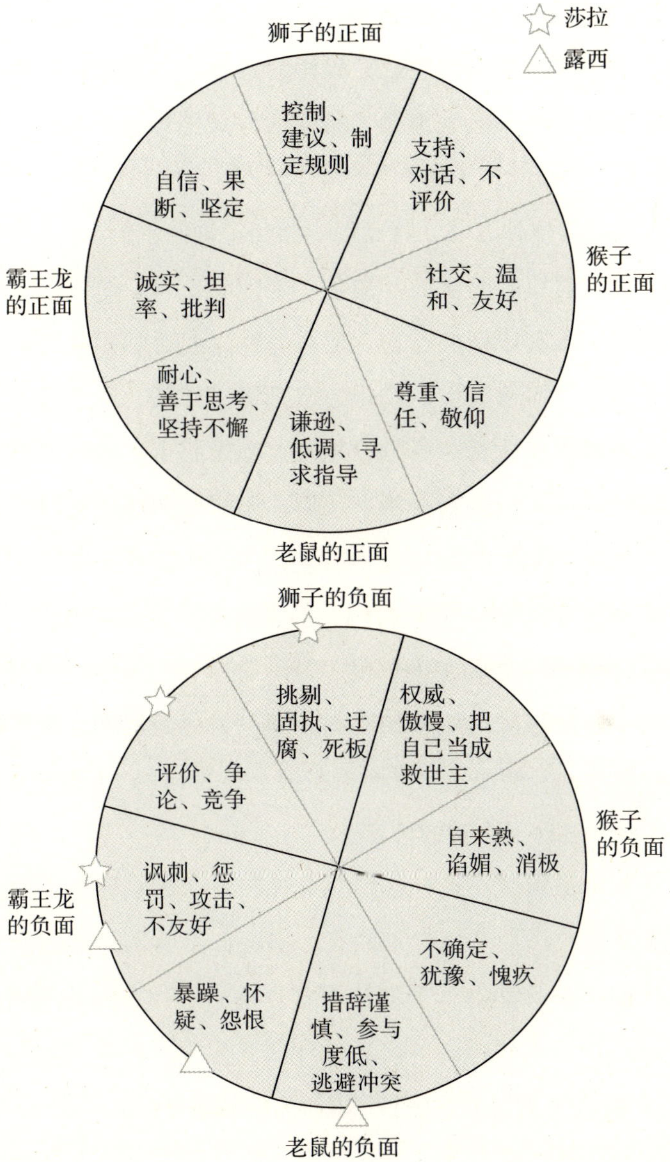

图 5–3　莎拉与露西的动物模型示意

当我们不得不就某个问题面对或挑战他人时，我们往往会沦为情绪的奴隶，从而使沟通脱轨。妈妈的感受可以理解，并且她的大多数观点也有道理，但她选择了错误的方式传达这些观点，导致露西听不进去。

让我们试着换种方法，帮助妈妈回到正确的轨道上。

莎拉接到学校的电话后，最开始她感到生气、尴尬和难过，因为她不希望女儿有这样的行为。但在等待露西放学回家时，她没有让自己沉浸在负面情绪中，而是给自己倒了杯茶，思考着要对女儿说些什么才能让她认真对待学校纪律。她想起十几岁时的自己，那时她太过顺从，从不迟到也从不顶嘴。但露西和她正好相反，性格外向，喜欢我行我素。3点20分的时候，莎拉给露西发送了一条短信："嗨！你到家后我们聊一会儿好吗？如果你看到了这条消息，记得回复。"随后她收到一条简单的回复："好。"

莎拉一直看着表，大约20分钟后她开始烦躁起来。她想找点事做分散注意力，于是她开始熨堆积在篮子里的衣服。下午4点20分，她听到露西穿过前门上楼的声音。

莎拉走到楼梯口，只有露西的书包和外套躺在那里，仿佛她刚进屋就蒸发了一样。莎拉叹了口气，提醒自己这不是问题所在，于是她选择暂时不予理会。"露西，你能下来吗？"莎拉说，努力保持镇定。

"好！我换完衣服就下去！"露西大声喊道。

莎拉继续回去熨衣服。十分钟后，她听到露西走下楼梯来到客厅，一头倒在沙发上，掏出电话。"怎么了？又是因为我没有挂外套吗？真是的，我回房间时挂好。”

莎拉说：“和外套无关，不过你一会儿能把它挂好，我很高兴。今天学校给我打电话，告诉我你数学课迟到了。”

“我的天啊！大概就迟到了5分钟！佩里先生小题大做。老实说，妈妈，他故意告我状。”露西一边说一边划动手机屏幕。

“露西，在我们说这件事的时候，你能先放下手机吗？”莎拉语气坚定。

露西叹了口气，将手机放在咖啡桌上。“谢谢你。”莎拉说。

“我必须和你谈谈这件事，听我说完你再说。学校说你迟到了15分钟，说你还满不在乎地走进教室，满不在乎，这是他们的原话。数学老师问你话时你只是笑了笑。事情是这样吗？”

“我的天啊！什么?!不是的！妈妈，我们大概只迟到了5分钟。今天是麦迪生日，她想去网红纸杯蛋糕店。人太多了，我们排队很久，所以才迟到了。我并没有‘满不在乎’地走进教室，这到底什么意思?!”露西为自己辩护道。

“好吧，我相信你，但这里存在一个问题。露西，我知道你讨厌纪律，你只想做自己的事，纪律对你来说似乎并不重要。但如果学校默许每个人都不遵守纪律去做自己的事，那为什么那天下午还有人准时去上数学课呢？我希望把你培养成自信但同时也守纪律的人。5分钟也好，15分钟也好，我只希望你能不迟到，准时上课。”

露西正在脱套头衫，她虽然皱着眉头但明显在认真听。“所以你要罚我禁足吗？”

“不，我不会禁足你。但如果再次发生这样的事，我就会。现在，我只希望你帮我熨衣服，我们一起商量一下你下次上数学课时如何向佩里先生道歉。”

“哦，不可能！”露西一口回绝。

“犯错就该道歉，这是规则。露西，你不必喜欢他，但你必须表达对他的尊重。我来扮演他……‘这位同学，很高兴今天你能来上课！’”莎拉说道，假装把眼镜推到鼻梁上。

“对不起，先生。”露西说完抓起熨斗。

莎拉学着佩里先生的声音说：“同学，对不起有用还要警察干吗？”露西翻了个白眼大笑起来。

我们来看看在以上互动中，妈妈是如何影响、鼓励女儿的？

莎拉亲切友好，她在好好和女儿说话而不是一味指责。莎拉掌控着对话，她明确告诉女儿自己对她的期望以及可能的后果。她是正面的狮子 / 猴子，并且偶尔会展现出霸王龙的直接和坦率。

露西有什么反应？最开始，她仍然在防守和回避，但后来她听进去了妈妈的话。

莎拉是否永久解决了问题？露西会再迟到吗？也许会，但莎拉已经表明再次迟到的后果，而且她没有威胁、欺负、恐吓女儿。虽然露西需要学会遵守纪律，这是道德的构成部分，但莎拉不能强迫她。否则，当妈妈不在身边时，露西就会变回原来的样子。

妈妈的做法是否符合第三章中讨论的 HEAR 原则？莎拉并没有和露西争吵，而是表现出一些同情和理解。她诚实且直接，并没有一味指责露西，强迫她接受自己的观点。她努力让女儿明白道理，她给了女儿自主权，露西完全可以表达反对意见或质疑妈妈的决定。

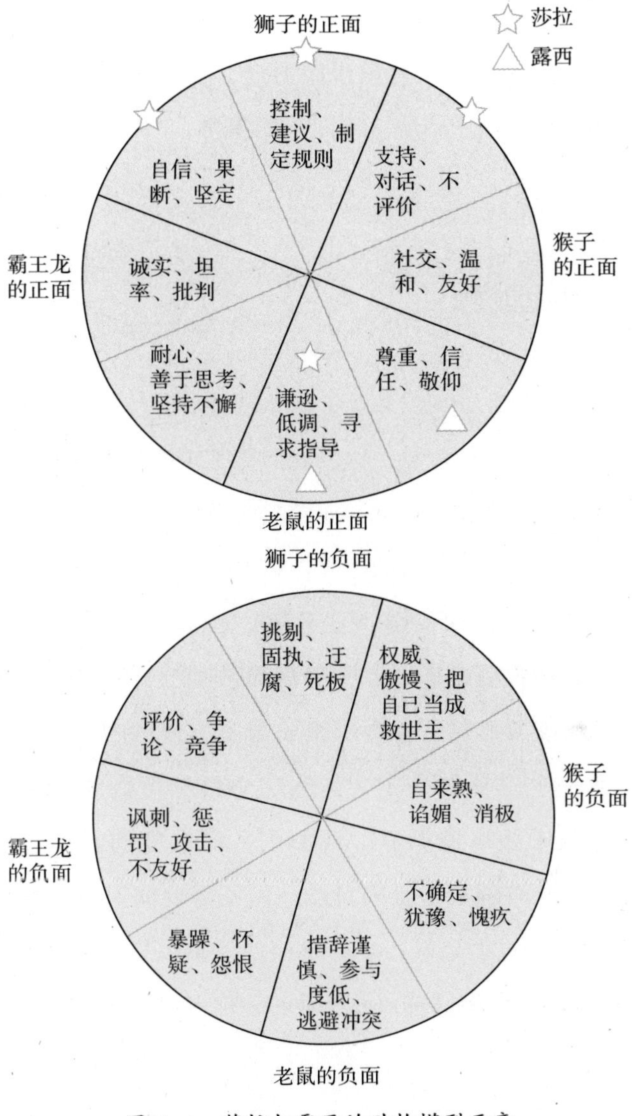

图 5-4 莎拉与露西的动物模型示意

这是亲和关系的核心原则。正如我们在第三章中讨论的那样，通过倾听、反馈，让别人自己说服自己，我们更有可能成功激励和影响他人，这比争吵、威胁、施压管用得多。

引导他人自我激励

我们来看看企业如何发布新的政策或流程。如果管理处颁布新规章之前没有征求员工的意见，也没有向员工说明情况，那么员工往往会产生抵触情绪。这样企业就需要随时监督他们。然而当企业向员工提前解释了实行新政策背后的原因，员工会产生一种自主感，他们更愿意自觉执行新政策，而不需要企业随时监督。

所有企业都希望打造一个善于自我激励、自我管理的团队，而不是一个总是需要监督、需要提醒、需要指责的团队。我认为父母同样希望有一个这样的孩子，虽然这一目标可能有些高。如果你能在互动过程中始终遵循 HEAR 原则，那么你们的沟通将会更坦诚，你更有可能鼓励别人激励自己，而不需要向对方施加任何外部压力。

当你借助动物模型促进人际互动时，你可以从 3 个问题入手：

1. 我在和哪种动物打交道？

最快的判断方法就是问自己对方是处于“高位”（狮子）还是“低

位”（老鼠），是想“打架”（霸王龙）还是“示好”（猴子）？随后判断对方呈现出来的是正面还是负面。

2. 我的风险区域是什么？

一旦你确定了对方的动物属性后，你就可以思考“他们想推开我还是拉拢我”。记住，狮子会鼓励对方变成老鼠，反之亦然；而霸王龙/猴子则会引导对方产生相同的回应。如果一个人是负面的狮子（挑剔、迂腐、专横），那么你的风险区域将是负面的老鼠（退缩、犹豫、不确定）。如果某人是负面的霸王龙（攻击、争论、讽刺），那么你的风险区域也是负面的霸王龙。

3. 呈现正面。

以动物的正面去抵抗它们的负面。面对负面的狮子，你就做正面的老鼠；面对负面的霸王龙，你就做正面的霸王龙；面对负面的老鼠，你就做正面的狮子；面对负面的猴子，你就做正面的猴子。

在后面的章节中，我们将详细讨论如何使用该模型去控制、引导互动。但首先你必须对你自己的反应负责，而不仅仅是凭直觉行事。因此，在我们诊断他人之前，我们得学会诊断自己，找出对自己来说最简单的动物，以及最具挑战性的动物。

诊断你的动物属性 *

这一节将帮助你确定你最适合哪种动物模式，最不适合哪种。你将看到你的天赋所在，也将认识到你亟待培养、提高哪些技能。

说明

- 回忆一下你在以下每一种环境中的表现：工作的时候、和孩子相处时、和家人相处时、和伴侣相处时。先确定一下，哪种环境你觉得最无所适从。
- 阅读下面的表格，每一句陈述分值为0~3分，其中0表示“从不”，3表示“总是”。
- 尽量根据直觉选择，不要思考太久。
- 当你读完所有陈述后，计算每项的总分。
- 将分数标记到动物属性自评表上。
- 如果你想获得清晰的视觉效果，你可以将分数绘制在图表上，然后用直线连接起来。
- 你还可以拿一支不同颜色的笔，诊断一下你亲近的人或者现阶段你觉得很难相处的人，然后用不同颜色的笔将他们的得分结果记录在图表上。
- 当然，你还可以选择不同的情境，这样你会得到不同的结果（例如，你和伴侣如何互动，你和老板如何互动）。你绘制得越多，你越能看到自己在不同情境中的表现有何相似和不同。

---

* 我们建议你在阅读下一章之前进行自我诊断。但如果时间不允许，你也可以在方便的时候，回到这一小节完成自我诊断。

表 5–3　动物属性自评表

从不	偶尔	经常	总是	
0	1	2	3	总分：____

1	建议他人做事的最佳方式	喜欢控制	清晰制订计划，明确提出对他人的期待
2	要求高	希望他人按照我说的做	揪着他人的小错不放
3	不评价他人	支持他人，鼓励他人	容易与他人展开一段对话
4	把自己当成对方长辈	言语上贬低他人	遇到尴尬或他人不适时，喜欢找话说来缓解
5	经常对人微笑，与别人聊天	喜欢他人的陪伴	温和，善良
6	赞美他人的优点	在关系建立初期喜欢展露自己	希望别人喜欢自己
7	尊重别人	容易相信他人	经常夸赞他人的优秀表现
8	在新环境中没有安全感	不完全确定某事的情况下，会犹豫不决	即使没犯错，也会道歉
9	如果犯错，就会道歉	寻求他人的帮助和支持	即便自己表现优秀，也不喜欢炫耀
10	感到尴尬或不适时，会拒绝交流	任何时候都尽量避免冲突	在社交场合中保持安静，不希望他人注意到自己
11	耐心，容忍他人	善于思考或反思	能够控制情绪
12	容易被别人激怒	天生不信任他人	别人表现优秀时会嫉妒
13	清楚、简洁地表达自己的想法	说话直接，直奔主题	可以在不冒犯他人的情况下，提出意见或批评
14	容易和他人发生口角	争论时会讽刺他人	认为别人应该为自己的错误负责
15	自信	清楚自己的观点和看法	能坚定自信地挑战他人
16	在争论中，最后一句话必须由自己说出	喜欢与人争论	以自己的标准评判他人

接下来，你可以将每一行三句陈述的得分相加，每一行的总分为0~9分。然后，请将每行得分搬抄到表5–4中。

表5–4　动物属性自评得分表

动物的正面：当你能够进行良性沟通时，你可能是____

第一行	狮子	第九行	老鼠
第三行	狮子 / 猴子	第十一行	老鼠 / 霸王龙
第五行	猴子	第十三行	霸王龙
第七行	猴子 / 老鼠	第十五行	霸王龙 / 狮子

动物的负面：当你采用糟糕的沟通方式时，你可能是____

第二行	狮子	第十行	老鼠
第四行	狮子 / 猴子	第十二行	老鼠 / 霸王龙
第六行	猴子	第十四行	霸王龙
第八行	猴子 / 老鼠	第十六行	霸王龙 / 狮子

现在请用圆点把分数标记在图5–5中。从正面的 / 负面的狮子开始，一直到狮子 / 霸王龙，然后将点连成线。你需要特别注意两轮出现的槽线和锐角。

结果解读

通过以上方式，你可以清楚看到自己的优势和不足。是否有一种动物占主导地位呢？还是你在多个区域得分都较高呢？如果你有多种

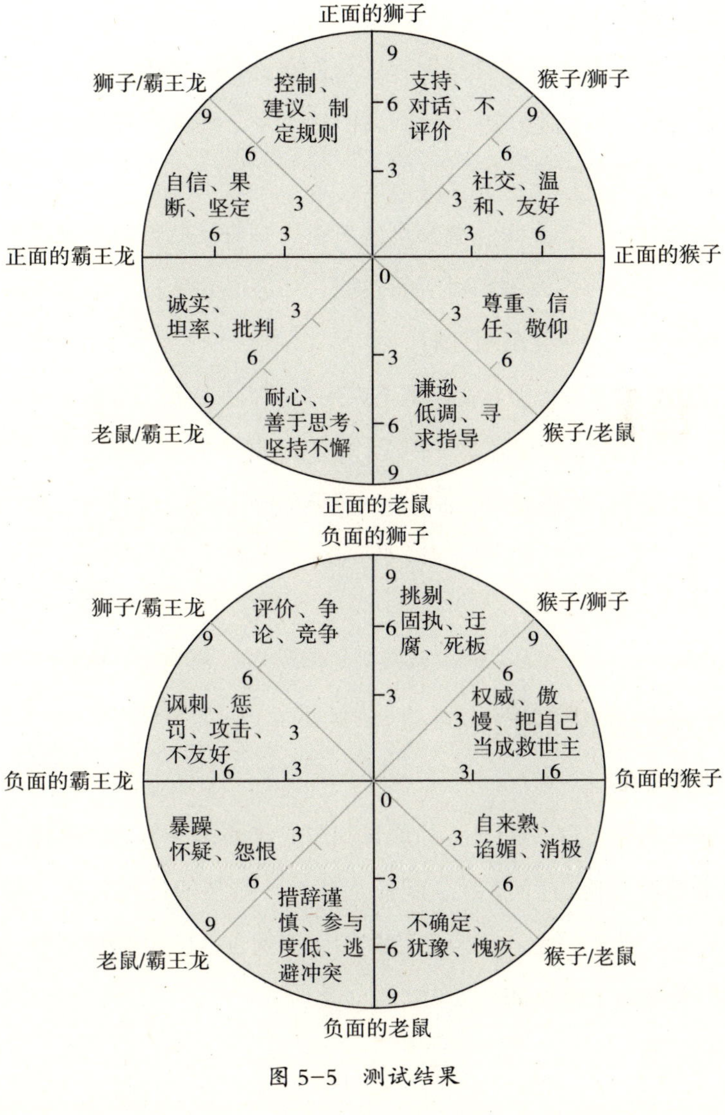

图 5-5　测试结果

动物属性，也没有关系。请记住，多样性也是一个人际优点。通常情况下，你在上轮的高分区域和你在下轮的高分区域是一致的。我们的优势有时也是我们的致命弱点。

看一下在下轮（动物负面）中，你在哪些区域得分较高？这些行为是否经常为你制造一些人际问题？接下来，你就需要尽力纠正这些行为，尽量避免犯错。

现在看一下在上轮（动物正面）中，哪些区域你得分较低？你需要培养、加强这些区域相对应的技能。当你遇到难题，不得不走出自己的舒适区时，你会用到它们。

当然，完全改正所有坏习惯不太现实。当我们努力提高人际沟通能力时，难免偶尔会重蹈覆辙。但是，当你上轮中的技能越强大，随机应变的能力越强，你就越能在犯错的时候及时纠正自己的行为，建立亲和关系。

我们夫妻的测试结果

如果你想了解我们夫妻的测试结果，请看图 5-6。即使我们使用该模型的时间长达 20 多年，我们仍然有一些技能比较欠缺，需要培养和提高。重要的是，该模型使我们认识到自己的优势和局限，也帮助我们更好地了解彼此。

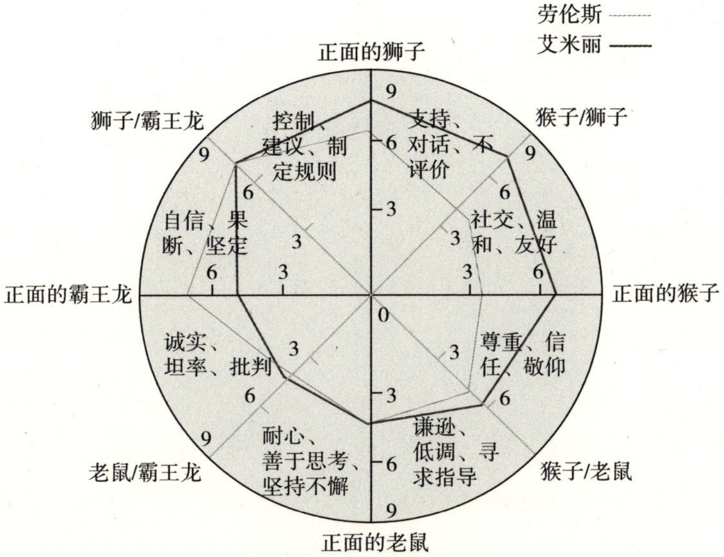

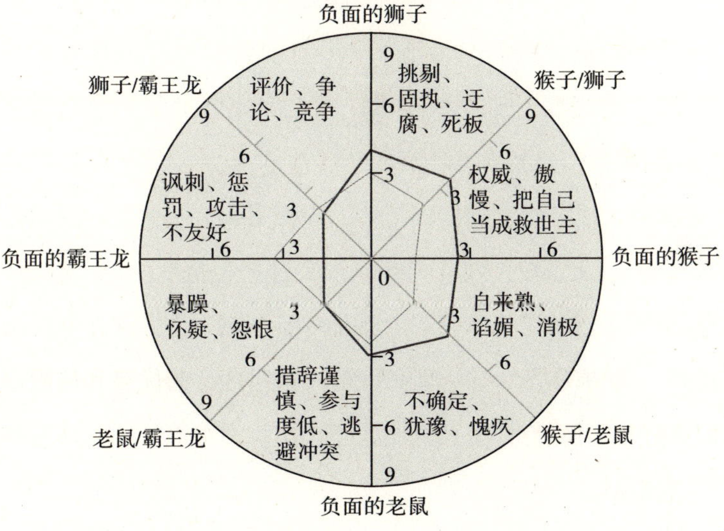

图 5-6　劳伦斯与艾米丽的测试结果

总结

1. **想认识别人，先认识自己。**在你思考如何改变自己的人际互动方式之前，你需要给自己来个全面诊断。思考一下自己的优点和缺点，努力减少本能反应。尽量扩大自己的人际战术库，并始终谨记你的沟通目标。
2. **只有自己才能控制自己。**你无法控制他人的行为，只能控制你自己的行为。因此，请抛弃这样的思维："我有这样的反应，都是因为他……"可能你觉得某人总是在挑战你的底线，但原因在你，因为你让他设定了互动的基调。所以，你必须根据自己的沟通目标，思考自己如何回应才能达成目标，而不要被对方带偏。
3. **高位还是低位？**在任何互动中，都要考虑双方的"权力"对比。如果沟通不顺利，那很可能是因为你们都在争夺权力。如果你想建立一段长期的、稳定的亲和关系，你最好思考一下自己处于什么位置比较好，该走出舒适区时就勇敢走出。
4. **打架还是示好？**除了权力对比，你还需要考虑动物模型中的"亲密轴"。如果对方已经开启了战斗模式，那么你最好可以适当让步。同样，如果有人向你传递善意，寻求社交互动，那么你最好不要忽略对方的信号，揪着问题不放。当然，两种模式（冲突、合作）都可能产生好坏两种结果。但是，如同上一点，你需要灵活应变，必要的时候，你得勇敢走出舒适区。

第六章

霸王龙：是什么让你害怕冲突

武力是最糟糕的解决问题的方式，通常只有小孩和霸权国家才会使用。

——大卫·弗里德曼（David Friedman）

《自由的机械》（*The Machinery of Freedom*）

2007年4月，伊拉克战争期间，在巴士拉市一间狭窄的、阴暗的白色审讯室里，两名穿着迷彩服的英国士兵正在审问一位嫌疑叛乱分子。他的翻译站在他身后。两位士兵来自英国审讯部门，他们需要获取有关袭击地点、简易爆炸装置制造能力、同伙和资金链等方面的信息。他们的任务十分艰巨，审讯结果影响重大。

审讯人： 现在你完蛋了吧？（士兵居高临下地站在嫌疑人面前，朝地板上吐口水。）你这个杀人的浑蛋。你的手机在我们手上……你的手机在我们手上。当我们发现你给他打电话的那一刻，你就完蛋了。我不知道你想干什么，但你不会得逞。你会被绞死……

嫌疑人： 我已经两天没吃东西了。

审讯人： 你他妈的就不能刷个牙吗（后面说的听不清楚。）……真恶心……如果我再看见你在我面前，在我同事面前这样站着，我会好好收拾你……（嫌疑人交叉双臂，头歪向一边，审讯人嘲笑了他的站姿。）该死的，我一定会好好收拾你，你听见了吗？不管白天还是晚上，我都会来收拾你！现在，给我道歉！（嫌疑人没有说话。）你这个浑蛋……你这该死的凶手……（嫌疑人一动不动地站着，一句话也不说。）是你干的吗？你们中的一个肯定会被绞死。你当时就在现场……你在现场！你在现场！你们中的一个会被绞死。会是谁？是你？是他？

这段审讯过程被拍下来了，还被《卫报》公之于众。[1]抛开审讯人的审讯方式不谈，最终他们毫无收获，这一点显而易见。

如果你的目标是获取可靠信息，这种审讯方式无法帮你实现目标。它表现出了霸王龙最糟糕、最极端的那一面，即贬低、羞辱他人，让对方产生恐惧心理，从而服从自己。这是一种欺凌行为，很容易上升到折磨、虐待嫌疑人，例如先前提到的阿布格莱布[2]案例。

研究表明，通过严刑逼供，审讯人要么得不到任何信息（嫌疑人拒绝配合），要么（另一极端）得到很多很多的信息，只是大部分都是假的。为了不被折磨，嫌疑人可以说出任何话。

严刑逼供不仅不能保证信息的可靠性，还会带来其他负面效应，它会成为恐怖组织宣传自己、招募人员的工具。20世纪70年代酷刑盛行的时候，爱尔兰共和军（IRA）的恐怖分子数量大幅上涨，ISIS恐怖组织和基地组织的核心恐怖分子成员人数也增加了，这些人都曾被关押在阿布格莱布岛或关塔那摩湾的监狱。如果你的目的是想让别人憎恶你，那么你可以在心理上和身体上摧残他们，然后等着他们来报复你以及你所维护的信仰。但他们绝对不会告诉你真实情报。

一位美国陆军中士曾援引《人权观察》中的朴素语言，概括了在伊拉克发生的严刑逼供现象：

> 有人（军事情报机构）告诉我们，这些家伙是坏人，但他们（情报分析师）可能错了，有时他们也会犯错。胁迫的目的是让他们为审讯做好准备。情报官员说，他们希望嫌疑人筋疲力尽，失去士气，这样他们就会乖乖配合。但这些嫌疑人中，一半的人什么都没做，于是我们只好把他们送回费卢杰市。这些人原本是好人，但现在却变成了坏人，就因为我们对待他们的方式。[3]

无论对反恐战争持什么政治倾向或态度，我们都得承认，我们不应该在反恐过程中制造更多坏人。

在冲突地区，不少人确实认为把恐怖分子当客人（与他们握手，给他们倒茶）不能解决问题。冲突是生活中必不可少的部分，也是战争的起因。当你训练士兵杀敌时，你必须抹杀他们的同理心、同情心和人性，这样他们才会服从命令。但问题是，一旦你抹杀掉这些后，你还能重启它们吗？你还能指望这些受过训练的士兵暴力杀敌后再带着同情和共情审讯“敌人”吗？这合理吗？这是获得真实情报的最佳途径吗？

除了这些极端情况之外，在日常生活中，我们也会遇到冲突和分歧。有时我们与同事或家人发生争执，有时别人让我们感到失望或沮丧，有时我们会遇到在政治、意识形态、宗教、个人观点等方面持不同意见的人，还不得不与他们打交道。尽管冲突是人际交往中不可避免的一部分，但本章开篇的巴士拉审讯案例证明了暴力只会破坏沟通。当负面的霸王龙登场后，人际关系会崩溃，你将遭受不可挽回的损失。暴力会制造反抗和分裂，这种互动都不能被称为沟通。

我们来看一下社交媒体上网民如何回应争议话题——英国脱欧、特朗普、母乳喂养、男女平等。在这类互动中，我们可以看到许多讽刺、贬低、攻击行为。我们的目标不再是就相关问题进行有意义的讨论，而是比谁声音更大，谁更凶、更卑鄙、更想赢。

这些都是负面的霸王龙的行为。如果你也习惯采取这些方式，那么你必须克服。不过，霸王龙也有好的一面。下文中，首先我们将简要说明为什么你不该做负面的霸王龙，然后我们会证明为什么你应该做正面的霸王龙。

被洗脑的真正原因

负面的霸王龙喜欢攻击、惩罚、侮辱、威胁他人。而正面的霸王龙直接、坦率，做事明确，具有批判性思维。要了解两者之间的差异，我们需要回到上文提到的被《卫报》披露的巴士拉审讯事件。审讯视频清楚表明审讯人一无所获，嫌疑人也被审讯人口头判了死刑。审讯人可不是在搜集情报，而是在践踏嫌疑人的自尊。（“现在你完蛋了吧？”）

审讯人想通过辱骂嫌疑人告诉他“你被我完全控制了”。随后审讯人开始口头宣判嫌疑人死罪。其实，嫌疑人只会认为，不管他说什么做什么，审讯人都会认定他有罪，想将他牢牢控制住，（“你的手机在我们手上。你会被绞死。”）威胁、惩罚、控制他。

审讯过程中，嫌疑人根本插不上嘴，只能说一句自己两天没吃东西，然而审讯人根本不听。他再次向嫌疑人强调他掌握绝对控制权，然后继续羞辱和贬低嫌疑人（“真恶心”），威胁他（“我会好好收拾你”），以加强嫌疑人的害怕和恐惧。

心理学家法伯、哈洛、维斯特认为，“虚弱、依赖、恐惧”可以给人洗脑。[4]但随后有学者发现，战俘“被洗脑”的真正原因其实是营养不良和疾病。长期的疲劳和半饥饿状态导致战俘身体虚弱。依赖是因为别人控制了他们的基本需求，恐惧是因为别人威胁要殴打他们、伤害他们。

随后，学者发现许多邪教组织也会采取这样的手段，难怪有些追随者即使有机会逃离也没有选择这样做，因为他们已经丧失了自主权和选择权。在人际关系中，我们为什么要通过恐惧、侮辱、攻击来强迫他人服从自己呢？这样做的代价太高，完全不值得。想通过这些方法解决关系中的冲突，必定两败俱伤。

正确处理冲突

亲和关系的第一条规则是，尽可能避免激烈的冲突，所以你需要去掉身上负面的霸王龙的特质。

大多数关系都会出现一些分歧和冲突，夫妻也好，亲子也好，同

> 当某人表现出侵略性时，不管我们实际怎么回应的，本能反应都是回击。

事也好，邻居也好，陌生人也好。正面的霸王龙会直接、坦率地处理矛盾，这一点和第三章讨论的诚实和共情相呼应。整个过程中，你需要保持客观和平衡，这可能非常困难，特别是对于那些本身就讨厌冲突的人来说。当某人表现出侵略性时，不管我们实际怎么回应的，本能反应都是回击。即使你选择安静优雅地走开，你也会在心里默默想象自己本想说什么、做什么，也许还涉及辱骂，甚至暴力。

我们已经懂得需要控制内心的冲动，但这并不是说我们内心就不会产生冲动。当我们感觉受到攻击时，本能会告诉我们该迎战还是逃避。如果我们没有退路，我们就会选择战斗，这是本能，也是一种化学反应。当我们受到威胁时，体内的内啡肽和皮质醇开始涌动，我们的力量和速度会随之提高，以便我们迎战或逃跑。

但研究发现，就霸王龙而言，即便是很小的不良行为（批评、争辩、讽刺、攻击），对审讯工作或亲和关系也能造成灾难性的影响。换句话说，一步不慎，全盘皆输。

听我的，否则……

让我们将场景移至家庭或工作场所，这些环境中的人际互动压力比审讯小。我们来讨论一下亲子冲突。有些父母为了让孩子听话就威胁孩子："如果你不按照我说的去做，我会给你好看。"我曾多次目睹类似情况。如果孩子还小，父母可能会任他坐在推车里哭，或者惩罚孩子坐在角落里。如果孩子比较大了，父母可能会没收他们的手机，孩子表面上合作，暗地却与父母斗智斗勇，努力掩盖自己的行为，不让父母发现，或者找到父母的漏洞趁机反击。

关掉家里的 Wi-Fi，禁止孩子玩游戏机等。科技公司也站在父母那边，他们开发了许多应用程序帮助父母远程锁定或关闭孩子的移动设备。在短时间内，武力似乎是一种让孩子服从的好方法，因为它强化了父母的地位，而孩子没有办法凌驾于父母之上。父母和孩子之间有一条明确的界限，孩子绝对不能跨越。

但是，随着孩子年龄的增长，他们对自主权的渴望越来越强烈。有些父母依然强迫孩子遵守规则以继续控制他们。孩子没有选择权，不能按自己的意志行事，他们必须顺从父母。如果父母通过威胁、恐吓、惩罚等手段让孩子听话，孩子会讨厌、憎恨父母，不想和父母相处。

孩子表面上合作，暗地却与父母斗智斗勇，努力掩盖自己的行为，不让父母发现，或者找到父母的漏洞趁机反击。

我们曾经遇到过这样一个案例，儿子为了反抗妈妈远程控制他的手机，竟然入侵了妈妈的手机账号，在她手机上安装了一个相似的应用程序。如果妈妈再锁定他的手机，他也会锁定她的。孩子很有创意，但这不能解决问题！幸运的是，母子俩都认识到了这一点，并商量了另一个解决方案。

这样的策略开始可能奏效，但是你的“对手”最终会找到制胜方法，或者他也会成长为霸王龙。你对孩子的控制只是暂时的。如果你一直对孩子使用这些手段，孩子会怨恨你，而不是信任你、尊重你。孩子之所以服从你是因为他们别无选择，而不是因为他们明白你的良苦用心。

在某些情况下，你确实需要临时控制某人，孩子也确实需要你设立明确的界限。但如果你总是强迫他们服从，孩子会产生恐惧，会反抗。你的行为会逐渐侵蚀他们对你的信任、尊重、体谅以及爱。

假设父母想让放暑假的孩子帮忙做些家务，但孩子说想趁假期打零工赚点钱，然后和朋友去旅行。两个月已经过去了，孩子每天都睡到中午。如果父亲直截了当地说：

> 我不知道你怎么凑够旅行的钱（攻击 / 不友好），我都没见你找工作（讽刺）。你可不要指望我会给你钱。你住在这里，你得自己赚钱（争论）！你总希望我们给你提供一切，自己却什么都不做，这我可受不了（批评）！

最后父母和孩子很可能会吵起来，孩子也不太可能突然变成一个勤快、整洁、上进、听话的天使，突然出去自己赚钱。即便孩子确实找到了一份工作，那也是因为他想报复父亲，想证明父亲是错的，这已经成了现阶段他的生活目标。在父亲眼里，可能觉得是自己鼓励了孩子采取实际行动，但这并不利于建立一段温暖、健康的父子关系。带着恶意激励别人，会滋生对方心中的恶意！

其实，父亲可以换种方式说：

> 我想和你聊聊你的旅行计划。你说过你很期待这次旅行，也提到过这个暑假你要赚钱（反馈）。现在暑假已经过了一半了，如果你还是想去，剩下的时间真不多了（诚实、建议、直率）。当然，去不去由你决定（自主权）。但我需要提醒你，如果你没有存够钱，你的计划就会泡汤。我不会也不能直接把钱给你（明确 / 坚定）。如果你确实想去，你需要自己赚钱（坦率 / 直接）。

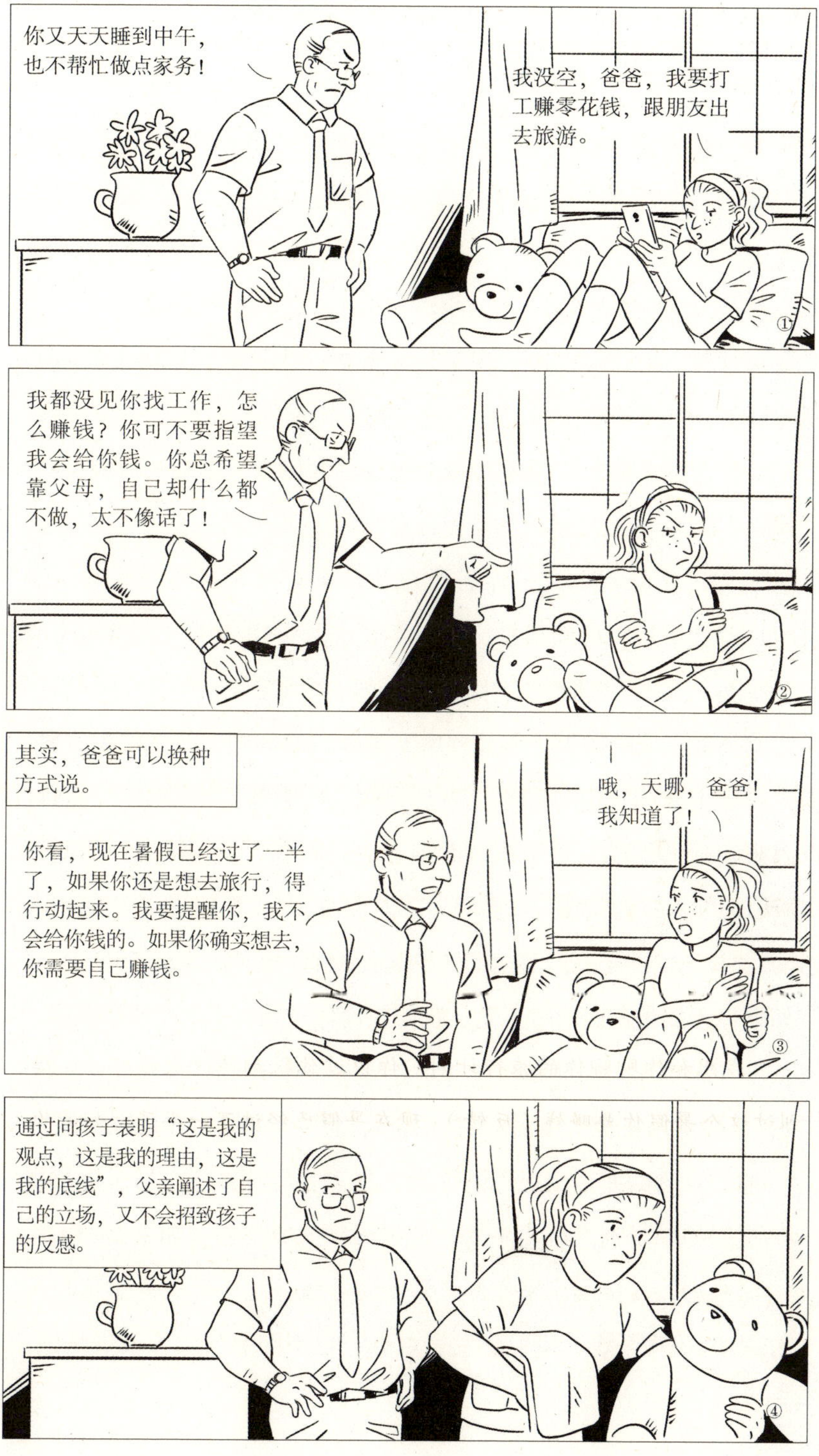

你又天天睡到中午，
也不帮忙做点家务！
我没空，爸爸，我要打
工赚零花钱，跟朋友出
去旅游。
①
我都没见你找工作，怎
么赚钱？你可不要指望
我会给你钱。你总希望
靠父母，自己却什么都
不做，太不像话了！
②
其实，爸爸可以换种
方式说。
你看，现在暑假已经过了一半
了，如果你还是想去旅行，得
行动起来。我要提醒你，我不
会给你钱的。如果你确实想去，
你需要自己赚钱。
哦，天哪，爸爸！
我知道了！
③
通过向孩子表明“这是我的
观点，这是我的理由，这是
我的底线”，父亲阐述了自
己的立场，又不会招致孩子
的反感。
④

▌“我不怕冲突，但我也不会抡起证据的大锤将你锤死到地上”。

孩子一听可能会说：“哦，天哪，爸爸！我知道了！”也可能孩子只是转动几下眼睛。在这里，父亲没有侮辱孩子，没有表现出敌意和暴力。父亲没有骂孩子，也没有给孩子下最后通牒。正面的霸王龙会说：“这是我的观点，这是我的理由，这是我的底线。”

看到这里，也许你已经发现了好坏就在一线间。如果父亲采用了讽刺的口吻，当孩子对父亲说“爸爸，我心里有数，没问题的”，那么父亲可能会绝望地摇头，“除非我亲眼见证，否则我是不会相信的”。

你除了需要注意言语，也需要注意语调，否则就会功亏一篑。如果你想成为正面的霸王龙，你需要在互动中管理好自己的情绪。你的目的是清楚传达自己的信息，所以不要在其中掺杂生气或愤怒的情绪。虽然这一点不容易做到，但会带来很好的效果。

正面的霸王龙能够抓住事情要害，迅速判断问题，找到解决方案。事实上，霸王龙的正面可以阻止事态升级，因为他们坦诚坚定，同时还可以阻止他人操纵、耍阴招、欺骗。他们不喜欢拐弯抹角，他们会开门见山地问你目的何在。正面的霸王龙在诚实的同时不会去伤害别人的感情，“我不怕冲突，但我也不会抡起证据的大锤将你锤死到地上”。

如果你想成为正面的霸王龙，我们建议你按照以下三个步骤去做。

1. **直接引用证据**。当你需要向别人指出问题时，你可以试着将他们自己的原话变成你的证据，你需要尽量具体，尽量尊重事实。如果是别人说出来的，尽量做到一字不差。如果是别人写出来的，直接读出来就好，但不要夸张，也不要歪曲信息。
2. **指出矛盾之处**。请不要发表观点，也不要表现出自己的情绪，尽量公正、客观。

3. **就解决方案提出建议**。最后，如何才能解决问题？你希望事情朝什么方向发展？在人际互动中，你需要确定一个沟通目标。不要总想着争个输赢：“看到了吧，我是对的，而是你错的。”相反，你应该思考：“现在我们都认识到这个问题了，那么如何才能解决它呢？”

该步骤适用于多种情况——抚养子女、商务谈判、夫妻相处，甚至处理投诉。

但是，如果你的互动对象情绪失控，你该怎么办？当他正在气头上听不进任何话时，你如何才能让他知道你的底线？我们不仅要承认自己的情绪，还应该承认别人的感受，这样才能让对方平静下来。还记得第 75 页讨论的“幼儿和 T 恤”案例吗？如果你能做到共情和诚实，能够认可别人的感受，那么你就可以减少对方的抵触心理，让他愿意听你说下去。如果你无法管理好情绪，你就不能传递信息。

精英管理者的共同特点

在职场中，行使权力必须仔细、谨慎。如果老板是负面的霸王龙，企图通过糟糕的战术（恐吓、开除、扣绩效等）去提高生产力、激励员工，那么整个团队会士气低落、沮丧、怨声载道，有些员工还会报复公精英管理者之间的共同点：他们擅长直接、清晰、坦率地提出自己对团队的期望。

司（破坏公司业务、撒谎请病假、工作拖拖拉拉）。最后，他们会跳槽。

正面的霸王龙则会对团队产生非常积极的影响。这类人（批判、直率）往往是团队中的“吹毛求疵”者。当整个团队为某个创意而飘飘然时，或者当整个团队对公司的问题睁一只眼闭一只眼时，他们能勇敢站出来。

正面的霸王龙坦率、直接，具有批判性思维，能够为团队做出贡献。霸王龙有勇气挑战所有人以及他们的观点，他们能为公司预测问题，避免麻烦的产生。他们坚定、直接、坦诚，敢于站出来发言，尤其当“众人皆醉”的时候。朱迪思·科马基（Judith Komaki）曾研究过那些高效的管理者。她找到了精英管理者之间的共同点：他们擅长直接、清晰、坦率地提出自己对团队的期望。[5]斯坦福大学商学院的林德雷德·格里尔（Lindred Greer）发现，当团队中的某一位成员能够站出来清楚发表不同观点时，他的行为能鼓励团队中的其他成员更深入地思考问题，探索原本想不到的解决方案。[6]

如果公司做决定时只考虑企业的政策、文化或惯例，而不去考虑现实环境因素，可能会遭受公众的质疑，甚至造成一场商业灾难。

以2010年英国石油公司（British Petroleum，简称BP）的“深水地平线”漏油事故为例。当所有安全措施均告失败后，石油钻井平台爆炸了，11人死亡，成为美国水域史上最大的漏油事件。调查发现，BP的老板在制定安全措施时曾做出一些决定，它们直接破坏了安全措施的整体性，导致工人忽略了一些早期安全隐患迹象。这些糟糕的决定反映了BP的公司文化，即将利润置于安全之上。最终，法庭裁定BP存在严重过失和不当行为。[7]法官用“无所顾忌”形容BP的做法。BP对总共11项重大罪名供认不讳，缴纳了超过45亿美元的罚款。

BP的丑闻和许多其他公司丑闻都暴露了同一个问题，权力的腐败让人们产生恐惧，不管问题多严重，谁都不敢站出来发言，不敢挑战权威。

当企业内部出现问题时，如忽略安全程序、偷工减料、内部斗争或性骚扰，我们都在等待持不同意见的人站出来发声。他们足够勇敢，敢于说出“这不对”。站出来发言并不是一件容易的事，你很可能会暴露自己，会孤军奋战。然而哪怕难度再大，它都能体现一个人的勇气和正义感。正如伟大的马丁·路德·金所说：“如果你想做正义之事，时间自然会站在你这边。”简单的语言闪耀着智慧的光辉。

了解你的底线，让别人听到你的声音

艾米丽：我曾在工作中接触过一个家庭，孩子父亲因殴打妻子被捕，随后被判18个月的社区服务。当时，社区管理部门委托我评审他。

按规定，父亲必须从家中搬出去，新的居住地必须离家两个小时以上的车程。他每周能在联络中心见孩子两次，但他不能与孩子母亲进行任何接触，任何时候都不能出现在家附近。由于见孩子、就业、试用期、社区服务等方面的规定，他白天大部分时间和整个晚上都在镇上。

当我们开始接触他时，他这种情况已经持续了5个月。由于经济原因，他几乎每天都不能自己开车或坐火车回家。许多人可能认为，他内心应该很想违反社区服务规定，抱着侥幸心理偷偷跑回家里。以他的处境，他肯定会这么做。

然而他没有。

一位管理者曾这样评价他的情况："哦，他很难吗？是挺难。他当初就不该殴打妻子。"

在一次会议上，我向委托我的管理者提出了自己的观点："如果不能在当地给他提供一个合适的地方住，会增加整个家庭的风险。我建议尽快将他的名字放到优先入住清单上。""没人会同意你的，因为你明显将父亲的需求放在了孩子的需求之上。我们还是讨论下一个问题吧。"她带着些许高傲的态度朝我的方向摇了摇头，还嫌恶地摆了摆手，好像我身上有臭味，她想把我赶出房间。我当时感觉受到了侮辱。

我鼓起勇气，用微颤的声音说："在讨论下一个问题之前，我希望你们能在会议记录中清楚写上我的反对意见。我不同意这个决定。我想说清楚，如果他现在的情况不能得到改变，那么这将增加他孩子的风险。"

她难以置信地抬起头看着我，满脸通红。她说："很好，现在我们都清楚了。但是没人认同你的看法。"

我要承认，当我尝试直接、坦率地挑战别人时，我并不是很自信，我感觉自己是打扮成霸王龙的老鼠。我知道我不是狮子，因为我不是决策者。但是我也知道我必须表达不同意见。做正确的事，这就是我的底线。

会议结束后，另外三位与会者找到我，他们也支持我的观点，但他们根本不敢在会议上声援我。我建议他们以书面形式提出他们的观点，他们同意了。

最初，我感到很生气，心想："他们为什么不在开会时支持我呢？如果他们认同我的观点，为什么让我孤军奋战？"事实上，他们只是不习惯把会议气氛搞得太紧张，他们也不想卷入冲突。

好在我说出了自己的担忧，这鼓励他们在会议结束后采取了一些积极行动，表达了自己的反对意见。老实说，回顾当时，我并不怪他们。对我来说，正面的霸王龙这种沟通方式难度最大，但是正确的事情终究是正确的。

负面的霸王龙依赖恐吓和威胁两种手段。他们的恐吓使那些有思想的人或持不同意见的人不敢发言。这样的管理者无异于独裁者，他们做决定从来不征求意见，也不接受任何挑战。他们不与员工商量，从不妥协。他们希望员工能绝对服从自己的命令。

这类人领导的团队往往士气低落，缺乏自信，批判精神不足。有趣的是，当管理者的权力越膨胀，他落马的可能性就越大。当所有决定都由他做出时，如果出任何问题，所有责任也得由他去承担。那时，霸王龙就知道什么是因果报应了。

霸王龙的不良行为常常会激起一个人内心的愤怒。从长远看，愤怒会增加我们心脏病发作和中风的概率。[8]它会导致我们越来越孤立，摧毁工作中和生活中的人际关系。很早以前，心理学家就发现了“毁灭性管理风格”这一现象（一个人迅速升至高层，但是却在每个岗位埋下了隐患）。[9]他们的行为不仅具有毁灭性，而且相当自私。尽管他们的行事风格有助于升职，但负面的霸王龙因为喜欢责骂、攻击他人而导致太多不满、怨恨、回避和仇恨，最终影响到自己。更糟糕的是，他们并不会后悔自己的行为，也不会从错误中汲取教训。他们在权力的宝座上坐不了太久，因为有一堆愤怒不满的人试图将他们拉下宝座。最终，他们会陷入一个孤立无援的境地，独自对抗着越来越多的前来寻仇的人。

> 你需要忽略别人对你的人身攻击，尽可能坚定地、清晰地、冷静地表达出你的观点。

正面的霸王龙遇到冲突时不会逃避，而是直面问题。受到攻击时，他们不但不会产生愤怒的情绪，还能保持镇定和坚定。有时这可是一件非常困难的事情，尤其正面的霸王龙和负面的霸王龙狭路相逢时。想要克制内心的愤怒，我们需要去探索、理解对方的感受，有时还需要大方承认对方的感受。要成为正面的霸王龙，你必须坚如磐石，不能犹豫不定。当他人用生气 / 愤怒 / 命令来面对你，你不能屈服。你可以坦率直接地说出你的观点，然后做好准备坚定捍卫自己，绝不让步。

不过请注意，要成为正面的霸王龙并非易事，尤其当你不具备这种天赋时。面对攻击时，我们容易采用侮辱、讽刺的方式来回击对方。面对冲突时，我们总想逃避，让别人爱干什么干什么去吧。有时，逃避确实能避免事态升级。但另一些情况下则要求必须有人站出来。

要做正面的霸王龙，你必须平静且坚定。对方发再大的脾气，生再大的气，都无须理会。即使对方是给你发工资的人，也不必在意。重要的是你能让他听到你的声音，了解你的底线。你需要忽略别人对你的人身攻击，尽可能坚定地、清晰地、冷静地表达出你的观点。

先管理好情绪，再进行沟通

劳伦斯：有一次我和家人去南卡罗来纳州度假。我们十个人共住一栋公寓，但每个人都玩得很开心，直到我们发现公寓对面就是一个建筑工地。每天早上 8 点至下午 6 点，那里都在施工，噪声很大，很刺耳，我们都快疯了。

沮丧的艾米丽给前台打了电话，她把怒气转移到了接电话的女服务员身上。结果，这位女士只是说她也无能为力，但答应让经理给我们回电话。然而一个小时过去了，我们并没有接到电话。

于是我走到对面的工地，用平板电脑录下施工噪声。然后，我走到接待处，要求见经理，但被告知经理不在。

“我能帮忙吗？”接待处一位彬彬有礼的女士问道。显然，这位女士和之前与艾米丽通话的女士不是同一人。

“谢谢。”我说，“请听听这段话。”于是，我开始大声朗读我们入住时收到的欢迎信。信中说：“我们目前正在对度假村的某些区域进行维护，但这只会对您造成很小的影响。我们向您保证，您将在这里度过轻松愉快的时光。”

那位女士对我微笑，点头说：“是的，没错。”

我说：“现在，我希望您能听听这段录音，我15分钟之前录的。”然后，我点了平板电脑上的“播放”按钮，开始播放我录制的音频，共两分半钟，从中可以听见持续不断的敲打声、电钻声，还有一个60吨的拆楼机锤墙的声音。当她听到拆楼机的声音后，脸色逐渐变了。

播完录音后，我平静地问：“对您来说，这是‘很小的影响’吗？”

“不是，先生。”她无力地说。

“我同意。”我说，“这影响还真不算小。我们漂洋过海来到这里，就是想一家人在一起好好度个假，享受一下宝贵时光。但现在，噪声这么大，聊天的时候都不能听见对方说什么。每天都是这样，连续10个小时。”

"先生，我真的很抱歉。"她再次说道，"但我真不知道我可以做些什么。"

我说："你可以找一下经理。你们可以把我们换到一个安静点的地方，或者给我们报销每天出门躲避噪声的费用。"

她点点头，让我稍等一会儿，还给我拿了一些酒吧的酒水券。

经理来了以后，我重复了同样的操作。在整个互动过程中，我没有提高音量，没有大吼，没有攻击对方，但我脸上也没有太多微笑或示好。我平静、直接、客观地提出了意见，也表达了自己希望对方如何解决。结果证明，我的方法行之有效。

要是我当时大喊大叫，辱骂、攻击工作人员，那么他们将视我为麻烦。最后，他们安排我们换到另一个度假村住，还减免了50%的费用。他们还送给我们一些积分，这样我岳父岳母下半年来的时候就能享受优惠。

做正面的霸王龙，坦率、直接地表达意见有诸多好处：这样可以阻止对方把你当球一样踢来踢去；可以让你发出自己的声音，向别人明确自己的底线——涉及底线的事，你绝对不会妥协。更重要的是，在对方眼里，你不会显得好斗、不讲道理、攻击性强。尽管你也是在挑战某人，但这种挑战不会上升到人际冲突。有些问题就好比"房间里的大象"或"皇帝的新衣"，所有人都知道问题所在，也知道如何解决它。

有一次我和家人去南卡罗来纳州度假。我们住的公寓对面就是一个建筑工地。每天早上8点至下午6点，那里都在施工，噪声很大很刺耳，我们都快疯了。
①
我在入住时收到你们的欢迎信，上面说，度假村的某些区域正在进行维护，但这只会对我们造成很小的影响。
现在我希望您能听听这段录音，我15分钟之前录的。您听听，这是“很小的影响”吗？
②
我们漂洋过海来到这里，就是想一家人在一起好好度个假，享受一下宝贵时光。但现在，噪声这么大，聊天的时候都不能听见对方说什么。
我了解了，真的非常抱歉，先生。
③
我冷静客观地提出意见并表达了希望的解决方法。最终，他们提出将我们换到另一个度假村，还减免了50%的费用。
作为道歉，我们赠送给您一些积分，这样您和家人下半年再来时可以享受优惠。
④

> 如果你能管理好情绪，专注于沟通目标，你的自控力和自信都会提高。

当你具备了霸王龙的冷静和坚定后，你将受益良多。如果你能管理好情绪，专注于沟通目标，你的自控力和自信都会提高。但当你使用霸王龙沟通模式之前，你需要判断眼下情况是否合适。

如果使用过度，即使你处理得当，时间久了，它的弊端也会暴露出来。正面的霸王龙不会让步，不会妥协，这会降低人际关系的温度和亲密度。你需要记住，正面的霸王龙和擅长社交的正面的猴子是两个对立面。也就是说，正面的霸王龙可能交不到朋友。因此，尽管它有诸多优点，但你最好只在必要的时候才使用它。同时，你要去除你身上所有负面的霸王龙的特质。

总结

1. **消灭负面的霸王龙**。如果你发现自己具有一些负面的霸王龙的特质，那么你需要下决心努力消灭它们。你可以尽量提前组织语言，提前演练。注意不要使用任何侮辱性或攻击性的语言，同时一定要尊重事实，清楚、准确地表达。你会发现在反复演练的过程中，你没有那么愤怒了。当你要投诉什么事时，请花点时间演练，确保自己在尊重事实、坦率直接的同时不会使用任何贬损性的语言。

2. **战还是不战**。在你决定直面冲突之前，你可以问问自己：“真的有必要吗？”或“我可以不去计较吗？”（你需要确保当时的情况并不是什么芝麻小事，而是真的很重要。）虽然我们并不想卷入冲突，但有时候冲突不可避免。
3. **设定一个目标**。你需要仔细思考你的目标和底线：你希望/不希望发生什么？你需要做到公平、公正、客观。你需要进行换位思考（“如果我在他们的位置，我应该如何解决问题？”），不要总想着争个输赢，或者只顾自己不顾对方。
4. **对事不对人**。一旦你向对方明确自己的底线后，一定不要发脾气，不要去讽刺、挖苦、攻击、贬低、羞辱对方。如有必要，你可以与信任的人提前排练一下，模拟对话，然后询问他们有什么感受。
5. **承认对方的感受**。你要明白别人也会有自己的感受，不要否认他们的感受。即使别人攻击你，也试着理解一下。攻击是人类的本能，是完全正常的反应。即使对方的言行看起来很不正常（过度、奇怪、极端），你也不要责备他们，而应该试着找到背后的原因。例如，当你叫孩子做作业但他就是不做时，你不应该这样想：“你居然敢反抗我！”你应该这样想：“做作业没那么难，他们是遇到什么问题了吗？”

第七章

老鼠：以退为进，把控制权交给别人

我们之所以活下来，是因为实在无可奈何的时候，我们会转弯，会矮一截，会低头，会假装没看见，会忘记。

早晨10点25分，布莱恩·墨菲中尉正驾车赶往威斯康星州橡树溪市的古德瓦拉寺，因为那里刚发生一起枪击案。那是一个晴朗的星期天上午，枪击案打破了周末的安静。墨菲来自纽约，说话言简意赅。他的身体如钢铁般强壮，难以撼动。他父亲是纽约的环卫工人，父子俩都好似由美国东海岸的炉火铸造而成。父亲这样形容自己的儿子："那家伙可以直接穿过墙壁。"面对发生在古德瓦拉寺的这起枪击案，墨菲正需要依靠他强壮的身体和坚韧的内心去破案。

当墨菲走下警车后，他看见停车场有两个人躺在地上，一个倒在另一个身体上。他立马凭经验判断出上面那个人已经死亡。当他刚想去确定另一个人是否存在生命迹象时，他看到有人向自己跑来。那名男子身穿白色T恤，手持一把枪对准墨菲，扳机已经扣动。墨菲也拔出手枪，两人同时开抢了。然而，墨菲并未打中男子，而男子却打中了他。子弹射中了墨菲的脸，穿过下巴进入他的喉咙，然后旋转着从他的后脑飞了出去。

尽管中了一枪，墨菲仍然可以呼吸。他找到一辆车做掩护，身子放低，然后抬头寻找枪击者。他希望他就在自己视线前方，这样有利于交火。但实际上，枪击者在他周围盘旋，这是一种经典战术。他直接站在了墨菲身后，朝他开了第二枪。子弹打中了墨菲左手的拇指，他痛苦地栽倒在地。接着，他又朝墨菲的双臂各开了一枪，然后开始冷静地上子弹。墨菲趁机滚到汽车下面。他说他当时的想法是："这家伙什么时候才会停下来？"

墨菲从车底爬了出来跑向自己的警车，车子的后备厢有一把枪。在途中，流着血的墨菲又被打中一枪，这次距离很近，直接打中他的后脑勺。枪击者似乎没有停下来的打算。他开了一枪又一枪，一枪打中墨菲的手臂，一枪打中他的大腿。但他仍不收手，朝墨菲的四肢、躯干和头部总共开了 15 枪。

突然，枪声又响了起来，开枪的是墨菲的同事山姆·伦达。伦达将车停在长长的、绿树成荫的车道上，然后评估了下当前形势，思考如何解救同事。他将步枪瞄准枪击者，尽管射程很远，但他依然开枪了。值得一提的是，伦达是部队的狙击手。他击中了枪击者的臀部，枪击者立即倒在地上。又来了一些警察，察看伤者情况，同时搜寻是否还有其他枪击者。

被击中的枪击者名叫韦德·迈克尔·佩奇，今年 40 岁，是一名被仇恨吞噬的白人，曾在美国陆军服役。他倒地后朝自己头部开了一枪，自杀身亡。①

虽然墨菲身中 15 枪，其中头部前后各中一枪，四肢中数枪，但他幸运地保住了性命。其实，当墨菲赶到停车场的时候，枪击者正在朝一个小厨房逼近，那里刚好躲着 15 个人（主要是妇女和儿童），这点墨菲也是事后才知道。他们惊恐地躲在薄如纸片的厨房门后面。佩奇看到墨菲进了停车场之后，打算先去处理这名警察。枪击案之后，

---

① 佩奇在美国陆军服役时，是一位心理战术专家。

那些幸存者觉得墨菲分别为他们每一个人挡下了一颗子弹。

墨菲中尉强烈反对人们称他为“英雄”。相反，他把这一殊荣让给了古德瓦拉寺的宗主萨特万特·辛格·卡莱卡，他也曾奋力阻止佩奇。在死前的那一刻，辛格紧紧抓住佩奇，不让他继续伤害别人，他用尽全身力气，连指甲都脱落了。

他们的行为无比英勇，但本章的主角并不是勇敢的狮子，而是谦逊的老鼠。墨菲说，那天发生的事件教会了他什么是谦逊，而不是英雄主义。对他来说，这个故事最重要的部分其实发生在他康复出院之后。他后来的经历教他认识到谦逊的真谛。

在“德行谈”（The Virtus Group，由执法人员和军事人员参与的系列演讲）中，他强烈地表达了这一点。[1] 他的声音因为之前子弹穿透喉咙而更加低沉，他带着纽约口音说道：

> 你的家人就是你的救生圈。然而一直以来，我都没有意识到这一点。我太高傲了，我是典型的A型血……
>
> 但是一件有趣的事情发生了……我就像是一颗被点亮的圣诞树……现在我的手臂都打着石膏……（墨菲举起僵硬的、无法弯曲的手臂，向观众展示它们的无力）但是，我还是得去上厕所……但是……（墨菲再次举起双臂，向观众解释他现在连上厕所这样的小事也不能完成）我却拿不了卫生纸……
>
> （墨菲低下头，叹了口气。）说起谦逊，我本来应该一直保持这样的态度，然而我却没有。婚姻是一种伙伴关系，每天都需要经营。
>
> 我忘记了这一伙伴关系，直到我需要它时，我才想起来。

这种沟通方式的精髓就在于让对方掌握控制权，自己则谦逊地跟随对方。

我是50岁的男人，然而每次我上厕所，妻子都得进来帮忙。我用打着石膏的拳头捶墙壁，大喊“我实在受不了”。女士们，先生们，这种经历让你学会谦逊。我们从不重视夫妻之间的伙伴关系，我们对伴侣从来没有感恩之情。

尽管墨菲在“挡弹”（他的原话）时表现出了钢铁般的坚毅，但他想对其他警察同事强调的却是谦逊和感恩之心。辛格先生的妻子说：“当时墨菲就是我眼中的上帝，因为他救了我们所有人。他用自己的身体挡住了所有子弹，他是如此伟大。我拥抱了他，感谢他挽救了15条生命。”尽管他是一位名副其实的英雄，尽管被他拯救的人对他如此崇拜，墨菲仍然保持着谦逊。以前，他把妻子的爱和关心当作理所当然的事，而现在他终于学会了珍惜，多亏了这段经历。

在我们讨论过的所有亲和技巧中，正面的老鼠能最大限度地影响他人，这一点可能会让你惊讶。这种沟通方式的精髓就在于让对方掌握控制权，自己则谦逊地跟随对方。如果负面的霸王龙是你最该避免的沟通模式，那么正面的老鼠则是你最该掌握的沟通模式。

谦逊这一品质不容易培养，佛教将其视为一种超凡脱俗的境界。事实上，谦逊有时也被称为“超脱”——超脱了虚荣的自我。人类总忍不住炫耀微不足道的成就，这是我们的自然本能，所以谦逊才更加难能可贵。

谦逊不仅难以培养，而且当我们达到了某种程度的谦逊后，可能会觉得自己高人一等或者层次更高。一旦出现这样的想法，我们也就失去了谦逊。同样，如果你假装谦逊，那说明你是一个虚伪、自负的人。

要做到谦逊，我们需要对自己的优点和缺点形成真实、客观的认生活中的某些时刻，我们会意识到自己不能控制自己的人生，或者自己没有太大价值。这些认识可以帮助我们抵制自我中心主义。

识，并不断向他人学习。我们需要具备好奇心和毅力，需要准确认识到自己在宇宙中的位置。对我们大多数人而言，准确的自我认知意味着不要对自己的优势沾沾自喜。

要做到谦逊，你就不能欺骗自己，不能沾沾自喜，你需要尊重他人，而不是为了留下好印象去取悦他人。有时，生活中的极端事件（发现自己的脆弱，闻到死亡的气息）可以让我们学会谦逊（就像墨菲那样），但这些经历并不是获得谦逊的充分必要条件。

生活中的某些时刻，我们会意识到自己不能控制自己的人生，或者自己没有太大价值。这些认识可以帮助我们抵制自我中心主义。

谦逊的老鼠愿意跟随他人，愿意让步。在西方文化中，我们下意识地将让步视为脆弱的表现，它总是带给人不好的感觉。我们更喜欢领导别人的狮子、快乐友善的猴子，甚至是情绪爆发时的霸王龙。但是，正如我们之前所说，老鼠是建立亲和关系的最重要的沟通方式，没有之一。

谦逊如何帮助我们建立亲和关系？我们研究了长达数千小时的审讯录像。我们发现，最优秀的审讯人都是谦逊的，不管他多么讨厌自己的审讯对象，多么想将他们绳之以法。

在研究审讯的过程中，我们仔细分析了高价值犯罪嫌疑人和恐怖分子的相关数据。我们发现，正面的老鼠的品质——乐观、尊重、谦逊——最有助于建立亲和关系。这一发现和我们的预期相左。

不要错误地在老鼠和“放弃”“懦弱”之间画等号。将控制权交给他人这一技巧十分强大，而且可以很巧妙地操作。正面的老鼠最擅长这种“温和的投降艺术”。我们曾经观察过一次审讯，它是典型的“以弱胜强”，能很好地解释老鼠的优势。

让步是一种能力

狄奥拉蓄着长长的深色胡子，戴着一副亮闪闪的黑色粗框眼镜。白色的及踝长袍衬得他更加黝黑。他坐在那里，像一尊雕像俯视着达比尔。达比尔身材瘦小，胡须修剪得整整齐齐。相比之下，达比尔的头发则有些狂野，好像他把全部精力放在面部毛发上，所以忽略了头顶的毛发。达比尔是一位新晋主审讯人，尤其是在反恐领域。在之前的审讯工作中，他曾与其他人搭档审讯狄奥拉，但当时他是副审讯人，而现在他成了主审讯人。达比尔曾见证过其他主审讯人使用自己精心策划并反复演练的审讯策略，结果都被狄奥拉逼到了墙角或赶出了审讯室。

狄奥拉习惯使用暴力，他此前的暴力史证明了这一点。在这次审讯中，警方怀疑他在社交媒体上发布了密谋袭击警校学生的消息。警察搜查他的住所时发现了一个袋子，里面装着锤子、菜刀和一张地图，上面标注着他住所附近的警校的位置。警方怀疑他的袭击目标是警校学生，而且他背后可能还有组织，在密谋恐怖袭击或绑架。

在此前的审讯中，狄奥拉喜欢打断审讯人，指责他们无知、幼稚和道德水平低。他不仅拒绝回答问题，还在审讯人面前大谈历史，批评他们是文盲，因此警方没有得到任何有价值的信息。

审讯刚开始，达比尔按惯例告知狄奥拉他的权利。狄奥拉从他的粗框眼镜后面严肃地盯着达比尔：“我知道你笔记本上列着一个问题清单，你的任务就是过完这些问题。如果我发现你套我的话，我们就没什么好说的，所以你要真诚。”他严肃的语气充满讽刺。

达比尔保持镇定，他走近狄奥拉，向他展示自己的办公笔记本。他快速地翻了翻笔记本，上面一片空白。“我没有什么问题，也没有什么清单。我只是想听你说说你在策划什么。”

狄奥拉先是假笑了一声，然后对达比尔说：“好吧，那我给你一次机会。我会根据你的回答决定是否告诉你。”

说完，他靠近达比尔，用手指指着他的脸说道：“所以，回答这个问题之前要先想清楚了（停顿）。我为什么要配合你？”

回答之前，达比尔停顿了整整十秒，房间里的空气好像都凝固了。当时我们在监控室观察现场，还以为屏幕卡住了。然后，达比尔用镇定的声音简短地说道：“警方逮捕你那天，我怀疑你想谋杀警校学生（他再次停下来，深吸一口气）。我不知道具体发生了什么，不知道为什么你必须这么做以及你想达到什么目的。只有你自己才知道这些，狄奥拉（再次停顿）……我想知道答案，并不是因为我想取悦上司，而是因为我想保护人民。我不会强迫你告诉我，我也不想强迫你。如果你愿意，自己会告诉我。如果你不愿意，你就不会说。选择权在你手上。”

达比尔简单地说出了答案，全程保持镇定、耐心和谦逊。此时的他就是一只等待狮子回应的老鼠。

“这个回答漂亮。”狄奥拉笑了，“因为你能体谅我、尊敬我，那么我现在告诉你，但这仅仅是帮助你了解这个国家正在发生的事。”

在监控室的所有人，包括达比尔的上级都惊呆了。达比尔展现出了其他审讯人没有的谦逊。这招很成功，为什么？

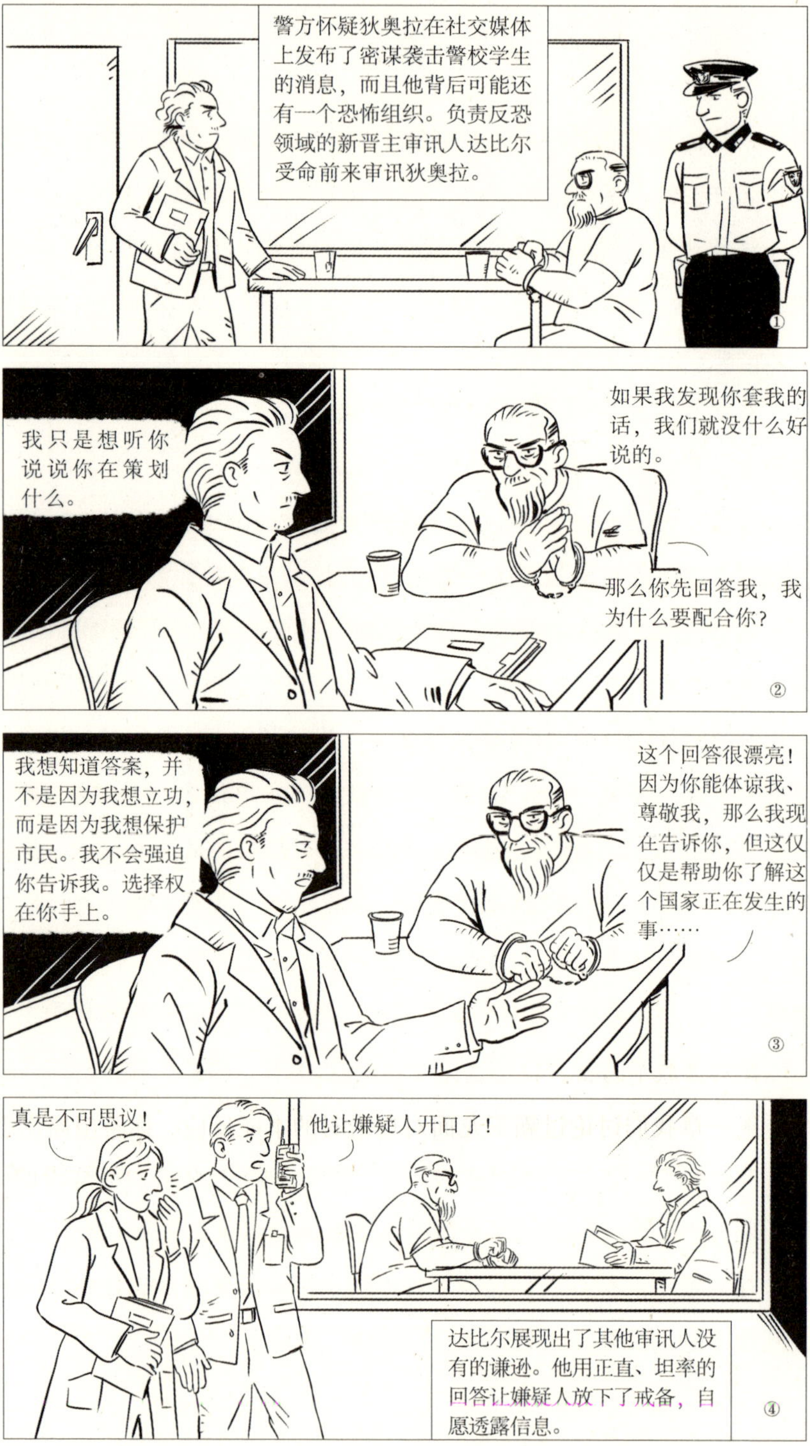

警方怀疑狄奥拉在社交媒体上发布了密谋袭击警校学生的消息，而且他背后可能还有一个恐怖组织。负责反恐领域的新晋主审讯人达比尔受命前来审讯狄奥拉。
①
我只是想听你说说你在策划什么。
如果我发现你套我的话，我们就没什么好说的。
那么你先回答我，我为什么要配合你？
②
我想知道答案，并不是因为我想立功，而是因为我想保护市民。我不会强迫你告诉我。选择权在你手上。
这个回答很漂亮！因为你能体谅我、尊敬我，那么我现在告诉你，但这仅仅是帮助你了解这个国家正在发生的事……
③
真是不可思议！
他让嫌疑人开口了！
达比尔展现出了其他审讯人没有的谦逊。他用正直、坦率的回答让嫌疑人放下了戒备，自愿透露信息。
④

这样做可以让对方放下防备，自愿透露一些信息。

原因就在于达比尔没有想去控制狄奥拉。狄奥拉想当主导者、想当狮子，达比尔满足了他。就像我们说过的那样，如果你想使用武力，那么对方会用同样程度的武力回敬你。达比尔并没有对狄奥拉使用武力。实际上，他采取了截然相反的方法：“我不会强迫你告诉我，我也不想强迫你。”

我们来将达比尔的行为和 HEAR 原则联系起来。达比尔没有给出任何明确的答案，也没有使用任何操纵手段或技巧。他的回答很诚恳，他也没有一拳捶在桌子上说：“你之所以在这里，是因为我怀疑你想谋杀警校学生。”达比尔不仅强调了狄奥拉的自主权——“只有你自己才知道这些”，还承认了自己的无知——“我不知道具体发生了什么，不知道为什么你必须这么做以及你想达到什么目的”。他还向狄奥拉寻求帮助，将狄奥拉视为请教对象和老师：“我希望你能帮助我理解这些。”此外，他还向狄奥拉表明他没有任何先入为主的想法。他向狄奥拉展示了空白的笔记本，上面没有任何笔记或问题。笔记本似乎在对狄奥拉说：“审讯由你主导，由你负责，我只是来听的。”

对有些人来说，看到警察向这位自大的恐怖分子屈服，他们会感到不舒服。但达比尔的行为不仅真诚，充满人性，还很谦逊。这样做可以让对方放下防备，自愿透露一些信息。

上一章我们讨论过霸王龙面对攻击时的本能反应。你希望挫伤恐怖分子的锐气，希望看到他们低头、屈服，但这是你的目的所在吗？达比尔的目标并不是要狄奥拉担心他的处境，而是要获取可靠、可信的信息，以阻止潜在的恐怖袭击。面对狄奥拉这样的人，并非每个人都能做到保持谦逊。如果达比尔让自尊占上风，那么警方可能永远不会发现狄奥拉的同伙，以及他们策划恐怖活动、杀害无辜群众的阴谋。

在竞争中，正面的老鼠相当于龟兔赛跑中的乌龟。兔子对自己的能力相当自信，觉得自己肯定会战胜乌龟，于是他嘲笑乌龟的坚持不懈和努力。这样，兔子自然不会将乌龟视为威胁，这就导致了他的失败。兔子自我膨胀，他在比赛中小睡了一下，觉得不会耽误比赛。兔子放松了警惕，乌龟最终战胜了他。

任何时候让步都是最佳策略吗？不是。任何时候我们都应该屈服于别人的需求吗？当然不是。但是在一些情况下，我们确实应该让自己更加谦逊。许多成功人士都具备让步这种能力，他们该谦逊时谦逊，该道歉时道歉。他们愿意倾听、考虑别人的观点。有时候为了达到沟通目标，他们甘愿接受别人的控制。这一沟通艺术的关键就在于审时度势，判断什么情况下采用什么技巧。

可恶的老鼠型管理者

如果我们知道什么时候应该停止做什么事情，我们便能从中获益。在上一章中，我们知道我们应该去掉负面的霸王龙的特质：攻击、批评、讽刺。同样，就老鼠而言，我们也需要去掉自己身上存在的负面的老鼠的特质，这包括犹豫、畏缩、回避、因循守旧、置身事外。

负面的老鼠是软弱的（而不是谦逊），很难自信起来，尤其是在竞争激烈、让人窒息的商业环境中。你很可能被欺负、鄙视、忽略或边缘化。你的犹豫不决表明你缺乏自信，导致人们不相信你的决策能

当你需要表现出你的领导力、你的果断和自信时，
你不应该采取老鼠模式。

力。请记住，老鼠与狮子互相对立。当你需要表现出你的领导力、你的果断和自信时，你不应该采取老鼠模式。

艾米丽：老鼠型管理者特别可恶。我记得有一次客户委托我监督他公司的团队管理。很快，我发现了一个支离破碎的管理等级体系。其中一些部门认为自己比其他部门更重要，他们的分裂行为让整个公司陷入内耗和仇恨之中。幸运的是，当时他们还没有什么实际性的危险举动或犯致命的错误。他们都在完成自己的工作，而且质量还不错，只是他们都很沮丧、愤怒、消极，讨厌彼此。究竟是怎么回事？

后来我见了公司的主管安妮，我们讨论了公司的情况。安妮戴着眼镜，个子娇小，眼神充满善意。她看上去像是一位友善的保姆。她告诉我，她目前的职位只是临时性的，也不是她的专业领域。

我问她管理团队多久了，她回答："嗯，好像快一年了。"她看起来才意识到这一点。

我又问她如何评价团队的工作表现，她高兴地说道："嗯，我认为他们很棒，他们都比我清楚应该做什么。所以我让他们放手去干，告诉他们遇到问题时再来告诉我。"

我突然意识到，在将近一年的时间里，该团队一直处于自我管理的状态，高层不能为他们提供专业知识或指导。虽然他们很努力，但他们缺乏领导，这导致强势的成员会站出来强迫安静的成员接受自己的观点和方案。他们的管理者处事犹豫不决，参与感很低——就像负面的老鼠。

"遇到问题时再来告诉我"背后的信息是"不要让我参与进来"。《蝇王》（*Lord of the Flies*）中也出现了这种管理风格。团队可以自行制定规则，自行

> 如果你主动跟随你愿意与之建立关系的人，他们会感到自己很重要，感觉自己有选择权和主导权。

决定谁的需求是第一位。幸运的是，当时整个公司还没有陷入混乱，员工之间还没有开始互相伤害，但是我们花了足足三个月时间帮助它清除毒素，建立一个更加完整、更以全局为重的运作模式。

我们的策略之一便是增加安妮的参与感，让她更多地融入公司的日常事务之中。我们还鼓励她多倾听员工的需求、问题和成功经验。我们的出发点是帮助她改正老鼠的负面（参与感低、犹豫、因循守旧），培养老鼠的正面（耐心、寻求帮助、尊重他人）。但她除了听取团队意见外，还需要真正领导团队。因此，我们第二步便是帮助安妮开发、培养狮子的领导风格——承担责任、制定规则、帮助员工。同时，每个部门也需要自己的狮子，负责向安妮清楚、公开地提出问题和需求，以便安妮做决策。对于团队而言，他们不能继续躲在小房间讲人坏话，给人背后捅刀子，挫伤别人的信心和能力。对于安妮来说，她不应该躲在自己的办公室，什么事都交给员工。她这种状态已经持续一年了，必须叫停。

如何成为优秀的跟随者

正面的老鼠是优秀的跟随者，但这并不意味着他们的参与度就低。相反，这种沟通方式要求耐心、专注、投入地倾听。人们往往大大低估了跟随这一行为的能量，它是亲和关系的重要组成部分。如果你主动跟随你愿意与之建立关系的人，他们会感到自己很重要，感觉自己有选择权和主导权。

在我们与父母、子女、配偶和同事的人际互动中，做正面的老

> 如果我们成功让他人感受到我们的关注和重视，
> 那我们就更有可能建立稳固的关系。

鼠意味着我们要去倾听他们、重视他们。如果我们成功让他人感受到我们的关注和重视，那我们就更有可能建立稳固的关系。我们都渴望控制权和选择权，它们能促进我们的身心健康，我们都希望受到别人的重视，如果我们能认识到这个简单事实，并主动让别人获得这些感受，那么亲和关系自然会形成。在我们的人际关系中，正面的老鼠善于体谅他人，建立信任。

正面的老鼠同样具有一些战略优势。在我们研究采访和审讯的过程中，我们发现在动物模型中，老鼠在获得信息方面的能力是最强的，从之前达比尔的案例中就可以看到这一点。如果使用恰当，老鼠能够成为一种低调但强大的武器。它可以使其他人感觉到自己在掌控局面，从而放下防备，甚至主动提供信息。当我们需要别人提供信息时，不妨去信任他们，体谅他们。

那么，老鼠的行为和方式是什么样的？老鼠的耐心无穷无尽，哪怕互动对象是咆哮的狮子；老鼠始终专注于自己的沟通目标，但又不急于实现目标，也不会给他人施加压力，强迫他们服从；老鼠善于通过耐心的探索去制造内部压力，而不是通过命令或指责制造外部压力。

正面的老鼠能够控制内心的自大，而且懂得让步。不过从根本上讲，正面的老鼠能够客观判断万事万物，也能客观判断自己。有时候，为了更伟大的目标，他们愿意牺牲自我以及自己的利益。谦逊是他们的本质。

如果管理者能够成为正面的老鼠，那么他们就能培养员工的独立和责任感。这样，员工更愿意为公司付出，更愿意努力实现企业的目标。通过倾听员工，重视员工，让他们控制自己的命运，管理者可以激发员工身上的正能量，能够让员工对公司产生归属感，还能增强员工的斗志。

伯克利大学健康工作环境跨学科研究中心发现，如果员工能够自由选择自己在团队中的角色并且能够灵活办公，那么他们会更健康、更快乐、更有动力。[2] 此外，他们的工作效率也会提高，更愿意为公司奉献。

由此可见，正面的老鼠在企业里发挥着重要的作用，那么在家里呢？

正面管教：既不惩罚，也不娇纵

亲子关系的修复主要存在两个主要问题，它们都和老鼠有关。在第一个问题中，狮子型的孩子会迫使父母变成负面的老鼠。当这类父母教育孩子时，他们犹豫不决，喜欢逃避。他们会尽量避免和孩子发生冲突，同时对自己的教育方式不够坚定，不够自信。

在第二个问题中，父母拒绝做正面的老鼠。在他们眼中，尊重孩子，犯错时向孩子道歉或承认自己的问题，这些行为都会破坏自己的权威，会让孩子凌驾于自己之上。

在以上两种情况中，为人父母者都忽略了老鼠的力量。既然老鼠可以阻止恐怖分子挑衅审讯人，自然也可以帮助我们管教暴躁、情绪化的未成年人。我们帮助客户改善亲子关系时常使用一套技巧，我们将其称之为“十诫”。它一方面清楚规定了所有家庭成员的行为，另一方面鼓励家庭成员该道歉时道歉，或者给彼此一些冷静空间：

1. 如果我对家人说脏话，我需要道歉；

2. 如果我冲家人嚷嚷，我需要道歉；

3. 如果我侵犯了家人的个人空间，我需要道歉；

4. 如果我说了什么不该说的话或者过分的话，我需要道歉；

5. 如果家人想冷静一下，我会给他们空间；

6. 如果我想冷静一下，我会告诉家人；

7. 我绝对不会为了在吵架中占上风而恐吓家人；

8. 当我需要发泄怒火时，我不会伤害任何人（包括我自己），也不会砸东西或损坏家里的任何物品；

9. 我永远也不会动手伤害我的家人；

10. 这是我的家，他们是我的家人，我会尊重他们，爱他们。

所有家庭成员都必须遵守“十诫”。父母不能只拿它管教不听话的孩子，还应该用它约束自己。所有人都应该遵守“十诫”——包括父母。所以“十诫”的实行还是挺有难度的。

就父母而言，以下两点尤其困难：

1. 给孩子一些空间，让他们冷静下来；

2. 如果自己做得过分了，向孩子道歉。

以上两条都是老鼠的行为，它们都会让父母感觉失去了权力。事实上，如果方式得当，它们能够有效阻止情况恶化或完全失控。

争吵越激烈，我们越应该给孩子时间冷静，而不是惩罚他们去面壁思过。

自我调控是孩子成长的必修课

如果交流越来越激烈，这时你能给孩子一些空间让他冷静下来的话，你的孩子会学到许多重要技能。第一个技能便是判断交流何时会演变为争吵，何时开始失去意义。孩子需要明白，当沟通发展到这一步的时候，他们应该转身离开让自己冷静下来。第二个技能便是管理自己的情绪。当情绪失控时，孩子可以自己待着，冷静下来后再继续交流。此技能也被称为“自我调控”，它是成长过程的必修课。

这听上去容易，但实际上我们很难在争吵到一半时，愿意给孩子空间让他们冷静。相反，我们倒是很容易变成狮子，强迫孩子冷静。争吵越激烈，我们越应该给孩子时间冷静，而不是惩罚他们去面壁思过。这样孩子可以学会调节自己的情绪，正确处理负面情感，为以后的生活做准备。

作为心理学家，我们在抚养子女的过程中始终坚持这些原则，从孩子很小的时候就是这样。当我们发生争执时，孩子会说：“你需要给我一些空间让我冷静冷静，我现在无法讨论这些事情。”即便对我们来说，转身离开也挺难。很多时候，我们转身的同时，会咬紧牙关，默默在内心大吼。但不管有多难，我们始终遵循这一原则，它效果很好。

如果你已经知道自己错了但是却不道歉，
那么你体现的是谦逊的对立面——傲慢。

再难也要开口道歉

道歉对为人父母者来说是一件难事。当我们的行为跨越了界限，我们需要立刻意识到这点，然后道歉。真诚、发自内心的道歉是一种非常强大的社交工具。在研究审讯的过程中，我们见过各种各样的道歉方式。如果方法得当，审讯人可以重新设定审讯的基调，同时获得嫌疑人的尊重。如果方法不当，审讯人会彻底破坏整个审讯。

同审讯人一样，父母觉得如果向孩子说“对不起”，他们就会失去手中的权力。其实，如果他们拒绝道歉，他们就会变成孩子眼中的暴君：“即使我错了，你也必须接受，因为这个家我说了算。”当你道歉的时候，你是在承认自己的错误，也是在承担自己的责任。更为重要的是，你向孩子展示了良好沟通的原则。

但是，你只能为自己做错的事道歉，这是道歉的黄金法则。如果你的孩子沉迷于游戏机，你接连告诉他三遍不要玩了，他就是不听。于是你在没有警告他的前提下关掉了Wi-Fi，导致游戏数据没有保存。那么你要首先明确，你向孩子道歉的原因是你吼他了，而且在没有警告他的前提下关掉了Wi-Fi，而不是因为你叫他不要玩游戏机。孩子沉迷游戏，依然需要承担后果，为自己的行为负责。人们总是误认为，道歉就意味着所有的责任都得由自己承担。

如果你已经知道自己错了但是却不道歉，那么你体现的是谦逊的对立面——傲慢。为了避免这样，你可以提前和别人排练一下，对着

> 通过道歉，你能够为孩子树立榜样，教会他们为自己的错误负责。

他道歉，直到他感觉到你的真心，但同时你要让对方明白，你是因为自己的错误而道歉，并非所有事情都是你的责任。我们曾经和一群小朋友玩“我错了，没有但是”的游戏。如果哪位小朋友想为自己的错误找借口，其他小朋友就会举起一块大大的硬纸板大喊“没有但是”。

请看下面这个例子：

> 对不起，我不该吼你，不该骂你聋，不该在没有告诉你的情况下就关掉 Wi-Fi。我不应该这么做，我这么做过分了，我知道你很生气，我本不想这样。
>
> 当我喊你做什么的时候，我确实希望你能听到并且去做。今天晚上我是不会恢复 Wi-Fi 的。希望明天我们都能做到更好，我不吼你，我知道你能听话。

这就是老鼠的道歉，放低姿态，向孩子承认自己的行为不对。同时，向孩子明确问题并未得到解决，你会继续采取狮子模式。此外，通过鼓励自己和孩子第二天做到更好，你体现了猴子的合作精神。

只要你能在该关闭老鼠模式的时候即时关闭，那么道歉不会带来什么危害。相反，道歉具有其自身价值，我们也希望自己的孩子学会道歉。通过道歉，你能够为孩子树立榜样，教会他们为自己的错误负责。如果你做不到，那么孩子犯错的时候就会找各种借口拒绝承担责任，或者把自己的错误怪到别人头上。

正面的老鼠知道什么时候应该放下手中的权力。我们可以偶尔回顾一下生命中的重要经历：失去挚爱、生病，或者其他一些让你看到自己内心的事。这样做可以阻止我们为一些小事庸人自扰。正面的老鼠愿意让步，愿意道歉，愿意承认自身局限，这并不是脆弱，而是一种美德，也是一种优势。在亲和关系中，我们总是高估权力或武力，低估了耐心和谦逊。

总结

1. **从生活中的重大事件中获得智慧**。大部分人都有过重要经历，不论好坏。通过反思、理解过去的经历，我们学会谦逊。还有一些人通过大自然、精神信仰、宗教等认识到自己只不过是浩瀚宇宙中的一粒尘埃。但是，不管你是有神论者、无神论者还是不可知论者，只要你心怀谦卑，不觉得自己比其他人优越就可以。
2. **倾听**。少说，多听。了解别人的兴趣，和他们交流。对他人保持一份好奇心，而不是抓紧每一个机会谈论自己。在别人回答你之前，我们建议你至少等上七秒钟，给对方些许时间思考。当别人思考如何回答时，你不需要找话说，你只需要安静地等待。
3. **承认自己的错误，主动道歉**。不管你的犯错对象是谁，你爱的人、你恨的人、你未成年的孩子、你已退休的父母、你的老板、你的下属，只要你错了你就该道歉。同时，不要指望别人一定会接受你的道歉，也不要期待别人有什么回报。如果你做错了，那么你就是做错了。不敢承认自己的错误，拒绝道歉，才是真正的懦弱。

4. **保持耐心，坚持不懈，永不放弃。**为了成为正面的老鼠，你应该不断努力，不断进步。始终保持好奇心，你便能体会到愉悦。它能帮助你从小事中发现乐趣。你不仅可以回顾自己的重要经历，你还可以偶尔放慢脚步去做你喜欢的事——听一首歌，送孩子上学的途中和他们聊天，在沙滩上散步时感受海浪的拍打。同时，你要认识到能够做这些事情，自己是多么幸福。用心体会生活中的小事，那些你习以为常的存在——画面、声音、味道、感受、回忆。

5. **建立低调的自信。**当你对某一情况犹豫不决时，最好不要表现出来。偶尔犹豫一下是人之常情，但是如果你始终摇摆不定，别人就会怀疑你的决策能力、会挑战你。深呼吸三次，将犹豫和不确定咽下去，昂首向前。

第八章

狮子：领导能力是每个人生存发展的硬技能

我不怕一只绵羊带领一群狮子，但我怕一只狮子带领一群绵羊。

——亚历山大大帝（Alexander the Great）

阿拉伯语中有300多个表示“狮子”的单词。其中，“哈姆扎”（hamza）指强大的狮子，他能够保护他的族群，并且在敌人面前能够始终维护自己的骄傲和自尊。哈姆扎还是一头宽容的狮子，他的领导力建立在其他狮子对他的尊重和忠诚之上。在阿拉伯语中，“嘎丹法”（ghadanfar）指邪恶的狮子，他的脾气喜怒无常，变幻莫测，且非常好斗。他的领导建立在其他狮子对他的恐惧之上。

为什么要通过力量而不是恐吓来领导呢？答案很简单：如果一位领袖的追随者对他充满敬意，愿意为他效犬马之劳，而另一位领袖的追随者对他只有鄙视，伺机将他推翻，前者始终都能战胜后者。

劳伦斯：如果你在11月中旬站在码头边，那么你需要穿上厚厚的大衣、戴上帽子。我和同事挤在一起，看着一艘渡轮行驶在波涛汹涌的灰色海水中，上面满载56名本科生。我对同事说：“伙计们，让我们看看这些学生的表现。”当时，我们正在进行一场大规模的应急演习，我们需要测试这些学生的决策速度。按计划，渡轮将和一艘运送水泥的拖船发生碰撞，水泥颗粒会喷到渡轮上，从而导致乘客呼吸困难。当然，

> 时间不等人，决策者响应时间越长，乘客的生命危险就越大。

拖船上并没有真正的水泥，但渡轮是真的，渡轮上的乘客也是真的（我的学生），他们会假装自己淹没在水泥颗粒中。在此类真实事件中，渡轮需要立刻停靠，所有乘客身上的污染物也需要被尽快清除。要做到这一点，可以设置一个大型的充气管状帐篷，它会向被污染者身上喷洒冷水。

渡轮上还有一位消防总长，他会观察那些经验不足的学生如何应对这次演习。但是，这些学生遇到了一个突发难题：虽然渡轮距离码头只有 9 米，但它一动也不动。这不是计划的一部分，到底发生了什么？按照原计划，渡轮驶离港口，与水泥拖船相碰撞，水泥颗粒覆盖渡轮，渡轮停靠码头，净化处理启动。然而，现在渡轮纹丝不动。

“到底怎么回事？”我问同事，“渡轮为什么不停靠？”其他人也疑惑不解。出了什么问题？我心想：“该死，如果这次事故是真的，渡轮上的乘客可就惨了。”

净化程序的关键因素就是决策速度。无论污染物是什么，被污染者必须尽快脱掉衣服，打湿皮肤，任何情况下都是如此。时间不等人，决策者响应时间越长，乘客的生命危险就越大。10 分钟过去了，20 分钟过去了，现在马上就到 30 分钟了。

我想：“天啊，就没人能处理一下吗？”眼看着渡轮离码头这么近，但就是不动，真让人沮丧。

大约 45 分钟过去了，最后，渡轮终于靠岸了。学生们一个接一个下来了，走进净化帐篷，在冷水的喷洒下惊声尖叫，然后走到另一头烘干。随后，工作人员给他们递上培根三明治和热茶，他们马上狼吞虎咽起来。但是，我仍然对事故中的决策拖延疑惑不解。后来，我终于发现问题所在。原来，靠近码头的水域漂着一棵大树，如果渡轮冒险停靠，后果不堪设想。不过，消防总长的反应很有趣——他快被这棵意料之外的大树和反应迟钝的学生搞疯了。

这位消防总长名叫丹·史蒂芬斯，曾是一位空降兵，身体如一扇大门一样宽。他为人友好，不喜欢说废话，是典型的狮子型领导者。同时，他是一个行动者，不喜欢夸夸其谈。极端情况让他不断成长，他乐于挑战困难。他本来只负责观察学生，但是他发现船上没有一个人能够扛起担子，这让他抓狂。在这种情况下，学生本应该严格遵循标准流程：将船停靠在码头，然后开始净化处理。当时大多数学生都想这么做，但是漂浮的大树让他们陷入激烈的争论。然而丹却非常明白该做什么。

丹知道，拖延越久，风险越大。作为一位天生的领导者，他大声喊道："去他的标准流程。赶快找一艘刚性充气艇，开到码头和渡轮之间，移走那该死的树。上了充气艇就将上面的净化服扔到船上来。这样船上的人可以先脱掉被污染的衣服，一上岸就可以进帐篷净化。我不管这符不符合规定，人命关天！扛起你们的责任，给我行动起来！"

如果霸王龙关乎如何应对冲突，老鼠关乎如何倾听和跟随，那么狮子则关乎如何做一位强大的、负责任的领导。在这次演习中，消防总长丹展现出了正面的狮子的决策能力和责任感，尽管他使用了一些不是很优雅的语言。他知道保护渡轮上的人、处理紧急情况的重担最终要他来扛，所以他站了出来，主动处理意外情况。领导者的能力如何，要看他们在逆境中如何表现，而不是顺境。

优秀的狮子非常果断，能够清楚地向他人发布指令。霸王龙善于明确自己的底线（“这件事我愿意 / 不愿意做”）。和霸王龙不同，狮子善于对他人提出期望（“这是我对你的期望”）。优秀的狮子能够划定界限、设定道德准则，以指导团队的其他成员。

以下几段话选自 2003 年蒂姆·柯林斯上校对驻伊拉克爱尔兰皇家军团第一营的战前演讲：

> 我们的目的是解放伊拉克，而不是征服它。我们的目的是解放整个伊拉克民族，我们会让他们的国旗继续飘扬在这片古老的土地上。请尊重他们。
>
> 我们的敌人心知肚明，我们就是他们的报应，我们即将摧毁他们。不要对他们仁慈。
>
> 夺走一个人的生命并非易事，你需要迈出一大步。我知道在一些武装冲突中，有些人嗜血成性。我可以向你保证，这样的人内心肯定住着魔鬼。如果有人向你投降，请记住国际法规定了他们有投降的权利，请收起你的武器，确保他们可以活着回家。
>
> 那些想厮杀的人，我们一定会满足他们。
>
> 如果你过于残暴又或者过于胆小，你不仅会连累你的战友，你还会被刻在历史的耻辱柱上。唯当你的行为至高无上时，后人才不会唾弃你，历史会说明一切。[1]

柯林斯上校的演讲主题是道德和武力的平衡，绝非单纯的武力。他为士兵制定了交战规则，明确而坚定地表达了对他们的期望。他希望他们成为有尊严的人，希望他们尊重所占领的国家及其文化。他警告士兵不要野蛮，不要怯懦，不要无视国际法，以此向他们划定了明确的界限。

柯林斯上校向士兵们清楚传达了他的期待，同时他将责任划给了每一个人，并将这份责任与个人道德、荣誉结合起来，这一点至关重要。他希望士兵们表现出爱护荣誉、力量、责任和同情心。为了获得士兵对他的忠诚和尊重，他自己必须具备这些品质，必须以身作则。宽以律己，严以待人从来不是他的作风。

优秀的狮子在领导他人时善于提供强大的指导，而不是用绳子牵着别人，将他们拉到他们不想去的地方。当你将自己的意愿强加给某人时，互动就从领导（“对方的行动正是我所希望的”）转变为强迫（“我会让这个人按照我的意愿行动”）。优秀的狮子善于影响他人，指导他人，而不是强迫他人满足自己的期望，顺从自己。

服从必须发自内心，而不是出于恐惧

劳伦斯：我曾遇到过一次军事审讯，时间极其紧迫，主审讯人展示了狮子的正面。在这次审讯中，他需要在最短时间内获得信息，如果失败，将要付出很高的代价。就在审讯前他们接到情报，恐怖分子在路边安装了一枚炸弹，审讯人必须尽快找到安装炸弹的确切地点。

审讯刚开始，审讯人就要求嫌疑人解释自己为什么被拘留了，语气坚定。当嫌疑人回答时，审讯人一直注视着他，嫌疑人却试图躲避他的目光。

审讯人要求嫌疑人说话的时候看着自己。

“你们抓错人了。”嫌疑人说。

审讯人目光严厉地看着嫌疑人，他说：“我们没抓错人。告诉我到底发生了什么。”嫌疑人没有回答。

审讯人继续发问：“炸弹什么时候安装的？早上还是晚上？什么时候？快点回答。”

“早上。”嫌疑人回答，“我听到他们谈论自制爆炸装置。”

审讯人：“什么时候？昨天还是今天？”

嫌疑人：“昨天”。

审讯人：“好吧，什么时候？”

嫌疑人：“我不知道……”

审讯人：“你知道。他们把炸弹安在了什么地方？”

嫌疑人：“其他的我真的不知道了。”

审讯人：“都有哪些同伙？我知道你还有其他同伙（短暂停顿）。要不要坦白，就看你想继续在这里待多久了（语气坚定但不带威胁）。不要给我绕圈子。”

听到这里，嫌疑人开始交代自己的同伙。审讯人态度平静地说：“好的，行，好的。”

现在，审讯室的三个人——审讯人、嫌疑人和他的翻译——正蹲在电脑前研究炸弹的安装地点。在狮子的引导下，这三个人开始合作。他们的互动模式从主导一切的狮子变成了互相合作的猴子。

而现在，审讯人的语气也柔和起来，但态度依然自信坚定。他告诉嫌疑人，坦不坦白由他自己决定。他还告诉嫌疑人，他必须诚实，这样自己才能对他诚实。他还向嫌疑人强调，他们会尊重嫌疑人，会给他食物和水，此外嫌疑人在拘留所还可以继续祷告。

显然在整个互动过程中，审讯人并没有去贬低、威胁、侮辱嫌疑人。虽然时间紧迫，虽然每一个问题都性命攸关，但审讯人没有采用侮辱、威胁的手段。在他身上，我们看不到霸王龙的负面。服从必须发自内心，而不是出于恐惧。

还记得第六章开篇提到的巴士拉审讯吗？它和上文的案例体现了哈姆扎和嘎丹法之间的区别。虽然两次审讯时间都很紧迫，但上文的审讯风格完全不一样，审讯人没有去贬低、侮辱嫌疑人。当然，如果这位审讯人的审讯对象是基地组织或塔利班的核心成员，结果可能会有所不同，因为这些人极不容易动摇，对审讯人也充满敌意。他们就是负面的霸王龙。但是，如果审讯对象是一只老鼠，那么正面的狮子则会带来卓有成效的互动。

嫌疑人有权决定是否配合，他们坦白的前提是因为自己受到了尊重，而不是因为受到了威胁或恐吓。几周之后，这三个人进行最后一场审讯。结束后，嫌疑人将被释放，回到他家人身边。在他眼里，审讯人是一头值得尊敬、值得喜欢的雄狮。他对审讯人没有憎恨和恐惧。审讯接近尾声时，审讯人告诉嫌疑人他很快就可以离开拘留所。嫌疑人转过身，抓住审讯人的手热情地握了握，然后说“我……会想念你的”。

我曾遇到过一次军事审讯，主审讯人展示了狮子的正面。他接到情报，恐怖分子在路边安装了一枚炸弹，必须尽快找到确切地点。
你们抓错人了。
我们没抓错人。告诉我到底发生了什么。
①
炸弹什么时候安装的？早上还是晚上？快点回答。
昨天……
什么时候？
其他的我真的不知道了！
②
我知道你还有其他同伙。要不要坦白，就看你想继续在这里待多久了。不要给我绕圈子。
我坦白……
③
虽然时间紧迫，但审讯人没有采用侮辱、威胁的手段。他告诉嫌疑人，他必须诚实，这样自己才能对他诚实，还强调他们会尊重嫌疑人。
服从必须发自内心，而不是出于恐惧。
④

领导力能决定一个团队走多远

你之前遇到的上司都是什么类型的狮子？哈姆扎还是嘎丹法？他们如何领导团队？他们是否自信、负责，善于激励员工？他们有明确的计划和目标吗？当事情进展顺利时，他们是否分享了荣誉？一旦事情出错，他们是否承担了责任？他们对你有何影响？正面的狮子能够激励团队努力工作，勇敢拼搏。也许你曾遇到过嘎丹法，他们苛刻、固执、迂腐，这种上司的格局有限。他们对下属要求极高，员工时刻对自己的表现提心吊胆。嘎丹法还会以绩效考核为手段，去驯服员工而不是鼓励他们。正面的狮子能够激发员工取得成就，而负面的狮子只会在员工之间制造恶性竞争，让他们整天提心吊胆。

从长远看，负面的狮子会制造很多问题，其管理方式效率极低。这类管理者不善变通，拘泥于教条主义。他们的出发点是稳固自己的权力，而不是以大局为重。这类管理者将员工视为监视对象，给他们施加无尽的压力。他们质疑员工的每一个行动和决定，让员工觉得自己怎么做都不够好。

负面的狮子管理风格有两个基本特征：在团队内部制造分裂，为团队设定不切实际、无法实现的目标。负面的狮子同时还有些专制，不敢放手让员工独立行动或承担责任。他们总是插手新员工的工作，不给他们机会尝试。（“我来做吧，你不行。我自己做还省事些。”）这导致员工自信受挫，让他们没有什么参与感。如果你永远无法成长或

> 当狮子想领导他人时，他并不想制造冲突，因为他的目的在于管理而不是对峙。

进步，为什么还要尝试？这样的管理风格会腐蚀整个团队，破坏公司文化，打击员工士气。

许多人无法分清狮子和霸王龙的管理方式的差异。对霸王龙来说，关键在于设定底线，向员工明确底线，他不会去掌舵。当发生冲突时，他们只会捍卫自己的立场。他们只是不想被别人控制，他们并不想控制别人。

相反，狮子型的管理者会去控制别人的行为，引导别人的行为，但这并不是说他们就听不进去意见。当狮子想领导他人时，他并不想制造冲突，因为他的目的在于管理而不是对峙。

正面的狮子的职责包括指挥团队，管理团队各个组成部分。狮子要能够提供指导、建议，合理分配任务。处于管理地位意味着狮子不能去做每个员工的工作。正面的狮子能够认识到团队的多样性，能够评估每个成员的专业能力，并依此分配任务。他们就像是乐团的指挥，而员工就像是乐手。但是，如果乐团犯错，正面的狮子会站出来承认错误并承担责任，他们不会责怪乐手。因为他们知道，指挥乐团意味着要对每位乐手的个人行为负责。

所以说，那些高效的管理者都曾在人生某个阶段学习到了谦逊这一品质，少有例外。基督教神学家、努米比亚哲学家圣奥古斯丁（St. Augustine）有句名言，智慧地概括了“谦逊第一，领导第二”的哲理：

> 你想跳起来吗？请先屈膝。你想修一座穿透云层的高塔吗？那么请先打好基础——谦卑。

正面的狮子型领导者

劳伦斯：在这里有必要提一下我本科时期遇到的一位教授，他叫阿德里安·弗纳姆（Adrian Furnham）。他总是愿意花时间倾听我们，和我们互动，即使我们只是本科生，科研基础很弱。他工作非常努力，他也希望我们一样努力。

在我们一对一的互动过程中，他总是理解我、支持我。我能感受到他是真的希望我成为一名优秀的科研工作者。他想了解我关心什么，喜欢什么，而不是我能为他做什么。他能够给我明确的指示和引导，他鼓励我勇于进取，追求卓越。他的引导、支持和鼓励一直伴随着我，让我充满自信，决定在学术道路上走得更远。

我们曾一起见证过重大灾难（如洪水、火灾或化学攻击）中的伤亡，我们知道那些幸存者最需要的就是安慰和鼓励。他们希望紧急服务部门的工作人员是正面的狮子：向他们发布简单明了的指令，告诉他们怎么做；同情、鼓励、保护他们。

在你生命中，你曾遇见过这样的领导吗？他们为什么赢得了你的尊重和信任？他们有什么特点？你如何回应他们？他们对你有什么影响？

> 如果你总是想控制孩子，最终他们将停止培养自己的独立，变成只知道服从别人的人。

家庭关系中的“正面控制”

接下来我们看一下家庭生活中的狮子。当艾米丽帮助暴力家庭时，她会利用动物模型帮助父母与子女修复关系或重新建立健康关系。我们会问客户这样一个问题：“如果别人问你的孩子，在他们眼里，你大多数时候是哪种动物，孩子会怎么回答？”

对于许多父母来说，狮子是最理想的选择。这意味着你处于主导地位，是一家之主。规则和界限都由你设定，你的孩子会尊重你的权威。对于许多人来说，有一个听话的孩子说明他们的教育方式很成功。但是，这种教育方式存在一个问题。如果你变成了负面的狮子，孩子会觉得你一天到晚都在对他们发号施令，监督他们。（“你刷牙了吗/做完数学作业了吗/擦干净球鞋了吗/吃豌豆了吗？”）你不断给孩子安排任务，你们之间建立的是监督和被监督的关系。想象一下，如果你上司这样对你——不断向你提要求然后监督你是否完成，你很快就会对他产生抵触情绪，会渴望自己拥有更多的自主权。如果你这样对待孩子，那说明你的教育方式格局有限。你是在变相告诉孩子，你不相信他们会听你的话，也不相信他们能自己做决定。

“不听我的就滚蛋”这种教育方式类似于用鞭子驯服一匹马。如果你总是想控制孩子，最终他们将停止培养自己的独立，变成只知道服从别人的人。这样做是有风险的。

如果父母愿望达成，那么他们会扼杀孩子的批判性思维，让他们无法形成自己的是非观。（“如果我按别人说的做，我就不必考虑对错。我希望别人帮助我做决定，我不喜欢自己思考。”）这样的孩子一旦离开家庭或者遇到影响力比父母更大的人，将会发生什么？他们的追随对象可能会偏向影响力更大的人，无法在不同环境中保持稳定。

当我们与这类父母打交道时，我们会让他们反思自己如何与孩子互动，反思是否对这种互动方式感到满意。我们还讨论了他们眼中最理想的亲子关系。大体上讲，如果父母是正面的狮子 / 猴子（坚定但温和），孩子是正面的老鼠 / 猴子（快乐而顺从），那么亲子关系将达到最佳状态。在这种关系中，父母依然手握缰绳，但没有那么紧了。孩子可以探索自己的想法，可以通过犯错去学习、去成长、去进步。

正面的狮子虽然占主导地位，但是他们不专横。比如，他们会鼓励孩子自己找到方法准时起床上学，例如设置多个闹铃，睡前就准备好要穿的衣服和书包。这样家长就不用每天早上站在楼梯口反复叫孩子起床了。正面的狮子愿意花时间和精力与孩子聊天，了解他们的想法和感受，即使父母持不同意见。如果父母只知道对孩子提要求，孩子只知道回避，那么他们就应该建立新的互动模式了。

我们曾发现过一个有趣的现象。当我们问客户“你心中最理想的伴侣关系是什么样”时，他们常这样回答：“与亲子关系一样。”这可不是正确答案。伴侣关系中，一方不应该控制另一方。伴侣关系本质上是一种合作关系，和夫妻一起带孩子是一个道理。有时候丈夫对妻子让步，有时候妻子对丈夫让步，但他们会为了实现共同目标一起努力，无论是做家务，还是养育子女或者理财。

如果伴侣觉得你是老板，或者你觉得伴侣是老板，那么你们可能需要调整沟通方式了。家庭暴力的主要原因之一便是夫妻一方试图通过恐吓、暴力去控制另一方。即使伴侣关系中还未出现暴力的情况，但只要一方试图侮辱、要求、教育另一方，或向另一方施压，这段关系就是不健康的。当你与伴侣交流时，你应该尽可能遵循 HEAR 原则。

诚实：如果你不高兴或者担心某事，你应该坦诚告诉伴侣，不要有恐惧情绪。当你与伴侣意见相左时，如果你逃避交流或者攻击伴侣，那么你需要花更多心思建立一段平衡的关系。

共情：你应该了解伴侣的价值观，反之亦然。这并不是说你们需要在所有事情上看法一致，只是你应该试着了解对方的成长背景以及他们的核心价值观。如果你们的价值观不合，那么你们需要尽快想办法解决，否则你们之间的冲突只会更多。

自主：你和伴侣是否彼此独立？你做决定之前是否需要得到伴侣的许可，还是你们会一起商量？作为独立的成年人，你应该在伴侣关系中拥有选择权和自主权。这是你的权利，而不是伴侣的恩赐。不少夫妻会逐渐失去自己的独立，这并不少见。对一些夫妻来说，双方都希望融入彼此的生活。如果一方不希望另一方拥有伴侣关系之外的人际关系或兴趣，那么就会出现问题。健康的关系建立在信任和诚实之上，而不是控制和限制。

反馈：你和伴侣之间是否愿意倾听彼此，理解彼此？如果你们不再进行有意义的聊天或者不想了解彼此的想法，那么你们的交流就中断了。你应该花些时间倾听你的伴侣，探索他（她）的想法和感受。这些都是健康亲密关系的基础。

正面的狮子的管理秘诀在于引导而不是强迫。建立亲和关系时，领导是一项重要技能，能够帮助你实现沟通目标。但和其他所有权力一样，领导必须谨慎，必须在正确的时间由正确的人执行。在某些情况下，合作比领导更重要，我们站出来扛起责任前得三思。

当现实中的确需要有人站出来领导大家时，那么他应该本着保护大家，而不是惩罚大家的原则。最后我们需要认识到，有时为了建立一段稳定的友好关系，我们会热情盼望他人追随我们的步伐或加入我们的乐团，但我们必须尊重他们，让他们自己决定是否愿意追随我们。

总结

1. **领导能力需要建立在其他人际能力之上。**没有人能强行领导他人。的确，有时某人会被放在管理者的位置上，但大家心里清楚他是否信得过，是否值得跟随。成为优秀领导者的第一步是杜绝所有负面行为，例如迂腐（管理格局有限），喜欢攻击和竞争，漠不关心，犹豫不决，与下属过分密切或界限模糊。最重要的是，不要试图通过制造恐惧来领导别人。通过制造恐惧，你确实可以获得短期效益，但是不要期望这种效益会持续下去。

2. **能够判断什么时候上前线领导他人、什么时候往后退一步**。伟大的领导者不必事必躬亲。他们能够帮助跟随者发展、成长，而不是指望别人盲目地遵循命令，服从自己。一个好的领导者需要一支具有批判精神的团队，每个成员敢于施展自己的经验和才智，而不是一味地寻求领导者的帮助和指导。管理者有许多责任，其中之一就是培养新一代的管理者。
3. **收获果实，承担责任**。管理岗位能够带来不少好处：你可以制定个人目标和团队目标；你可以带领团队度过艰难时期；你可以施展抱负。这些不需要你事事亲为就可以实现。你可以给别人指派任务，让他们为你努力工作并分担责任。但你要认识到，当你处于管理岗位时，你不仅需要对自己的行为负责，也需要对团队所有成员的行为负责。当工作开展顺利时，你与团队分享荣耀；一旦出现问题，你就需要主动扛起责任。
4. **紧握你的道德指南针**。出类拔萃的领导者之所以能始终立于不败之地，是因为他们不仅能照顾自己的团队，还会考虑团队行为的道德影响。纵然他们也会野心勃勃，愿不惜一切代价实现宏伟目标，但是他们内心深处的价值观是领导团队的同时保护所有成员，而不是领导团队的同时战胜他们。当你成为管理者时，请始终紧握你的道德指南针，始终坚守你的核心价值观。记住，你并不需要去战胜他人，征服他人，也不需要不择手段实现目标。历史多次告诉我们，一旦领导者弄丢了道德指南针，他们的追随者往往很快就会与他们一起陷入困境。

5. **追随和领导都是一种选择**。伟大的领袖不会将自己的意志强加于他人。他们之所以能够领导他人，是因为他们的追随者愿意接受他们的领导，这是追随者自己的选择。有时管理者的确需要向他人展示自己的权威，但从长远看，这种做法会招致仇恨、反抗，甚至叛乱。你为追随者提供的选择越多，他们就越尊重你、越愿意追随你，为你奋斗。

第九章

猴子：合作的分寸感，有好篱笆才有好邻居

如果你想走得快，那么独自前行；如果你想走得远，那么结伴同行。

——非洲谚语

合作能避免我们被社会孤立。

在前面的章节中，我们花了较多的笔墨来解释亲和关系并不能只靠友善。亲和关系需要霸王龙的坦率和诚实，老鼠的谦逊和耐心，狮子的管理和指导。但是，在建立亲和关系的技能库中，“友善”仍有一席之地，它是猴子模式的精髓。

猴子致力于建立真诚的合作关系，整个小组或团队一起努力实现共同目标。猴子型关系以相互关心、相互帮助为特点，无论发生什么大家都会一起面对。

猴子模式是情侣之间的最佳互动机制。此时，双方在身体上、情感上、精神上都紧密结合在一起，这就是真爱。这种灵与肉的结合牢不可破。不管发生什么，两个人都会一起面对。正面的猴子能建立一条强大的纽带让所有人团结在一起，修建一条通往幸福和成功的康庄大道。

在商业、艺术、体育领域，合作能带来成功。与个人相比，团体更容易实现目标。除此之外，通过合作人们还能建立社会关系。正如我们在第一章中所看到的那样，社会关系对于我们的心理健康和身体健康至关重要。此外，合作能避免我们被社会孤立。如果我们没有与他人建立有意义的关系，那么生活还有什么意义呢？

合作就是不要丢下任何一个人

汤米·考德威尔（Tommy Caldwell）可以说是世界上最伟大的徒手攀岩大师之一。他的许多创举都是与妻子贝丝·罗登（Beth Rodden）一起完成的。在他们早期的职业生涯中，两人的浪漫合作对彼此来讲都非常重要。他们在十几岁的时候相遇，那时的照片中，他们稚嫩的脸庞和黝黑的皮肤透露出他们对生活的热爱。

但是在他们20多岁时，两人共同经历了一次劫难。当时他们在吉尔吉斯斯坦的卡拉苏河谷参加攀岩旅行，结果被乌兹别克斯坦的叛乱分子扣为人质。在遭受严重的生命威胁后，他们被成功营救回到了美国。几个月后，汤米在做木工活时，不小心用圆锯锯断了左手食指。医生告诉汤米，他今后不能再攀岩了。但是，在贝丝的支持下，汤米毅然回到了攀岩馆。在接下来的6个月里，汤米每天进行14个小时的训练，就是为了登上优胜美地国家公园的酋长岩①。汤米凭着自己的毅力和贝丝的陪伴走出了低谷，两人一起完成了世界上难度最大的徒手攀登。故事到此并未结束。汤米和贝丝的故事告诉我们，合作——对他们而言是浪漫的合作——能够帮助我们度过艰难时期。然而从那以后，他们的

① 酋长岩是全球最大的花岗岩巨型独石，耸立于美国加州优胜美地国家公园内。这块岩石的“黎明墙”（Dawn Wall）因其陡峭和凶险著称，号称全球最难攀爬的路线。石面是几乎90度的立面，光滑无比。——编者注

婚姻开始走下坡路，他们最终分道扬镳。贝丝开始了一段新的婚姻，还生了个孩子。

突然之间，汤米失去了他人生中最重要的关系，他进入了人生中最黑暗的时期。被劫持为人质，生命受到威胁，因失去手指导致职业生涯几乎终结，这些都不是最黑暗的。导致他陷入绝望的是孤独。于是，他决心向世界上攀登难度最大的“黎明墙”发起挑战。它位于酋长岩的一侧，异常陡峭。

这条攀登路线难度之大，几乎不可能挑战成功，所以它吸引了不少顶级攀岩者。黎明墙全长 915 米，岩壁光滑，攀爬者需要使用绳索。这意味着汤米需要一个搭档，就像以前和贝丝那样。他选择了凯文·乔根森（Kevin Jorgeson）。

普通的攀爬者根本不会考虑黎明墙。它太光滑了，可供抓握的凸起要么如蚊子咬的包一样小，要么如刀片般异常锋利。但是，汤米和凯文研究了所有可能的路线，进行了长达数年的训练，终于他们向黎明墙发起了挑战。前六天，他们快速爬完了前面的 14 段绳距，然而第 15 段绳距难度太大。攀岩者必须横跨一块单薄的长条形岩石，四肢如十字勋章那样展开，稍有不稳就会跌落，然后重新开始。经过很多次失败后，汤米终于攻克了这一段岩壁。截至那时，他已经完成了前 15 段绳距，于是他在原地等待凯文。

但是凯文却无法赶上自己的同伴。好几次，当凯文刚离开悬挂在岩壁上的帆布小帐篷时，就滑了下去。还有几次，眼看已经完成了 50% 至 70% 的绳距，因为手指打滑，他又滑了下去。凯文的身体撞在岩壁上，必须重新开始。每一次尝试都是新的挑战。虽然凯文尝试了很多次都未成功，但他不想放弃。他在岩壁上发推文说：“尽管我很失望，但我对耐心、毅力和理想有了更深的认识。我不会放弃。稍做休息，我会再次上路。我一定会成功。”

与此同时，汤米刚刚完成最后几段难度最大的绳距。他离登顶只有一步之遥了，此时他已筋疲力尽。之后汤米回顾那一刻时说：“那天晚上我在想，如果最后是我独自登顶，那我会很难过。”汤米的神情没有兴奋，只有沮丧。他无法忍受登顶的孤独。于是，他没有选择登顶，而是返回寻找凯文，这才是这次攀岩过程中最伟大的壮举。“那一刻，我下定决心，我们要一起登顶。”

回到小帐篷后，汤米发现了憔悴的凯文。在黑暗中，汤米烧了点热水，然后他就像一个邀请女生跳舞的紧张的小伙子一样对凯文说：“我想和你一起登顶。”他停顿了一下，笑了笑。“嗯……我希望……呃……啊……嗯……这很……这很酷。但是，呃，我的意思是，我的意思是，这真的很酷，但是当我……”汤米清了清嗓子，“我真的希望登顶那一刻你在我身旁……”汤米并未对凯文施加任何压力。当凯文准备好后，他们会再次出发。但在那之前，汤米愿意等待凯文。

他们之间的友谊温暖又亲密。汤米之所以愿意等待同伴，并不是为了什么荣耀，而是因为他觉得这是正确的事。当凯文再次出发后，他终于攻克了第 15 段绳距，这太神奇了。在汤米的价值观里，他并不想“不惜一切代价达成目标”，而是“不要丢下任何一个人”。

汤米·考德威尔是一名伟大的徒手攀岩大师，他年轻时取得了许多成绩，但因为手指受伤而经历了一段低谷期。为了挑战自我，汤米邀请凯文·乔根森和他一起挑战攀登难度最大的“黎明墙”。
汤米和凯文经过漫长的准备后发起挑战，终于离顶峰只剩最后一段路程。
然而，此时凯文因为经验不足无法继续，只能停下脚步。
汤米经过一番挣扎，做出了一个重要的决定：他没有独自挑战登顶，而是回到营地。
比起孤身一人，我更希望和你一起登顶。
你怎么回来了？
当凯文再次出发后，他们一起克服难关，成功征服了“黎明墙”。在汤米的价值观里，他并不想“不惜一切代价达成目标”，而是“不要丢下任何一个人”。

聊天通常被视为一门艺术，它需要你具有高超的人际技巧。

如果你不会聊天怎么办

位于北卡罗来纳大学教堂山分校的积极情绪与心理生理实验室首席研究员芭芭拉·弗雷德里克森（Barbara Fredrickson）及其同事在研究中发现，积极情绪好处多多。它能让我们更具创造力，思想更加开明，与他人联系更加紧密。总的来讲，快乐的人往往更健康，更有活力，更成功，效率更高，甚至更慷慨。除此之外，他们对自己的爱情、友情满意度也更高，人际互动也更有意义。[1]另一些研究表明，快乐的人的寿命也更长。[2]

猴子有很多优点。与人互动时，他们友好、温暖，给他人带去愉悦。反过来，别人也愿意用温暖、帮助回报他们。

猴子的沟通方式看上去最简单、最直接。只要你对别人微笑、友好，别人也会以同样的方式回应。然而，这可比想象中难。试想，如果你非常不会聊天，那你该怎么办？

聊天的艺术在于倾听

聊天通常被视为一门艺术，它需要你具有高超的人际技巧。对于某些人来说，他们似乎天生就会聊天。然而对于另一些人来说，他们并没有这种天赋。对他们来说，友好、亲切地聊天就是他们难以企及的珠穆朗玛峰。

其实，聊天的艺术并不在于说正确的话，而是在于倾听。将猴子模式融入你的人际互动中，意味着你要少说多听。你的目标应该是了解他人的背景、动力和价值观。要做到这点不容易，特别是对生来就内向的人来说。如果你觉得和别人聊天气都很不自在，那就更别谈去挖掘别人的价值观和信仰了。

以下几个步骤可以帮助你训练、提高猴子沟通模式。

第一步：倾听

仔细倾听，从对方的言谈中找到他们的兴趣和价值观。良好的交流在于倾听和反馈（反馈技巧见第四章）。一旦你从他人那里获得一些信息后，就可以在这个基础上拓宽、深化你们之间的交流，直到你完全了解对方。其实这样挺轻松，因为你只需不断鼓励别人多说，而你却不必怎么谈论自己，除非你想这样做。

第二步：分享

相似的经历可以加强人们之间的纽带，使人们更亲密。相似的经历非常适合用来开启一次聊天，因为它能快速建立一些共同点。研究发现，如果我们遇到和自己相似的人，我们就会给他贴上正面的标签。火车延误让通勤的人互相同情；作业太难让学生们彼此理解；新生儿的父母们因睡眠不足感到同病相怜。相似的经历能够自然而然地将人们连接在一起。

如果你不确定你和对方有什么共同的经历，你可以从大多数人都会经历的事情入手，比如假期、工作或家庭。如果你能让对方主动开口，那么你就掌握了聊天的密匙。你可以将他们分享的信息作为你的原材料。想必你曾遇到过一些善于交际的理发师或出租车司机，在他们的引导下你会滔滔不绝地讲自己的经历。

第三步：引导

少说多听。心理学家十分擅长让客户提供信息，却很少透露自己的信息。因为人们总是喜欢谈论自己，这没什么难度。你可以就对方感兴趣的话题扔出几个问题或适当引导一下，对方就会打开话匣子谈下去。这并不是说你不能参与进去分享自己的故事和经验。只是，当你谈论自己时，尽量遵照 2:1 的比例，最好是 3:1。优秀的猴子善于把话题扔给对方，不会自己说个不停。

倾听、分享、引导：愉快聊天的基础

艾米丽： 接下来，我们来看看我在火车上和陌生乘客的一次聊天。

我　　： 打扰一下，这个座位有人坐吗？

乘　客： 没有，这个包是我的，我这就拿走。

我　　： 不好意思，我平常不会这样，只是今天火车真的很挤，这趟火车之前晚点了。

乘　客： 对啊，我已经坐了三个小时了。

我　　： 天啊，这得多难受！你还要坐很久吗？

乘　客： 是啊，我要去斯旺西，还有段路程。

我　　： 哦，那个地方很远，需要好几个小时。等你到了威尔士，你就可以欣赏热带沙滩上的棕榈树了。

乘　客：（礼貌地微笑）对，其实斯旺西并不在热带地区……

我　　：那你喜欢去热带度假吗？

乘　客：我并不喜欢。我其实喜欢那样。（指向车窗外运河上的小船）

我　　：在运河上划船！感觉如何？

乘　客：感觉很棒，你可以远离喧嚣，坐在小船上欣赏沿途的风景，亲近大自然。

我　　：远离喧嚣，亲近大自然……听上去真安逸，无拘无束的感觉。那你喜欢在什么地方划船呢？

乘　客：诺福克湖区。那里有一条线路，尽头是一家酒吧，几乎没有人。那里甚至都没有接通国家电网，全靠一台破旧的发动机和蜡烛照明。

我　　：蜡烛！看样子你喜欢古朴原始的地方。

乘　客：是这样的，越原始越好。远离 Wi-Fi，远离电子邮件，远离人群，只要有流水、新鲜空气和一杯啤酒就够了。

这次聊天虽然算不上有趣，但还算愉快。在这段简短的对话中，乘客告诉了我他的兴趣、核心价值观和信念。显然，他更喜欢简单、朴素的生活方式，喜欢在大自然中放松自己。当然他还喜欢喝啤酒。我根据他最开始提供的一些信息，问了几个问题，引导他分享自己的故事和兴趣。当然，我们不会一起去湖区划船，但是他非常享受这次聊天。我下车的时候，他坚持要给我一包润喉糖来缓解我的喉咙痛。我们的互动温暖、友好。别人为我腾出座位，我总不能回报以沉默吧？

现在站在我的角度回顾这次聊天，我透露了自己什么信息吗？并不

▌如果你是聊天高手，那么你不需要透露自己太多信息。

多。我去过斯旺西，我也觉得这条线路让人难受，绝无半点夸张。作为天生的猴子，我喜欢与他聊天。

如果你是聊天高手，那么你不需要透露自己太多信息。对一些人来说，这是一种乐趣；对另一些人来说，这是一种折磨。你反馈越多，提问越多，别人越乐意同你分享自己。如此一来，你对他们的了解会更深入。当你反馈的时候，不要只针对那些表面信息，还要针对隐藏在背后的深层价值观。还记得108页提到的男女第一次约会吗？不要犯同样的错误。

不要把下属和朋友混为一谈

如果上司采用猴子模式去领导团队，那么他们的员工往往有较强的敬业精神和忠诚度。这类上司任何时候都愿意向员工提供帮助，无论员工承担什么样的职责，他们都能感受到上司的尊重。遇到公司人手不够或者需要熬夜、加班时，他们发自内心地陪伴、帮助员工，而不是因为担心员工能力不行（霸王龙）或者仅仅出于自身责任感（狮子）。就猴子模式的领导风格而言，其团队表现的关键因素就在于友善。

猴子也有其负面：没有界限，阿谀奉承。在职场，猴子的负面体现在上司和下属之间距离太近，界限模糊，过度分享私生活。如果你

> 当你真正把某个下属当朋友时，你更容易宽容他的过失和错误，
> 而且你发现自己很难公开指出他的问题。

在某个星期一告诉下属你头天晚上喝得大醉，或者告诉下属你很不喜欢某位董事，那说明你没有在彼此之间划定清晰的界限，你的下属也会在你的默许下进一步模糊这条界限。他们会认为讲同事八卦、说经理坏话、工作拖拖拉拉这些行为都没什么大不了。他们还会觉得，如果他们迟到了或未能在截止日期前完成任务，你会睁一只眼闭一只眼，毕竟大家都是“朋友”。如果你想让猴子管理模式发挥积极效应，你自己和你的团队都必须明白工作是工作，私交是私交。

然而，始终清晰界定朋友和下属之间的界限并非易事，尤其当团队某些成员能够自然而然地吸引到你时。当你真正把某个下属当朋友时，你更容易宽容他的过失和错误，而且你发现自己很难公开指出他的问题（参考第六章中讨论的正面的霸王龙的策略）。

为了保持平衡，你要时刻记住团队目标。如果局面开始失控，或者某个成员的行为已经妨碍到整个项目 / 团队 / 企业的目标，那么你很可能失去了客观，你开始变成负面的猴子。你当然可以和同事建立亲密的关系甚至长达一生的友谊，但前提是你不能危害整个团队或企业。一旦你发现问题，那么重新划定界限的难度将很大。

这里依然涉及一个“底线”问题，让我们再次使用第 75 页提到的“幼儿与 T 恤”方法。但这一次，你需要坦白承认的是自己的感受，而非对方的感受。举个例子：

> 我非常重视我们的友谊，也很享受我们之间的坦诚交流，但我不得不指出一个问题，可能有些尴尬。我发现你在工作时间刷社交媒体，上网购物，请不要这样，除非是休息或午餐时间。这是我对

> 顺从应该以尊重和爱为基础，这个道理孩子必须明白，特别是长大成人后。

所有员工的要求，我不能因为我们是朋友而破例。

可以想象，这段对话很尴尬，但总比任由对方模糊界限好。如果对方给出负面回应甚至反击你，那么你可能需要重新评估你与他的关系。真正的朋友会理解你的立场、会尊重你，而不是利用你们之间的感情。

给孩子设定界限

猴子型父母有不少可爱的特质，他们愿意与孩子相处，愿意倾听孩子、向孩子表达爱。这个类型的父母将孩子视为同伴和朋友，打心底喜欢与孩子共度时光，而不是出于什么义务或责任。他们支持孩子，对孩子温和友善。通过自己的行为，他们鼓励孩子以同样的方式对待父母。

孩子进入青春期后，猴子模式的优点将特别明显。因为那时候孩子的情绪如过山车般高低起伏，而且他们会特别渴望独立。这段时期是亲子冲突的高发期。

什么意思呢？如果孩子二楼卧室地板上的脏衣服已经堆积如山，你喊他帮忙把衣服抱下楼，然后他照做了（即使略带勉强），这是因为他内心想帮忙，他认为自己应该这样做，而不是因为这是父母的规定（狮子），或者不这样做父母就会收走他们的手机（霸王龙）。

顺从应该以尊重和爱为基础，这个道理孩子必须明白，特别是长大成人后。父母应该给孩子树立榜样，指引他们在任何情况下都只做正确的事，不管是否有人监督，或者大家都这样做，或者因为对方比

> 父母才是领导者，孩子不是。如果父母对孩子听之任之，
> 那就是在逃避为人父母所应承担的责任。

自己更强大。猴子模式让你的孩子有足够的空间去构建他们的价值体系，去获得内心的道德指引。作为父母，我们都想让孩子明白这样一个终极道理：如果一件事本身是正确的，那就去做它。

但是，当你想给孩子立规矩时，猴子模式会带来一些风险。如果父母失去了权威，或者视孩子为朋友而不是需要教育和指导的未成年人，那么父母就会被迫变成老鼠，道理和上一小节一样。父母在教育子女时，都需要带一些狮子的特质，这样才能维持关系的平衡。父母才是领导者，孩子不是。如果父母对孩子听之任之，那就是在逃避为人父母所应承担的责任。

你的需要不等于孩子的需要

艾米丽：在工作中，我曾遇到许多家庭，父母和孩子之间界限模糊或者过于亲密。在一个案例中，父亲名叫史蒂夫，24 岁。法院禁止他接触他的两个孩子（6 岁的迪伦和 4 岁的格蕾西。因为史蒂夫曾当着孩子的面对妻子施暴。他掐住妻子的喉咙把她按在墙上，直到妻子失去意识。尽管史蒂夫十分暴力，但他的表情和行为却像孩子一样无辜单纯。他又高又瘦，脸上总是挂着略微错愕的表情，好像有人刚刚侮辱了他，尽管别人都没说过什么。

我们遇到的挑战之一就是让史蒂夫明白他的暴力行为会给孩子造成负面影响，会阻碍孩子情绪和行为的发展。格蕾西在托儿所经常发脾气，迪伦在学校欺负同学，在家欺负妹妹，这些问题我们都和他进行了讨论。

史蒂夫却想当然地认为孩子们还太小，不会受到影响，而且小孩子都会有这些问题，与他这个父亲无关。

此外，史蒂夫无法在他和孩子之间划定界限，这一点也让我们担心。他经常将一些成年人词汇用在孩子身上。他经常称格蕾西为“小婊子”，称迪伦为他的“同伙”。请记住，格蕾西才 4 岁，迪伦也才 6 岁。

当我问史蒂夫为什么要让迪伦玩《侠盗猎车手》时，他告诉我：“他喜欢看我玩，所以我让他试了试。他太聪明了，不用我教他，他就知道如何解锁脱衣舞俱乐部！他如此有天赋，我觉得玩玩没什么大不了的。”

当我问史蒂夫，为什么万圣节迪伦要把自己扮成《电锯惊魂》中的反派链锯杀人狂时，他告诉我：“迪伦登录了我的网飞账户，播放清单上有这部电影。但他看完后没有做噩梦或发生其他什么事，他只是喜欢那个角色而已！他又不害怕，而且只是假扮一下，又不是真的！”

没想到，后来家事法庭批准史蒂夫与迪伦和格蕾西见面（在史蒂夫父亲的监督下），这让我和几位社会工作者感到震惊。第一个晚上，警察就接到了报警电话。凌晨两点的时候，邻居看见迪伦和格蕾西在史蒂夫父亲公寓的楼梯跑上跑下。当警察询问史蒂夫，他回答：“有什么问题吗？他们第二天又不用上学！”

史蒂夫根本无法认识到孩子们并不是他的“小伙伴”，他不能肆无忌惮地和孩子玩，也不能肆无忌惮地分享自己的兴趣。孩子们还小，道德和认知水平都处于发展阶段，适合成年人的东西并不适合孩子。史蒂夫根本不懂得如何为人父母，他和孩子之前没有界限，这种育儿方式糟糕透顶。他不是把孩子视为同龄人，就是把自己视为孩子，第二种情况更糟糕。如果我们要在动物模型上标注他和孩子之间的关系，我们会发现，当他和孩子是朋友时，他是负面的猴子，当他和孩子发生矛盾时，他会变成负面的霸王龙。简直没有比这更糟糕的父子关系了。

父母都希望和孩子拥有同样的兴趣，都希望和孩子分享自己的喜好。这样，你们就可以一起做一些事，这些共同兴趣和在一起的时光将你们联系在一起。不少父母都陪孩子看过的迪士尼动画，陪孩子玩过无数个小时的《我的小马驹》或《建筑工人鲍勃》。他们内心当然希望可以和孩子做一些更适合成年人的活动。

但作为父母，我们的责任之一就是保护孩子的童年，让孩子享受自己的童年，也就是说让孩子做孩子喜欢做的事。每一个人的童年都很重要，但又转瞬即逝。我们要谨慎同孩子分享我们的兴趣和喜好，不要想当然地认为“孩子已经很成熟了”或者“他们就喜欢我喜欢的东西”。你要尽量客观，考虑清楚你的孩子需要什么，而不是你自己需要什么。

此前我们就提到过，父母在教育子女时偶尔也应该开启狮子模式。作为父母，我们有责任通过规则和界限去引导孩子的行为，鼓励孩子的成长。即使在大部分情况下，你是友好的猴子，但总有些时候你需要进入狮子模式，让孩子明白什么可以做，什么不可以做。

这并不是说父母的主要任务就是给孩子制定规则，设定条条框框。事实上，不同的父母有不同的标准。一些父母可能会严格要求孩子在规定时间睡觉，或者禁止孩子吃含人工色素的食物。有些父母会允许孩子在房间打水仗，或者睡前吃许多糖果。在养育子女方面，父母完全可以拥有自己的原则或价值观，只要不会给孩子造成太大伤请不要让孩子在没有你的帮助和指引下自己制定规则。

害。（牙医可能会表示反对！）所以人们经常说，这个世界上可没有什么操作指南教你如何带小孩。

无论如何，请不要让孩子在没有你的帮助和指引下自己制定规则。对 14 岁的少年来说，如果他们愿意的话，他们可以半夜都不回家，或者抽烟、看色情片、翘课，他们觉得这就是幸福。但是他们的生活将陷入混乱，他们不会感受到爱。孩子急需规则，规则能给他们带来成年人没有的安全感、亲密感和动力。孩子在逐渐成长，规则可以引导他们规范自己的行为，让他们更独立。通过规则和界限，他们能够学习如何管理自己的欲望、情绪、冲动和行为。长大成人后，他们的生活会越来越复杂，越来越多变。

我们不应该给孩子想要的东西，而是应该给孩子需要的东西，这就是育儿的基本原则。有时候孩子难以接受或理解我们的决定，这让父母非常为难。有时候，猴子必须变身狮子，引导孩子，保护孩子的安全。

当别人试图对你道德绑架

在恋爱或友情中，负面的猴子不懂得尊重恋人或朋友之间的界限，他们会迅速推进一段关系，认为每个周末双方都要一起度过，或者尽快进入同居阶段。如果亲密度让你感到不舒服或局促不安，那说明对方是一只负面的猴子。

负面的猴子需要反复证明对方爱自己，直到失去对方的爱。如果对方总是送你奢侈的礼物或带你去高消费的地方，那么这很可能是他们的一种战术，试图用你们之间的关系捆绑你。负面的猴子认为一切都是理所应当的，他们不会征求你的许可。每当你觉得自己的空间、时间或自主权正在受到侵犯，那你很可能遇到了一只负面的猴子。

从某些方面讲，负面的猴子比负面的霸王龙或狮子更危险。当别人对我们吼叫或提出各种要求时，我们起码很快就能认识到他们想控制我们。但是，当别人试图通过友善来控制我们时（“我不能拒绝，他们对我很好”），他们的控制和影响只会悄悄渗入我们之间的关系。为了避免这种结果，你可以不断问自己：这个人尊重我和我的自主权吗？你需要不断检查你们的关系是否符合 HEAR 原则（见 95 页）。如果不符合，不管对方看上去多友善，你们的关系都是不健康的。

爱是所有人际关系的核心

如果你想与他人进行良好互动，建立亲密关系，那么正面的猴子往往是一个不错的选择。这意味着你要支持他人，鼓励他人与你分享想法和价值观，而不要轻易去指责他们。你需要对他人保持好奇心，探索他们的兴趣，即使你自己并不喜欢。

在艾米丽接触过的亲子关系不和谐的家庭中，很多父母都不知道如何与孩子沟通，如何去理解孩子。当艾米丽询问他们：“你的孩子喜欢什么？他们对什么感兴趣？”那些父母要么回答“我不知道”，要么给一个模糊的答案：“电子游戏，看视频网站上的垃圾视频，和朋友闲逛，把冰箱里的东西吃光！”要修复或重建亲子关系，第一步便是与孩子聊天，

> 面对我们珍惜、重视的那些人，我们应该毫无保留地善待他们。

过程中不要发表意见，不要提供建议，将注意力放在孩子喜欢什么上面。

体贴孩子并不代表你软弱。体贴是一份奇妙的礼物，可以让孩子振作起来，使他们更强大，更自爱。内华达大学的教授、接受与承诺疗法（ACT）的创立者斯蒂芬·海斯（Steven C. Hayes）曾说："爱不是一切，它是唯一。"[3]他认为爱应该是所有人际关系的核心——和同事、和社区、和家人。他认为生活在世界上的人应该学会如何和自己、和他人相处才能让彼此感受到爱和力量。面对我们珍惜、重视的那些人，我们应该毫无保留地善待他们。只有当我们将爱的种子播撒到世界各地，爱才能融入人类社会之中。

哈佛大学组织的"关爱共同生活"研究发现，育儿过程中共有五个因素可以提高孩子成为善良的人的可能性。[4]这项研究能帮助我们经营生命中那些最重要的人际关系——和伴侣、同事、家人、朋友。如果你想增加这些关系中的亲密度和温度，你可以试试下面这些方法。

1. **善待他人，以身作则**。你要善待、理解、关心他人，以此做一个榜样。当你犯错时，你要谦虚，你要承认自己的错误。
2. **练习共情**。多考虑别人的想法和感受，即使你内心并不赞同，甚至不喜欢。尽量站在对方的立场理解他们，不要只从自己的角度看问题。
3. **珍惜感情**。让别人感受到自己被重视，被在乎。尽量关注他们，询问他们喜欢什么；欣赏他们，真诚赞美他们的努力和成就。
4. **强化"英雄主义"行为**。当某人愿意将别人的利益置于自己之上，或者当某人站出来阻止坏人践踏公平、伤害他人时，你要给予支持和鼓励。

5. **鼓励“灰色”思维**。人性很复杂，尽量避免使用非黑即白的字眼（好或坏）描述人与事。相反，你应该从多个角度看待人与事。

正面的猴子通过建立、经营人际关系促进团队合作。你可以在特殊的场合，或者用节日贺卡将你内心的善意表示出来！花时间去真正了解你关心的人，了解他们的长处和弱点，鼓励他们追求自己眼中的成功和幸福，即使你们对成功和幸福有着不同的定义。

总结

1. **猴子善于团队合作**。即使你处于管理岗位（经理、父母、教练），你也需要建立牢不可破的团队精神：我们是一个团队，我们正在朝着同一目标努力。你应该告诉他们：“我们永远在一起。”
2. **坚持友善**。友善会带来友善，友善的人会更健康、更快乐、更幸福。友善并不是懦弱的标志，相反它是力量的象征。即使你的互动对象对你冷漠，冲你发脾气或对你诸多挑剔，你也可以超越自己的本能反应，选择从大局出发。

3. **猴子型育儿 / 管理 / 合作能够为他人提供空间，指导他人，鼓励他们的成长**。它能让一个人培养自己的道德观，并不断检验它，让他们在面对困难的时候充满韧劲和勇气。
4. **警惕距离太近**。一旦你跨越了亲子关系或同事关系的界限，你很难再重新建立它。一旦你将瓶子中的魔鬼放出来，就很难再将它关回去。你不是孩子的朋友，即使你们相处友好。你不是员工的朋友，即使你愿意和他们做朋友。如果你的角色需要你的权威，你就应该展现出权威，警惕负面的猴子跳出来模糊界限。
5. **学习对话的艺术**。如果你不擅长聊天，你可以采用以下三个步骤让自己更友善。
   - 倾听：认真倾听别人在乎什么，喜欢什么，以此为基础去推进聊天。
   - 分享：找到双方的共同经历开启一段聊天。如果没有的话，可以从大家都会有的经历入手，便于全面了解对方。
   - 引导：多鼓励对方分享他们的信息，少分享你自己。在聊天的过程中，尽量坚持 2:1 的原则（听别人的话占 2）。人们都喜欢愿意倾听的人，而不是说个不停的人。所以要鼓励对方多说，不要将压力全部放在自己身上，不要急着展现自己的幽默去取悦对方。

第十章

走出人际互动的舒适区，让人际关系利益最大化

永远不要让一个小孩扬着孤帆在平静的大海上航行。

——D.H. 劳伦斯（D.H. Lawrence）

你需要努力提高自己的灵活度，掌握所有沟通方式，
尤其是你觉得最难驾驭的那种，这样你就能镇定、自信地处理各种情况。

大多数人在人际互动中都倾向于选择自己最舒服的沟通方式。在与世界打交道的过程中，他们养成了一种惯性。但是，如果你想成长，你需要走出自己的舒适区并尝试不同的沟通方式，哪怕它让你讨厌，让你觉得尴尬，又或者让你直冒冷汗。如果你抱着“我就是这样的，你们看着办吧”的态度，那你就无法让自己在人际关系中利益最大化。

你越是提升自己的人际技能，你的获益就越大。实际上，人际灵活性这个概念和情商、共情能力紧密相连。研究发现，善于沟通的人灵活性都很强。他们可以同时使用四种动物模式并自由切换。[1] 所以你需要努力提高自己的灵活度，掌握所有沟通方式，尤其是你觉得最难驾驭的那种，这样你就能镇定、自信地处理各种情况。

如何提高人际灵活度

以往的人际关系研究发现，人际沟通能力由三部分组成：

1. **自控：**避免出现所有动物的负面；

2. **敏感：**迅速判断对方的沟通模式，迅速判断对方是哪种动物；

3. **灵活：**根据实际情况，灵活选择沟通模式。

自控

人际自控指在人际互动的过程中控制自己不出现四种动物的负面特质。简言之，你要控制自己别从正面“滑入”负面，这难度还挺大。当互动对象表现糟糕时，我们必须努力克服内心的本能，克服以牙还牙的冲动。偶尔出现动物的负面可以理解，但如果频率太高，你就需要努力将这些负面从自己的人际技能库中剔除。在一段长期关系中，做到这点相对更容易，因为我们有足够的时间和空间。

但是，当时间紧迫或者你想留下好的第一印象时，克服内心冲动会更加困难。第一次约会就是典型例子。在这种情况下，一个小小的错误互动就可能抹杀你们之间的可能性。因此，你要尽量避免自己言行出错。如果不慎“滑入”了动物的负面，请立刻纠正自己。

紧张的第一次约会

玛塔和杰克是校友，他们经常一起上数学课。此前他们曾短暂交流过几次，现在他们要开始第一次约会了。虽然他们都有点紧张，但目前一切都好。两人都很热情、健谈。

杰克：你以前来过这家酒吧吗？

玛塔：没有，这酒吧不错，我喜欢这里的灯光。

杰克：是的，灯光确实不错……汉弗莱斯先生今天真的太奇怪了，你敢相信吗，课上到一半时，他的大脑就像突然卡顿了一样！

玛塔：（大笑）天哪，我记得！他怎么会突然之间忘记整个公式？当布拉德帮助他时，真的好尴尬。

杰克：我也觉得，太可怕了！布拉德反应超快，他都可以当老师了！（两人一起大笑）

到目前为止，两人互动很好。他们谈论着酒吧（灯光氛围）以及共同的经验（数学课）。两人都热情、友好、健谈。（这是正面的猴子的特质，见第九章。）

玛塔：我之前不知道今晚穿什么，不知道这家酒吧的着装要求。我在家换了十二套衣服！（对自己的打扮不自信）

杰克：（停顿了下）你看上去棒极了，很漂亮。我觉得你随便穿个纸袋都很漂亮。

玛塔：哦，谢谢你，你人太好了。（脸红）

说得漂亮，杰克！当玛塔表现出犹豫和不自信时（负面的老鼠），他及时安慰、鼓励、赞美了她（正面的狮子 / 猴子）。

杰克：也许我们都该穿纸袋，睡觉前一撕就行了，而且还可以回收！

玛塔：（尴尬地停顿）呃……感觉有点奇怪……

杰克：哦，我不是说我要撕掉你的纸袋！我的意思是由你来撕！不，等等！我不是说你来撕掉我的！我的意思是你撕掉你的，我撕掉我……我的意思是自己撕自己的……天哪，对不起……我说错话了……算了，请忽略，就当我没说过这些！

杰克本来想表现幽默，却不小心掉坑里了。他先从正面的猴子变成了负面的猴子（距离过近），然后又变成了负面的老鼠（犹豫、不自信），试图解释自己。如果杰克还想挽救与玛塔的约会，他得纠正自己的言行。但是他应该如何纠正呢？他不应该假装什么都没有发生（负面的老鼠）。如果他这样做的话，他们之间的气氛会继续尴尬下去。

那他应该怎么做呢？如果你不小心说错话，你会如何修复你与他人的互动？最快的方法便是问自己"我呈现了哪种动物的负面"，并立即将负面转变为正面。以杰克为例，他呈现出了老鼠的负面，因此他需要开启老鼠的正面（谦虚、低调、寻求帮助）。那他应该怎么说呢？

他可以这样说："玛塔，很抱歉，我有点紧张。当我紧张的时候，我说话就不经过大脑，请原谅我。"

玛塔会如何回应？面对杰克发自内心的道歉，她很难怀恨在心或者继续怀疑他有特殊性癖好。

玛塔很可能会这样回复："不用担心。老实说我也很紧张！我们再点一杯酒吧。"

自控意味着在人际交往过程中，避免任何动物的负面，即使不能避免，也要尽可能将频率降至最低。如果你要改善社交关系，那么最重要的一步便是将动物的负面迅速切换到对应的正面。你也不要给自

杰克和玛塔是校友，他们开始了第一次约会，双方都有点紧张。
汉弗莱斯先生今天真的太奇怪了，你敢相信吗？课上到一半时，他的大脑就像突然卡顿了一样！
天哪，我记得！他怎么会突然之间忘记整个公式？
①
你看上去棒极了，很漂亮。我觉得你就是穿个纸袋都很漂亮。
我之前不知道今晚穿什么合适，换了12套衣服才出门！
②
也许我们都该穿纸袋，睡觉前一撕就行了，而且还可以回收！
呃……感觉有点奇怪……
③
哦，我不是说我要撕掉你的纸袋！我说错话了……很抱歉，玛塔，我有点紧张，说话不经过大脑，请原谅我。
不用担心。老实说我也很紧张！我们再点一杯酒吧。
④

> 自我认识越准确，社会适应能力越强，敏感度就越高。他们更善解人意，情商更高，在与人打交道时也不那么刻板。

己太多压力，强迫自己改掉所有动物的糟糕特质。我们是人际关系领域的专业人士，但我们也几乎每天都会犯错。你要做的是有意识地去努力减少错误。一旦发现自己犯错，你要立刻承认并加以改正。

敏感

接下来，我们进入提高人际技能的下一策略：敏感。

“人际敏感”一词代表你能正确感知他人。如果你能做到这点，你更有可能采取合适的言行，他人更有可能做出正确的回应。[2]“人际敏感”的相关研究表明，自我认识越准确，社会适应能力越强，敏感度就越高。他们更善解人意，情商更高，在与人打交道时也不那么刻板。

人际敏感意味着你要时刻关注他人的交流风格。在任何互动中，你都可能会接触到一系列人际线索，其中一些你很难注意、判断或解释。要认清你的互动对象，你只需要问自己第五章中提到的两个问题：心理高位还是心理低位？吵架还是示好？（见 142 页）

你不需要一一思考所有肢体或者言语线索，你只需要简单判断对方是狮子还是老鼠（控制还是让步），是猴子还是霸王龙（冲突还是合作）。如果对方的言行比较极端，你立刻就会找到答案。但在大多数互动中，不需要太久，你就能够判断出对方是想领导你还是跟随你，是想和你吵架还是和你合作。

接下来，你要去判断对方表现出来的是正面还是负面。如果你眼前是一头狮子，那么他是负面的狮子还是正面的狮子？

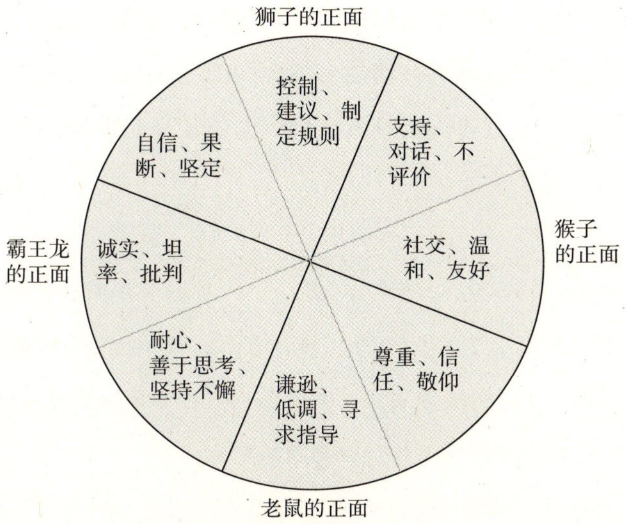

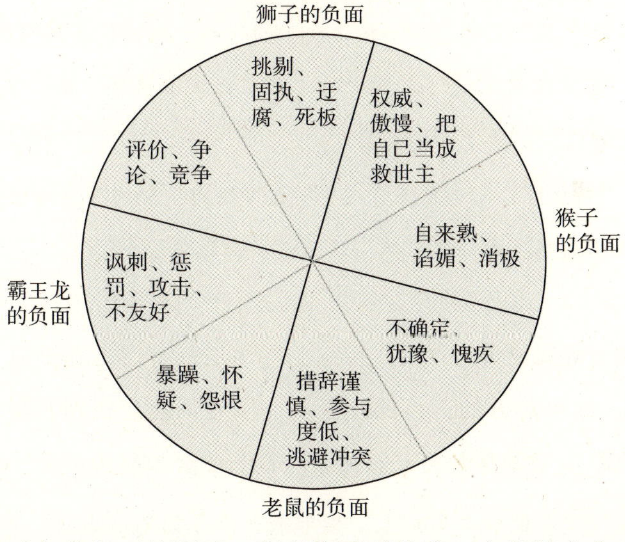

如果对方是负面的狮子，那么你需要花费一定的精力和时间引导他们变成正面的狮子。你需要变成耐心的老鼠。只要你能够坚持，你的行为终会影响对方。

观察、分析别人的交流风格能够提高你的人际敏感度。通过大量的实践，你也能提高你的共情能力和理解能力。接下来我们将提供一个案例供你练习。首先你要判断案例中这位父亲是哪种动物，然后再判断他是正面还是负面。

现在是周三晚上 10 点 30 分，而 15 岁的贾丝明还没有回家。她的父亲杰罗姆下午 6 点 30 分下班回家后，给她打了 8 次电话，但都没有打通。于是他开车去了一些她与朋友经常闲逛的地方——公园、商店、特易购超市停车场，但都找不到她。

然后他又给通讯录中所有贾丝明朋友的父母打电话。他不得不在电话中坦白自己竟然不知道女儿的行踪，这让他感到尴尬。

当贾丝明从前门走进来时，杰罗姆正要报警。她一边笑着在手机上聊天，一边走向她的房间。

“贾丝明，你能过来下吗？”杰罗姆问，努力保持着冷静。

贾丝明没有回答，她一边上楼一边继续聊天。

下面有四种情况。

A. 杰罗姆冲到贾丝明房间，夺走她的手机并挂断。他说：“贾丝明，你在玩什么鬼把戏？接下来一个月你不许出门，手机现在由我保管！”他重重地将门关上，回到楼下。

很明显，这位父亲是负面的霸王龙 / 狮子，他的目的是控制、惩罚女儿，他的语气充满攻击性。父亲的行为虽然可以理解，但对女儿会有什么影响？如果你变成了负面的霸王龙 / 狮子，你指望对方会如何回应？根据我们的动物模型，狮子吸引老鼠，霸王龙吸引霸王龙。因此，在父亲的影响下，女儿也会变成负面的霸王龙 / 老鼠。

负面的霸王龙喜欢讽刺、侮辱别人，而负面的老鼠很狡猾，喜欢将怨恨藏在心里。父亲的言行不会让他达到沟通的目的：女儿尊重自己的规则。更有可能的是，他们会大吵一架，同时女儿会更加鬼鬼祟祟。

让我们看看另一种情境。

B. 杰罗姆来到二楼，敲了敲贾丝明卧室的门。

“贾丝明，我能和你聊聊吗？”里面没有应答。

“小贾？”他将头探进女儿的卧室。

“爸！请你离开！我在换衣服！天啊，你就不能敲门吗？你到底要怎样！”

他关上门，说了一声“对不起”，觉得自己很愚蠢。

他回到楼下，努力压制心头的怒火，心想不能让女儿影响自己的心情，教育她真是太费神了。于是，他开了罐啤酒，坐在沙发上借酒消愁。

在情境B中，杰罗姆变成了负面的老鼠。虽然一开始他是想解决问题，但是当女儿责怪他不敲门进屋，撞见她换衣服时，他陷入了犹豫和不安，他开始道歉。他的权力被摧毁，于是他变成了逃避冲突的老鼠。这样一来，亲子关系中的界限被践踏，女儿变成了狮子，成为主导者。她会觉得什么时候回家是自己的事，父亲无权干涉。

再看一下情境C。

C. 杰罗姆耐心等待贾丝明打完电话。他泡了杯茶以平静自己的情绪，他也为女儿准备了一杯。他走上楼敲了敲女儿的门。他一共敲了三次，但都没有回应，贾丝明可能正戴着耳机听歌。

终于，她应答了：“什么事？”

他打开门，将头探进去：“贾丝明，我给你泡了一杯茶。”

她说："我不想喝。"

他深吸一口气："好吧，我能说几句吗？我需要和你聊聊，这很重要。"

贾丝明说："为什么重要？关于什么的？"

"你待会儿能不能下楼来，我们在楼下聊。"

杰罗姆关上门，端着茶走下楼，内心不断提醒自己："不要发飙，不要发飙，不要发飙。"

杰罗姆想努力成为正面的狮子 / 猴子。进门之前，他先敲门获得女儿的许可，表示他尊重女儿的私人空间。他还准备了一杯茶试图建立合作关系（即使女儿拒绝了），询问女儿是否可以聊一聊。如果女儿拒绝下楼，问题就严重了。女儿变成了负面的老鼠，父亲只有做更正面的狮子。如果他的战术不起作用，他需要及时调整。如果对方不愿意做猴子的话，猴子模式很难让对方遵守规则。

让我们最后看一下情境 D。

D. 杰罗姆跟着贾丝明上楼。他等她打完电话后，敲了敲门把头探进去。

“贾丝明，今天晚上你不该这么晚才回家，毕竟不是周末。我整晚都在担心你，我差点就报警了。我给你打了很多次电话，你都没有接，你也没想着给我打个电话。接下来两周，我不会给你充电话费，同时你需要晚上 7 点之前准时回家，周末也不例外。”

“爸爸，这不公平！”贾丝明抗议。

杰罗姆继续说：“如果你哪天晚上不能在规定时间前回家，那么下一周我也不会给你手机充值。如果你第一周能做到，那么第二周你可以在晚上 8 点之前回家。明天早上我们再好好聊聊，现在你该睡觉了。”

杰罗姆关上门。

这一次，杰罗姆变成了正面的狮子 / 霸王龙。他说话清晰、直接和坚定。他只是在陈述事实，他没有批评、侮辱女儿。他明确告诉女儿不遵守规定的后果，不容女儿讨价还价。虽然规则由他制定，但他也为女儿提供了弥补的机会，而不是单纯地惩罚她。

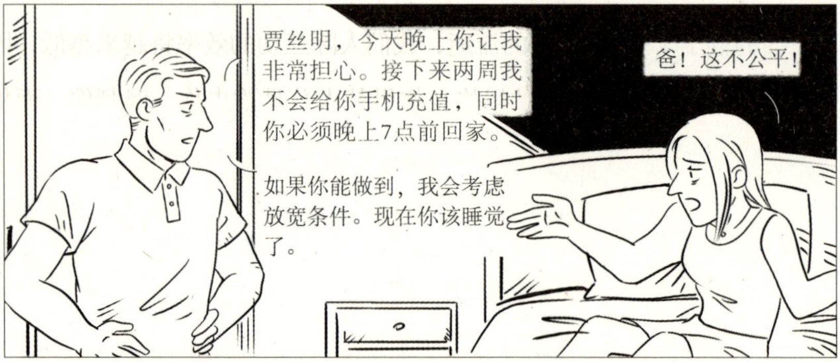

这个案例相当于一次热身练习。通过它我们想向你示范如何使用动物模型诊断互动对象。在实际生活中，你可以抓住一切机会进行这样的练习。你可以分析肥皂剧或真人秀里面的人物，可以分析咖啡馆的陌生人，也可以分析自己的同事。你练习得越多，越能在互动过程中迅速、自然地诊断其他人。我们在本书结尾处增加了一小节，里面提供了不少场景供你练习，以帮助你提高人际技能（见附录）。如果你能正确诊断他人并根据情况调整沟通方式，那么你就具备了人际沟通的第三项技能：灵活。

灵活

提高人际沟通能力的最后一步便是掌握四种动物模式并灵活运用它们。当我们调查受访者时，我们发现新手和专家在灵活度方面存在差距。为了提高灵活性，首先，你必须找到你的短板。不妨回顾一下你在“诊断你的动物属性”中的测试结果（见 163 页），哪种动物模式对你来说难度最大？哪种动物模式别人比较擅长而你却不擅长？

专家们可以用四种动物模式进行沟通，而且发挥自如，他们的人际互动因此更高效。当我们被某一种动物“困住”，即使是正面的动物（例如正面的猴子），随着时间的流逝，我们人际互动的效率将越来越低，因为我们无法适应互动对象的风格。如果某人总是攻击你、讽刺你，而你却一直热情友好，那对方会觉得你这人很虚伪，最终导致沟通终止。

如果你在人际互动中能够灵活应变，那么你便能根据不同情况采取相匹配的沟通方式。例如，如果你在与狮子打交道，即使你天生也是狮子，你仍需要临时或在一定时期内切换到老鼠模式。

▌沟通对象离你心目中的理想位置越远，轮转的时间越长，你越需要耐心。

让沟通朝着对你有利的方向进行

到目前为止，想必你已经了解了动物模型的运作原理，也能根据情况判断自己应该采取何种沟通模式。就某一情况下应该采取的最佳模式，如果你掌握得不是很好，你也可以发挥自己的优势。你可以先做对方希望你变成的动物，然后再逐渐转变为自己最擅长的动物。我们将这种策略称为“轮转动物模型”，其目的是使沟通朝着对你有利的方向转动。沟通对象离你心目中的理想位置越远，轮转的时间越长，你越需要耐心。这一策略其实挺有趣，它牵涉出了在使用动物模型时一些比较复杂的问题。

让我们来回顾一下本书开头讲述的玛丽·安和托马斯之间的互动：一位身高一米六的女警对抗一个身高一米八三、被愤怒淹没的醉汉。她身边只有一个还在读大学的本科生（艾米丽），除此之外她没有任何外援。玛丽·安用语言鼓励托马斯配合她，让他感受到她在认真倾听他的话，她不计较他那些侵略性、充满敌意的言行。玛丽·安的友好（猴子）将托马斯轮转为她希望他变成的动物。她奠定了互动的基调，并始终坚持这个基调，直到托马斯愿意跟随她。而她并没有去跟随托马斯。玛丽·安的策略很有趣，它发挥了她的优势：冷静、友善、坚定。这些都在引导托马斯配合她，引导托马斯停止攻击和暴力。

艾米丽也经历过一次非常危险的互动。在那次事件中，她的互动对象可不是愤怒的酒疯子，而是一个臭名昭著的杀手。她必须调动她的人际技巧去驯服他。

与连环杀手单独对峙

艾米丽：在我职业生涯早期，我曾与杀人犯打过交道，他残忍谋杀了一个小女生。

他在监狱里关了24年，出狱后他被送往“中途之家”[①]，以逐渐适应社区生活。由于他声名狼藉，他不能像其他人一样活动。当时他被变相软禁了，只不过中途之家的设施不像监狱那么封闭。当时，管理层想让他做些不用离开中途之家的工作。由于他有些做饭天赋，管理层就安排他在厨房当厨师。

当时我在那里做监管经理。我第一次值班时，他带着一把30厘米长的菜刀闯入我的办公室。那把菜刀是厨房用来剁胡萝卜的。他先是穿过一个多人办公区，然后闯进我的办公室，手里握着那把刀。事后，办公区的工作人员说他们没有注意到他手上有刀，所以才没有及时阻止他。

当他进来后，我从椅子上站了起来，办公室只有一个出入口，我无处可逃。当我发现他手中的刀时，我犹豫地问：“你好，乔治，有什么事吗？”我的声音略微有些颤抖。看着他手中明晃晃的菜刀，我的心快跳到嗓子眼了。

---

① 又名“重返社会训练所”，为出狱者而设，目的是帮助他们适应社会。——译者注

他说："实话实说，我遇到了很多问题。"在我们之前的互动中，乔治总是穿戴整齐，彬彬有礼。当他开始冲我咆哮时，一撮灰白的头发掉了下来，在他额头前晃动，他的脸频变成了猩红色。

这是我第一次看到平日温顺的他发怒。他很生气，因为他不能像其他人一样去中途之家外面转悠。他也不能出去购物、散步或看医生。

他一边愤怒地抱怨，一边挥舞着菜刀，音调越来越高。很明显，他想和我吵上一架。而且我确信，他想用这把菜刀吓唬我。

"要不你坐下来，我们好好谈谈？"我问，眼睛看着他，而不是菜刀。他吼道："我不想坐下来。"

"好吧。"我说，试图让声音不要颤抖，"我打算坐下来，你随意。"

他继续挥舞着菜刀，抱怨这一切是多么不公平。我既要和他保持眼神交流，又要留意他手中的刀。我希望同事能听到我们之间的对话，但他们没有。我很希望有人及时出现打断他。

但同时，我又担心一旦有人出现，他就会用菜刀伤害别人。还好，没有人进来。

他最后还是在我对面坐了下来。我不知道我应该松一口气还是应该更加紧张。一方面，他没有继续挥舞菜刀；另一方面，他离我更近了，也就是说攻击距离更短了。

在我们对话的时候，我努力保持镇静，认真听他在说什么，并认可他的每一个抱怨："我理解，这确实让你感到不舒服。我明白了你想表达什么，你觉得自己好像还在监狱，你不能像其他人一样自由活动，你觉得这不公平。"

乔治说："艾米丽，说实话，这里还是比监狱好些，至少我可以去操场走走，我还可以在一个像样的厨房做饭，这个地方还是挺不错的。”他的语气多了些顺从，少了些愤怒。

最后，他终于将菜刀放了下来，不再继续挥舞它。我们看着对方的眼睛，似乎都猜中了对方想做什么——他想吓唬我，而我努力不让他得逞。

随后我说：“好吧，你说的我都知道了，有几点你确实在理。我要把这些都记下来，提交给管理层。我也希望你可以写封正式的投诉信。”（他喜欢写投诉信。）我看着他，停顿了一下。

“在你离开之前，”我说，“你能把刀放在我办公桌上吗？这样我可以把它还给工作人员。”我屏住呼吸，等他回应。

他把刀放在了我的桌子上，还向我表示了感谢，然后起身走了出去。

我记得当时我一屁股坐在椅子上向后一仰，长长地舒了口气。我的手还在颤抖，就像秋风中的树叶。

我打电话给我的上级，他又打电话给警察，警察立刻赶来逮捕了乔治。

回顾这种互动，我可以看到我们的周旋过程。当乔治进入办公室时，他是负面的狮子 / 霸王龙。无论是谁，只要他手握30厘米长的菜刀，他就是掌控一切的狮子。他数次提高音量，一边咒骂一边挥舞菜刀，每个毛孔都充满愤怒。他想以此来威胁我，让我产生恐惧（负面的霸王龙）。

尽管我很想躲到办公桌下面（负面的老鼠：逃避冲突）然后开始祈祷，理智告诉我，我必须继续与他周旋。我选择尊敬他，让他感觉到我的耐心和谦逊（正面的老鼠）。我的语气沉着冷静，几次称呼他的名字，并与他保持眼神交流（我开始转变为正面的猴子）。

我曾经在一个为出狱者适应社会而设的机构“中途之家”工作。在那里我遇见了担任厨师的乔治，他曾杀害一名女性。有一天，他冲进了我的办公室。
你好，乔治……要不你坐下来，我们好好谈谈？
我现在遇到了很多问题。
①
我理解，你觉得自己好像还在监狱，不能像其他人一样活动，这确实让你很不舒服。
说实话，这里还是比监狱好些，艾米丽。
②
好吧，你说的我都知道了，有几点你确实在理。我可以帮你写封投诉信提交给管理层……但是在你离开之前，能把刀放在桌上吗？
③
他把刀放在桌上，然后走了出去。我长出一口气，赶紧打电话报警。
④

> 让他占主导，我表现出友好，这才是上上策，
> 是确保我毫发无伤的最佳策略。

在我看来，让他占主导，我表现出友好，这才是上上策，是确保我毫发无伤的最佳策略，这也是我的互动目标。我不需要告诉他谁才是领导，我只需要防止事态升级。

交流过程中，我努力变得更友好、更配合（正面的猴子）。我想引导他跟随我，而不是让自己跟随他。在最后，我们的位置发生了调换，“你能把刀放在我办公桌上吗？”（正面的狮子）。尽管我很礼貌，但我是在向他发布命令，这就是狮子。

也就是在那一刻，我们之间的“权力轴”倾斜了，他要么选择配合，要么选择拒绝。如果那天他铁了心要伤害我，那么我说什么都没有用。[①]但我觉得如果我想保护自己，我最好保持平静，认真听他说，希望自己可以感染他。相反，我不能让他的侵略性和攻击性影响我。（“给我放下那把刀！”“不要冲我嚷嚷！”）

第二天，我老板和我讨论了这件事。他仔细听了我的描述，然后对我说：“我很高兴你们都没受伤。但我觉得当你看见他手上的刀后，你应该立刻对他说：‘乔治，你不能拿把刀走进我的办公室，马上把它还给工作人员！’”这种方法属于狮子模式，也许会奏效。也许乔治会听话，这样大家会省去很多麻烦。如果他是老鼠的话，这绝对是个好方法。如果我和老板一样都是狮子的话，我可能也会像他说的那样做。但是乔治不是老鼠，至少在女士面前不是，至少在当时不是。如果他拒绝，我将和他，以及他的菜刀共处至少五到八分钟，直到警察赶到。我可不想拿自

---

① 之后，我遇到过一个持械抢劫犯。当他抢劫便利店时，他开枪打死了柜台后面一个18岁的小伙子。他说他当时并不想开枪，但小伙子微笑着对他说“兄弟，不用这样”，这激怒了他，所以他扣动了扳机。所以，请不要错误解读艾米丽的故事，不要认为友善能够阻止暴力分子伤害你，有时候，你做什么都无济于事。

对我而言，性命才是最重要的。

己的性命冒险。

此外，我老板身高一米八三，身材壮如坦克，性别男。他从事这项工作已有20余年。我当时才23岁，身高一米六，性别女，我才刚工作两周。我不可能做狮子，不可能和乔治搏斗。

在一次培训中我对学生讲了这个故事。其中一位问道，如果现在你遇到相同的情况，是否还会以同样的方式处理。现在的我已经积累了20年的工作经验，比当初更自信，我可能会换种处理方法。但是我绝对不会大喊大叫，我只会冷静而坚定地要求他放下刀，否则没什么好谈的。这很符合我现在的风格。

但是我知道，23岁的我无法做到这一点。当时的我试错代价太高，我不敢冒险，所以我让自己变成了老鼠，祈祷自己能活着回家。

当时，我必须在“坚持”和“妥协”之间做出选择：我是否应该坚持让他放下刀再对话？这样做能实现我的目标吗？我是否应该暂时低头？我的老板会选择坚持，会直接与乔治对峙（霸王龙），以获得控制权。乔治本来就想制造冲突，我老板会满足他。

而我选择暂时低头。我首先采取了老鼠模式，表现得很谦逊，很尊重他；随后我渐渐转变为友好的猴子，引导他放下菜刀以防出人命。最后，他配合地离开了办公室，态度平静，所有工作人员也都安全回家了。对我而言，性命才是最重要的。

在本书中，我们一直都在鼓励你提高人际沟通能力，扩大人际技能库。但你仍然是你，你完全可以发挥自己的优势，引导互动对象走进你的舒适区。当你遇到让你极不舒服或试错成本很高的情况，那么你最好发挥自己的长处，依靠自己最擅长的沟通模式走出困境。

但你仍然需要随机应变。也就是说，如果你无法改变对方的想法，无法引导对方朝你希望的方向行走，那么你需要反过来适应对方，尽力调整你的沟通方式。

沟通需要刻意练习

在你真正遇到紧急情况之前，最好多加演练，正如我们一位同事的口头禅："临时抱佛脚可没用"。所以当我们培训面试官或审讯人的时候，我们会为他们设置一些最严格、挑战最大的考验，包括最基础的反应速度测试，模拟嫌疑人在审讯过程中刁难审讯人，内容如下。

A."人们的生命受到威胁，孩子们正在忍饥挨饿。给你发工资的政府正是罪魁祸首。为这样的政府工作你什么心情？"

B."我对自己的决定非常满意，我在上帝面前问心无愧。你敢这样说吗？你脸上写着犹豫和不自信。你的表情出卖了你。"

C."我们几个小伙子只是在度假。几个蓄着胡子的男人走在一起，并不等于他们就是恐怖分子，你难道不懂吗？你是在给我们贴标签吗？你有权利这样做吗？"

为了维护人际关系，我们不能随便指责别人，不能撒谎，不能表现出犹豫，也不能针锋相对。

遇到这样的嫌疑人，你该如何回答？

A."显然，你很关心生活在水深火热中的战区平民。你是怎么知道这些情况的，能给我说说吗？"（从嫌疑人的陈述中判断他的情感，而不是正面回答问题然后争执一番。）

B."决定？"（简单两个字的反馈却充满战术意义。）

C."根据你所说的，我是这样理解的。一方面，你觉得你只是和其他小伙子一起度个假，但另一方面，你们的包里却装着军用迷彩服和蒙面帽之类的东西。为什么？"（诚实 / 指出矛盾）

回顾一下建立亲和关系的 HEAR 原则：诚实，共情，自主和反馈。为了维护人际关系，我们不能随便指责别人，不能撒谎，不能表现出犹豫，也不能针锋相对。我们可以使用第 113 页上介绍的 SONAR 策略。此外，你还需要做到自控、敏感和灵活。同时，你还需要引导对话朝着有意义的、有利于审讯的方向前进。当你经历几次后，你就能够理解审讯人的艰难。

我们还会进行一些更复杂的、百分百沉浸式的实战练习，例如大规模的恐怖袭击或自然灾害。2017 年 3 月 22 日，英国伦敦发生了一起恐怖袭击。恐怖分子卡里德 · 马苏德驾车撞向威斯敏斯特桥上的行人，造成 4 人死亡，50 多人受伤。他还用刀捅死了一名手无寸铁的警察，直到武警赶来将他击毙。而就在一周前，我们刚好进行了一次实战演练。当时，许多应对此次恐怖袭击的相关人员都参加了。之后他们告诉我们，多亏那次实战演练，他们才能更好地应对骇人听闻的恐怖袭击。

如果你只是进行商务谈判或者只是想在圣诞节晚餐上赢得伴侣、父母的喜爱，那你的情况比遭遇恐怖袭击简单太多！虽然难度不同，背后的道理却是一样。只要你想提高自己的人际能力，你就需要多锻炼、多演练，所以你得尽力为自己创造机会。比如，你可以和朋友模拟一次高难度的对话，因为在真实情况中你才可以正常发挥。

如果把人际沟通能力视为肌肉，如何才能锻炼它？首先你要找到自己的短板。如果你的手臂非常强壮，那么你不需要花时间做引体向上。你应该将精力花在瘦弱的肌肉上而不是强壮的肌肉上。我们经常对参加培训的学员讲："不要花时间向我们展示你们的强项，请将这些时间用来攻克你们的弱项，这样你们才能取得最大的进步。"

你可以在和他人互动的过程中自然而然地培养、锻炼人际技能。付出总是与收获成正比的。你可以将新技能看作一个有趣的挑战，你可以按照自己的节奏来，不要给自己太大压力。但请记得要自觉投入时间和精力。在日常生活中，每天你都会和各种各样的人交谈，这些都是锻炼的好时机。最开始的时候，你可能只敢做些简单的尝试，比如和你的律师或者出租车司机对话，你们可以聊一些没有聊过的有趣话题。你下一次打车的时候，不妨练习一下第四章提到的反馈技巧。

日常互动是尝试新技巧、观察它们的效果的好时机。你还可以通过这些日常练习为以后更加重要、更加有意义的互动打好基础。

如果你特别想学习某个技巧，你可以专门为它设计一些挑战。如果你想成为正面的猴子（合作、聊天），那么你可以鼓励自己每天和他人进行一次友善、自信的交流。失败时而有之，不要责怪自己，你的勇气值得嘉奖。但如果你放弃努力，你将停滞不前。这才是最可怕的。

劳伦斯：最近，我在酒吧和一位服务员互动的时候笨拙地尝试了下猴子模式。一般情况下我不是猴子，这是我的人际短板，所以我想体验一下。当我走进酒吧时，我想到了一件让我开心的事（坐在游艇上看着大海），然后我点了一杯酒。一瞬间，我的状态来了，脸上扬起了微笑，我已经有了猴子该有的表情。这时，服务员来送酒了，我向她调侃起最近几天英国的炎热天气："夏天终于来了。"很尴尬，很刻意。

这句开场白简直糟糕透顶，好在她很快就接话了："是啊，夏天终于来了，我好开心。但我运气不太好，这几天每次下班的时候就开始下大雨。"

"所以你最近几天都在这样的天气下工作吗？"我对她提供的信息进行了反馈。

"是的。"她说，"但我明天不上班，因为我要去航海，好兴奋。"

"好棒啊！"我再次微笑，"你准备去哪儿啊？"

然后，她开始热情地告诉我她准备去哪里航海以及背后的原因。她还告诉我，她想周末带她9岁的孩子出去玩。尽管我的开场白可怕又无趣，但总体看来我们的互动还是挺不错的。我脑海里有两个目标：首先，我希望这次互动愉快、温暖，没有攻击性；其次，我想挑战一下自己的短板。

当你尝试改善现有的关系或者建立一段新关系时，有时候你会遇到挫折，另一些时候你会重蹈覆辙。这都是正常的，请不要放弃。第一次尝试某个技巧会特别别扭，所以我们建议你可以从熟悉的场景入

最近，我在酒吧笨拙地尝试了下猴子模式的互动。一般情况下我不是猴子，这是我的人际短板，所以我想体验一下。
夏天终于来了。
对啊，我好开心！不过我运气不太好，每次下班就碰到大雨。
①
所以你最近几天都在这样的天气下工作吗？
是的，但我明天不上班，因为我要去航海，好兴奋！
你准备去哪啊？
②
有这样一片海滩，风景非常好，我周末想带我9岁的孩子一起去……
听起来很不错！
③
尽管我的开场白可怕又无趣，但总体看来我们的互动还是挺不错的。
尝试改善现有的关系或者建立一段新关系时，有时候你会遇到挫折，这些都是正常的，请不要放弃。
④

手。行为的改变需要时间。本书所介绍的人际沟通技巧都挺有趣，只要你不断尝试，你就能进步。同时，你应该客观看待变化的速度。如果就某一新技巧你只做了一次尝试，那么最好不要指望你的人际关系能立刻改善。你要坚持锻炼人际关系这块“肌肉”，你的努力不会白费。

结束语

在高冲突环境中，努力建立亲和关系

当我把敌人变成朋友时，我不就消灭他们了吗？

——亚伯拉罕·林肯（Abraham Lincoln）

我们似乎已经进入了一个冲突时代。人们对政治、种族、性别和性观念的看法比以往任何时候都更分裂。文化部落主义充斥着整个社会，你要么是一个部落的支持者，要么就是它的反对者，不存在中立一说。我们需要一场亲和革命。如果我们能够提取到他人的信念和价值观，我们便会发现人们之间的相似之处比想象中多得多。如果别人的想法和我们相冲突，我们不必赞同，只需要去理解。作为心理学家，我们在职业生涯中遇到的每一个客户都曾遭遇沟通困境。他们也曾对别人使用暴力，威胁别人以得到自己想要的东西。当他们想与别人建立关系或联系时，几乎从未成功过。

我们希望这本书能够帮助到每一个人，无论你是想发展新的关系还是巩固已有的关系。通过这本书，我们提出了人际交往的诸多原则。我们向每一个人包括我们自己发起挑战，希望大家在和周围的人、和社会相处的过程中（无论是在真实世界还是虚拟的网络世界）都能遵守这些原则。

改变行为是一个艰难的过程，我们俩都曾失败过。我们应该允许失误、错误，甚至巨大的失败。我们不需要给自己施加太大压力，不

> 你不必万无一失，只需要保证大部分情况下不犯错，你就能从人际关系中获益。

要时刻纠结自己说的每一个字眼。如果我们能在发现错误之后及时改正，如果我们愿意投入精力去经营生命中的重要关系，如果我们能够理解不同想法的人，我们就会收获情感上和实际上的回报。你不必万无一失，只需要保证大部分情况下不犯错，你就能从人际关系中获益。

HEAR 原则——诚实、共情、自主和反馈——为你与他人进行有效沟通、建立积极关系奠定了坚实的基础。在人际互动中，你可以问问自己以下这些问题：

1. 我是否在坦诚对待对方或者我是否想操纵他？

2. 我是否善解人意，是否能换位思考，还是只关注自己？

3. 我是否尊重别人的自主权和选择权，还是在强迫别人按我的意愿行事？

4. 我是否在认真倾听对方并及时提供反馈，以更好地理解对方，加深彼此的关系？

我们的动物模型能够帮助你规避不良行为，培养你灵活使用人际沟通技能以应对生活中的挑战的能力。在培养人际沟通能力的过程中，第一原则便是杜绝所有不良行为，尤其是那些制造冲突的侵略性行为，它们的破坏力实在太大。

只要你能杜绝不良行为，哪怕你没有学习到任何新技巧，你也会有所收获。如果你的互动对象是负面的霸王龙，你想以暴制暴时，你可以问问自己："这值得吗？"一旦你去掉了你身上负面的霸王龙的所

> 为了避免将自己的利益置于他人之上，
> 你需要找到自己在这个世界的位置。

有特质，接下来你就可以试着消除其他动物的负面特质了（负面的老鼠、猴子、狮子）。如果你能改掉这些不好的行为，你与家人、朋友和亲人的关系就会大有改善。在培训审讯人时，我们关心的并不是“这个人需要学习什么”，而是“这个人需要改正什么”。

你可以回顾一下“诊断你的动物属性”测试（见第160页），反思一下自己的长处和短板。你最擅长什么动物模式？为什么？你从哪里学到的？是因为这种模式符合你的性格所以你经常使用它，还是说你是在实践中主动习得的？

思考一下哪种动物模式你最不擅长。为什么你没有学会这一社交模式？你是否总在逃避某种特定情况？你是否有过什么非常糟糕的经历，让你无法处理此类情况，还是你找到了其他效果不太好的方法？

没有挑战就没有变化。挑战通常指生活中的困境或从未经历过的情况。选择一段你愿意为之投入时间和精力的关系，也就是说你最在乎的一段关系，为自己设立一个小目标去改善它，坚持下去直到实现目标。

一旦你改掉了所有不良行为，你就可以开始学习新技能，我们建议你从谦逊开始。正面的老鼠能够听取他人的意见，愿意帮助他人实现理想和抱负，他们并不专注于满足自己对权力和利益的欲望。为了避免将自己的利益置于他人之上，你需要找到自己在这个世界的位置。忘记你的自我、你的欲望、你的控制欲和征服欲，时常提醒自己“多亏自己运气好才有今天的成就”。多关注生活中那些带给你愉悦的小细节：听鸟儿歌唱，抚摸宠物，欣赏日出或日落。多去追求这些简单的乐趣，培养一颗感恩之心。

> 请你一定管住嘴，收拾好情绪后再去处理。千万克制自己，不要说出脑海中那些话，一旦你控制不住，你们的互动将更难堪。

一旦你具备了谦逊的品质，你就能理解别人的行为。下一步，你可以试着培养猴子的热情友好、狮子的坚定自信，以及霸王龙强悍外表之下的平静和坚毅。

你可以复习一下本书的主要内容。如果你想就某一个重要问题表达你的反对意见、挑战你的上级，你可以重点回顾霸王龙那一章。如果你即将走向管理岗位，那么你可以重点复习狮子那一章。你可以针对你要解决的问题选择性地回顾本书。

对于我们最在乎的关系，我们愿意付诸最大努力，但我们不可能在每一个人身上都花费大量的时间和精力，我们可不是什么永动机。但是每天我们都需要付出一点努力，即使只是和所爱之人的一次小小互动。当你的未成年孩子冲你发脾气，当你还在蹒跚学步的孩子用蜡笔在客厅墙上乱涂乱画，当你想在社交媒体上发起言论攻击，请你一定管住嘴，收拾好情绪后再去处理。千万克制自己，不要说出脑海中的那些话，一旦你控制不住，你们的互动将更难堪。

作为读者，你是否需要将所有技巧倒背如流？绝对不需要。那么看完这本书后你就能掌握所有技巧吗？绝对不可能。我们希望你明白的第一件事便是失败乃人之常情，人总会犯错。有时你会觉得心累，因而不想去尝试，这也是可以理解的。亲和关系的建立需要你持续努力。如果遭遇挫折，请原谅自己；如果想歇一歇，请原谅自己。你会遇到挫折，还会重蹈覆辙，但请不要放弃。只要你持之以恒，你会发现经营人际关系变得越发容易，你终会收获果实。请记住，你能背多少行李并不重要，重要的是你背着这些行李能走多远。

即使我们不能改善一段关系，至少也要努力不让它恶化。你在亲和关系能够很好地帮助我们改善人际关系，与爱人更亲密，融入社区，理解他人，减少冲突，我们生活的社会将更加和谐。

推特、电邮、脸书上发表的负能量可能会毁了别人的一天。人们的行为可以相互传染。如果你开车的时候遭遇别人强行变道，那么你很可能不会礼让其他车辆。这些不经意的小举动可以互相传染。这些不友善的行为堆加在一起，就会让冷漠充斥社会文化。我们应该创造一种我们愿意生活在其中的文化，即使这只是一种理想，我们也要为之努力。对待他人，我们应该多一份耐心，多一份理解，要克制内心争吵的冲动。遇到制造不公和仇恨的事，我们不能逃避，也不要煽风点火。

亲和关系是我们送给他人的一份礼物，同时也是我们获得幸福、健康、快乐的通道。亲和关系能够很好地帮助我们改善人际关系，与爱人更亲密，融入社区，理解他人，减少冲突，我们生活的社会将更加和谐。

亲和关系不仅可以让你的生活更美好，还会让整个世界更美好。它值得你为之努力。

附录

沟通技巧总结和实战案例

在附录中我们会提供一些案例，并针对每种动物模式说明如何建立正确的心态：如何应对冲突（霸王龙）、如何做出让步（老鼠）、如何领导他人（狮子）、如何开展合作（猴子）。我们会罗列该做什么、不该做什么，同时针对每种沟通模式提供两个案例，一个和职场有关，一个和日常生活有关。

但是请记住，无论你采用哪种模式都必须贯彻 HEAR 原则（见 45 页），它是亲和关系的绝对基石。例如，擅长狮子模式的人如果不能做到诚实和共情，不能为他人提供选择或有效反馈，那么他们的关系很快就会触礁。HEAR 原则是任何互动得以成功的前提。

如何应对冲突

发生冲突时（比如有人骂你、开车遇到路霸、和朋友或家人争吵），你很可能变成霸王龙。除极个别特殊情况外，你都应该尽量避免冲突，尽量息事宁人。大多数情况下，你可以问问自己："这值得我大动干戈吗？""这值得我卷入打斗吗？""这值得我冒交通事故的风险吗？”“这值得我与家人闹翻吗？”

大多数情况下请不要开启霸王龙模式，毕竟还有其他三种动物供你选择。不要低估让步的力量，老鼠可以有效阻止事态升级，友好的猴子可以让人放下武器。有时你需要忽视冲突，继续完成任务，开启狮子模式。只有到了紧急关头，你不得不正面应对冲突的时候，你才能选择霸王龙。在此之前你需要回答一个非常简单的问题——这值得我开启霸王龙模式吗？

我们准备了两个案例，第一个关于职场，第二个关于日常生活。

艾登是一家大型纺织公司的老板，女员工格蕾丝交给他一份报告，称她的部门经理欧文一直给她发不雅短信。艾登看了其中几条后觉得确实不雅。他将欧文叫到办公室，想听听他怎么说。欧文承认自己发了短信，但他觉得短信内容并无不妥之处。事情发展到这里，我们知道冲突要来了。艾登觉得欧文确实影响到了格蕾丝，他决定向全公司发一份书面警告。他希望欧文考虑向格蕾丝道歉，希望他认识到自己行为的不妥之处。最后，艾登需要明确指出，如果欧文再出现类似行为，他就会收到最后通牒，甚至卷铺盖走人。

在我们继续讨论艾登和欧文之前，先来看一个日常生活中的例子。利亚和朱莉娅认识多年，她们上学的时候就是好朋友，现在她们都有了自己的孩子——鲁比（利亚的女儿）和伊斯拉（朱莉娅的女儿）。鲁比 12 岁，伊斯拉 14 岁，上同一所学校。尽管伊斯拉比鲁比大两岁，但她们经常一起玩耍。两个家庭会定期聚会。最近，每当鲁比热情地谈论自己喜欢的电视节目时，伊斯拉经常打断她甚至翻白眼，这种情况已经持续了好几周。利亚注意到鲁比越来越内向，母女俩聊天的时候，鲁比告诉利亚伊斯拉总是不理她。上周鲁比给伊斯拉发消息说"好期待下周聚会"后，伊斯拉给她回了一个动图，上面写着"真无聊"。昨天，鲁比在学校遇到伊斯拉时，伊斯拉竟对她说"滚开"。讲到这里，鲁比开始抽泣，说她不想失去伊斯拉，她感觉自己已经"毁掉了一切"。利亚努力安慰鲁比，告诉她青少年到了某个年龄段会比较难相处，也许伊斯拉正处于这个年龄段。利亚想以此帮助鲁比建立包容心，避免她和伊斯拉之间产生冲突。但那天晚上，伊斯拉给鲁比发了一条视频消息（视频中伊斯拉的朋友们坐在她身后大笑），她说："如果我像你一样丑，我就整天躲在厕所里不出来。"看到这里，你会认为利亚确实需要站出来干预了，大多数父母也会产生同样的想法。尽管冲突并不是不可避免（与伊斯拉或者朱莉娅），但可能性确实存在。

现在让我们看看霸王龙应该建立怎样的心态，我们可以使用哪些技巧应对冲突而又不激怒或攻击对方，我们如何实现自己的沟通目标。

正确的霸王龙心态

以下方法可以帮助你建立正确的心态。首先，你需要明确自己的沟通目标，也就是说你希望事情朝什么方向发展。对于艾登来说，他应确保格蕾丝不会再受任何骚扰，确保她能获得安全感，确保她对最终结果满意。艾登还要确保欧文认识到自己的行为已经越界了，确保

> 我们必须确定目标的优先顺序，明确什么可以让步，什么必须坚持；什么可以控制，什么不能控制。

他不会重蹈覆辙。同时，艾登要确保这两名员工都不会辞职，确保类似的事情不会发生在其他员工身上。

对于利亚来说，她要保护女儿鲁比，同时最好还能维持两家的友谊，不让朱莉娅或伊斯拉难堪。

两个例子中，我们都必须确定目标的优先顺序，明确什么可以让步，什么必须坚持；什么可以控制，什么不能控制。就艾登而言，他不允许欧文再对格蕾丝或其他员工做出越界行为，但倘若欧文坚持认为自己没问题，他无法改变欧文的观点，他也不能控制格蕾丝或欧文的去留。同样，利亚不能强迫伊斯拉喜欢鲁比或善待鲁比。而如果朱莉娅觉得伊斯拉的行为可以接受，利亚也无法改变朱莉娅的观点。作为霸王龙，你只能控制你自己，你只能控制你自己的行为和反应，不要想着去改变别人或强迫他们接受你的观点。但你必须明确自己的目标，明确什么可以让步，什么必须坚持。

确定目标后，你就需要集中精力思考冲突发生后你应该做什么，不应该做什么，比如侵略、攻击、讽刺、争吵。你的目标不是以牙还牙。别人怎么想、怎么做不重要，重要的是你怎么想，你想达到什么目标。例如，你不能阻止别人产生种族主义思想或发表种族主义言论，但你可以明确表示你反对，然后请他们别当着你的面做出这些言行（但你不能强迫他们）。你只能控制自己，不能控制他人。一旦你被情绪左右，你就会失去控制。保持冷静，保持坚定，但不要发脾气，不要将怒火发泄到别人身上。

霸王龙模式的关键在于避免事态升级。确定自己的目标，然后告诉对方，尽可能清楚，尽可能简单。开启霸王龙模式之前，你可以先念一条“咒语”——CALM。

1. **冷静（Cool）：**我要保持冷静，要保持客观、中立，我要记住自己的目标。
2. **生气（Angry）：**我不会生气，不会让事态升级。虽然对方可能会生气，但我无法控制他们的反应，我只能控制自己。
3. **语言（Language）：**我不会说脏话，不会进行人身攻击。我会尽量保持语言清晰、简洁、坚定。我知道我的底线在哪里，虽然我不能强迫别人接受它，但我必须明确我的底线并确保对方能听懂。我需要共情，需要换位思考。我在乎对方的想法，我能体会他们的感受。
4. **理智（Measured）：**不管对方怎么做，我都不会使情况恶化，不会使事态升级。我会努力倾听，努力理解对方的观点，即使我不赞同。我会解释自己的观点：“我认为 A、B 和 C，原因是 X、Y 和 Z。”我会简单、理智地解释清楚，但我不会夸大其词或喋喋不休。

在霸王龙模式中，你通常不需要保持太久。清晰、简洁地说出自己的想法后你便可撤退，然后再根据对方的反应调整沟通模式。如果对方愿意和解，你可以开启老鼠或猴子模式。说完想说的以后你就该撤退，给对方一些时间思考你说的话。

为了更好地使用霸王龙模式，你可以思考一下你想避免的行为的反面：慌乱的反面是冷静；生气和情绪化的反面是平静和淡定；挑衅的语言的反面是寻求和平的语言；夸大其词的反面是理智和实事求是（但实事求是不等于轻描淡写，说话应尽量客观、准确）。

来看两个例子：

艾登： 嗨，进来吧，欧文，请坐。

欧文： 嗨，您找我是有什么事吗？

艾登： 前几天我和格蕾丝聊了聊你发给她的短信，她有些生气。我告诉她我会向你了解情况。你愿意和我说说吗？

欧文： 您是说这事和我们两个人有关？这事本来和工作无关……我简直不敢相信她拿这事去打扰您……

艾登： 你是想说你无意冒犯格蕾丝吧，我理解。听你这么说，我松了一口气。我们公司的员工不应该冒犯自己的同事。但短信中的一些内容确实让格蕾丝感到不安……

欧文：（打断艾登）我的天，这太荒谬了。您不会相信的，对吧？（喃喃自语）

艾登： ……我想补充一点，我不希望公司的员工通过任何渠道收到这样的信息，包括电话、电子邮件或面对面交流。

欧文： 天啊，这简直是小题大做。

艾登： 欧文，我得说清楚，我这么做不只是为了格蕾丝，也是为了你。你认为这是在小题大做，我不这么认为，你确实困扰到她了。我认可你为公司所做的一切，其他人同样认可。过去几个月中，你为公司努力工作，大多数场合中你也很支持格蕾丝的工作，我确实看到了。但在这件事情上我不想兜圈子，我不会睁一只眼闭一只眼。我将向全公司发一份书面警告。

欧文：不，不要这样……这不公平。

艾登：对事不对人，我不会将矛头引向你。

欧文：她想搞垮我。

艾登：我的职责是保护公司每位员工，格蕾丝、你、所有人。我会在书面警告中说清楚，我以及公司绝不容忍类似的行为。你的工作没有任何问题，除了这件事。它的确是个问题，任何人都无法接受。最理想的状态是，我希望你向格蕾丝道歉。但我不能也不想强迫你，这是你们俩之间的事。以后你们还得一起共事，我知道之前你们配合得挺好。

欧文：您是说我必须注意我在公司的一言一行吗？

艾登：如果你认识不到自己的行为有什么不妥，那么你确实需要更加谨慎。你就没发现短信内容有任何问题？

欧文：我只是在恭维她，这也不对？

艾登：其中一条短信说“我总是让女士先上楼，特别是你”。

欧文：没错，这怎么了？

艾登：你想表达什么？

欧文：这只是一句带点暗示的玩笑，你知道的。

艾登：那么你承认确实有性暗示？

欧文：但我真的只是在夸她的身材，我并不想骚扰她。她身材确实好，我们认识很多年了。这只是个玩笑。她有时候穿得很漂亮，难道您从来没注意过吗？

艾登： 你的意思是如果一位女士穿得很漂亮，你和她又是多年的同事，你就可以发这样的短信吗？

欧文： 是的，如果您和我一样爱开玩笑，不在意什么所谓女权。

艾登： 如果只是这一条短信，格蕾丝可能还没什么。我同意，每个人私下都有自己的想法，这是我们的权利，但如果给别人造成困扰就不合适了。你一共给她发了4条类似短信，据我所知她没有回复你。

欧文： 呃……是的，我没有收到回复。

艾登： 这些短信都和格蕾丝的衣着、大腿和臀部有关。我有话直说，这些短信非常不妥，格蕾丝觉得受到了冒犯，我将发出一份书面警告。我知道你会生气，你会认为这不公平，你说过你无意冒犯她。我知道你们以前是很好的工作拍档，我相信以后也是。你在其他方面都很优秀，你也很配合同事的工作。我知道你以前经常帮助格蕾丝和其他许多同事，但我不会改变决定。我认为公事公办这才叫公平。今天下午我会发出书面警告。如果你有任何不清楚的地方或者你想进一步谈谈，随时来找我。

在这个例子中，艾登在互动之初就道明了谈话的主题。尽管艾登选择直奔主题，但他还是询问了欧文的想法，他相信欧文可能真的不是有意冒犯格蕾丝。（但请注意他并未对欧文的行为表示赞同。）虽然艾登想和平解决问题，但他一直在强调格蕾丝受到了影响，他坦率清楚地表达了自己的想法。他在没有发脾气，也没有羞辱欧文的前提下指出了欧文行为的不妥。更为重要的是，他没有把问题抛给格蕾丝。他告诉欧文，发出书面警告是他作为公司老板的决定，而不是格蕾丝的决定。他的语言简单清晰，他控制着对话的方向并告诉对方接下来他会怎么做。他表明自己对事不对人，正面回答了欧文的“这不公平”的质疑。艾登清楚说明他和公司不能接受欧文的行为，他虽然希望欧文道歉，但他知道道歉必须发自内心，否则就失去了意义。

艾登询问了欧文他是否意识到自己做错了。得到否定回答后，他并没有讽刺或教训欧文，而是提醒欧文以后要更加谨慎自己的言行。

艾登始终保持着客观和冷静，他没有忘记自己的沟通目标。他知道羞辱、指责和进攻只会激起欧文的防备心和攻击性。

但如果你不是公司老板，不能直接掌控对话，你该怎么办呢？现在让我们回到利亚的困境，好友朱莉娅的女儿伊斯拉明显在欺负她的女儿鲁比。

这种情况很棘手。利亚不想得罪朱莉娅，她不想让朱莉娅觉得她在教朱莉娅怎么教育女儿。利亚认为伊斯拉可能遇到了其他什么难题，她了解十几岁的孩子所承受的压力，她不想让事态升级，但她必须保护自己的家人，所以她必须格外谨慎。但是如果利亚信任朱莉娅这位老朋友，她就不能闭口不谈，否则她内心会一直有疙瘩，从而影响到两家的交往。鲁比明显受到了负面影响，她必须以正确的方式保护自己的女儿。我们再回忆一下什么该做、什么不该做——CALM。

这种情况下，利亚可以选择打电话或见面谈。鉴于她们之间的关系，这两种方式都可以。但利亚应该避免短信、邮件等电子通信方式，因为这样她会很被动。朋友之间就应该敞开了说。

利　亚：朱莉娅，最近怎么样？有时间聊会儿天吗？

朱莉娅：嗨，利亚。好啊，我们刚喝完茶。这个周末的聚会你们能来吧？

利　亚：当然能。虽然周末很可能会下雨，但我们可以带上雨具。这几天我一直在想一件事，我想和你说说……我不想吓到你，但我一说出来你有可能会被吓到。我真的很难开口，因为我很看重我们之间的感情，但我又不能一直逃避问题……

朱莉娅：天！现在你真的吓到我了。你还好吗？

利　亚：我没什么。其实也不是什么大事，我不想让你担心。我先解释一下情况，然后我们可以一起想办法。这事与鲁比和伊斯拉有关。

朱莉娅：哦，不……她们绝交了吗？我确实在为这件事担心……最近伊斯拉情绪总是很低落。我希望她没有伤害鲁比……我敢肯定不是什么大事，只是这段时间伊斯拉确实很难相处。

利　亚：天哪，我记得我 14 岁的时候生活就是一场噩梦，我完全迷失了自己。对现在的孩子来说这段时期太难了。虽说鲁比比伊斯拉小，但她很喜欢伊斯拉，在学校里她什么事都想和伊斯拉分享……这可能会让伊斯拉不耐烦，但是……

朱莉娅：（打断利亚）我明白，伊斯拉对别人也会发出一些不好的表情和抱怨，我每天都会看到。伊斯拉并不是在针对鲁比，她不是故意的。

利　亚：我知道。但前两天事情变严重了，她先发了一个动图，然后是一个视频。如果只是不耐烦和翻白眼，我不会给你打电话。鲁比和伊斯拉谈起周末聚会的时候，伊斯拉给她发了一个动图，上面写着“无聊”。在学校鲁比去找伊斯拉，伊斯拉直接对她说“滚开”。然后是今天晚上，鲁比给我看了一段伊斯拉发来的视频，说“如果我像你一样丑，我就整天躲在厕所里不出来”。

朱莉娅：天哪，这太可怕了，我很抱歉。你确定伊斯拉这么说吗？鲁比会不会在撒谎？

利　亚：鲁比没有撒谎，我亲眼看到了视频。实际上，伊斯拉背后还有其他一些女孩。我很伤心，我甚至都不想告诉你，因为我们两家关系很好，我们很喜欢你，我不想让事情恶化。但鲁比的状态非常糟糕，我不得不告诉你和盖文，不然我会心神不宁。

朱莉娅：鲁比是不是先做了什么事激怒了伊斯拉？她是不是先给伊斯拉发了什么？我知道伊斯拉最近情绪低落，但她不至于那样对待鲁比。她现在确实和几个朋友在一起。你是说视频是今天晚上收到的吗？

利　亚：朱莉娅，我只知道鲁比告诉我的这些以及那个视频，一个小时前收到的。当然，伊斯拉并不是真的希望鲁比躲在厕所。我只是担心事情会恶化，当然我不希望这样，那样的话，两个孩子以及两个家庭之间的压力会越来越大，她们的学习会受到影响。所以我想尽快告诉你们，这样我就不用一个人面对了，鲁比和伊斯拉也不会关系破裂，我们可以一起解决问题。我真的不想让你、盖文和伊斯拉难过，也不想让你们家产生矛盾，但我们需要想一想如何让鲁比和伊斯拉消除误会。我可以劝劝鲁比，我知道12岁孩子喜欢的东西在14岁孩子的眼里有多幼稚。我之前就应该想到这一点，就应该弄清楚背后的原因。周末之前，我们一起喝杯咖啡，见面聊聊，舒缓舒缓情绪，你觉得呢？我们都很爱孩子，都希望为她们提供最好的生活。很抱歉我把这件事告诉了你，但我们是多年的好朋友，我相信我们可以一起解决。你怎么看？

对话过程中，利亚一直在表达理解和共情："我不想让你担心"，"对现在的孩子来说这段时期太难了"，"这可能会让伊斯拉不耐烦"，"我真的不想让你、盖文和伊斯拉难过"，"我相信我们可以一起解决"，等等。利亚没有指责，也没有羞辱任何人，她只是在陈述事实。她没有轻描淡写，也没有夸大其词。即使朱莉娅暗示鲁比可能有错在先，利亚也没有反驳这种荒谬的想法。相反，她一直保持冷静，语言审慎且恰当，她只想和平解决问题，而不是报复朱莉娅一家。更重要的是，她没有选择向朋友隐瞒这件事。她本可以先等等，等到下次亲眼看到伊斯拉欺负鲁比时再说出来，但如果那样，事情将一发不可收拾。她做到了诚实、冷静、坦率地直面问题，她相信两家人可以一起解决问题。

总而言之，霸王龙客观、敏捷，敢于直面问题，同时牢记沟通目标，霸王龙并不恶毒，他同样能做到共情，同样能坚持 HEAR 原则。你不必强迫别人接受自己的决定，但你必须亮出自己的底线。在艾登的例子中，他的底线是不允许公司员工出现类似行为；在利亚的例子中，她的底线是不允许伊斯拉继续欺负鲁比。

如何做出让步

老鼠可以帮助你倾听他人，学习他人的长处。人们往往忽略老鼠，因为我们总想去控制别人，总想成为宇宙的中心，总想满足自己的需求。其实老鼠模式对自我完善和心理成长来说至关重要。虽然我们享受掌控一切带来的快感，但也应该试着去放手，这能增加我们识人的智慧。老鼠能让他人放下防备，帮助我们建立深厚而持久的关系。

与霸王龙一样，我们将提供两个例子，一个关于职场，一个关于日常生活。

在职场案例中，米卡加入了《布鲁克林：音乐剧》剧组。演员不多，她是其中之一。艾莎、凯伦和布雷特以前合作过，他们彼此熟悉。但米卡是新成员，她对剧组了解不多。此外，她演出经验更少，而这是她的第一个重要角色。她知道自己很难融入这样一个亲密的团队，她可能会成为局外人。她如何才能融入团队呢？简单！第一次见面的时候就开启老鼠模式。

我们稍后再聊米卡，在此之前，我们先来看一个日常生活中的案例。

18岁的诺亚居住在邓迪，他称自己为“幻想书呆子”。诺亚马上要去见志同道合的薇洛。和诺亚一样，薇洛也喜欢漫画和动漫。尽管他们已经在线聊了一年，但这是他们第一次线下见面，地点选在伦敦举行的动漫大会。诺亚渴望了解薇洛，他想知道两人是否能发展成情侣。他们相约在会场附近的一家咖啡馆。尽管第一次见面两人都有些拘谨，但还算顺利。他们度过了愉快的一天，大多数时间他们都在讨论动漫艺术家、各自喜欢的电影和漫画。动漫大会结束后，薇洛问诺亚想不想去酒吧喝几杯。诺亚如何才能更多地了解薇洛？如果有机会，他如何才能知道薇洛的想法？

在继续讨论米卡和诺亚之前，我们先来帮助他们建立正确的老鼠心态。

正确的老鼠心态

以下步骤可以帮助你建立正确的心态。首先，与霸王龙一样，你要明确自己的目标，换句话说，你希望事情如何发展。对于米卡来说，她需要更好地了解剧组成员，最终与他们成为朋友。对于诺亚来说，他需要了解薇洛的想法——对他们当前关系的想法。

在老鼠模式中，“接收”比“发送”更重要。米卡和诺亚需要灵活多变，不要想着去控制对方或改变对方的观点。他们需要敞开心扉，融入集体，倾听他人。他们可以温和地提出问题，仔细聆听他人，对他人表现出真诚的兴趣和好奇心。他们需要建立这样的心态——我愿意倾听你，了解你的喜好、价值观和信念。

此外，我们需要杜绝老鼠的负面，也就是说我们要时刻保持冷静。在老鼠模式下，你不能只是坐在那里置身事外。你不能被别人牵着鼻子走，也不能变成隐形人。米卡和诺亚很幸运，他们面对的是一群容易相处、体谅他人的人。如果你采用老鼠模式，你可以快速和别人打成一片。即使你不喜欢对方或者和对方合不来，你也需要敞开胸怀，拥抱新的经验、新的知识和新的成长。

变成老鼠模式，你只需要做到简单、具体的几点。老鼠模式的核心在于倾听以及开口之前三思。开启老鼠模式后，你需要进入一个冷静的状态，你需要追求内心的宁静。互动之前，你可以深呼吸几次，然后慢慢数到 4。你还可以默念一个能让你平静的单词，或想象能让你平静的画面（海岸上的柔和波浪、缓慢移动的云朵或一片飘落的树叶）。你也可以在心中默念“咒语”—— EASE，它能赋予你宁静。

1. **探索（Explore）**。揣测别人的想法之前先听听别人怎么说。你认真听了吗？你正确理解了吗？在你倾听对方的想法之前，请不要妄加揣测。你可以利用你在第四章学到的知识去理解他人的想法，不要用问题直接轰炸对方，不要急着表达自己的想法和观点。多使用这样的语言：“再给我说说”，“这句话什么意思呢”或者“你能再描述一些吗”。当别人说完之后，你可以询问他们的想法或感受，例如“你感受如何”或“当时你怎么想”。

2. **建议**（Advice）。寻求并认真考虑他人的建议，即使你深思熟虑之后决定不予采纳。有时候你觉得你和大家不太一样，他们不太可能会帮助到你。这种错误的想法很常见。年轻人拒绝长辈的建议，老年人拒绝年轻人的建议；学生无法听取老师的建议，老师无法听取学生的建议。我们总是急着表达自己，不曾想过他人也可以给我们提供好的建议。在互动过程中，你可以多提一些问题，多询问别人的看法，不要总是谈论自己。
3. **放慢速度，给别人空间**（Slow down and give space）。交谈过程中，不要自己说个没完，多些停顿，给对方一些空间表达他的想法。人们提出问题后会等待对方回答，平均时间为 5~7 秒。放慢速度，给对方一些时间思考，尤其当你提出了一个复杂的或在情感上很沉重的问题。当你作为倾听者时，你会觉得一直沉默比较尴尬，但作为回答者你不会产生这种想法。你要渐渐习惯交流过程中的沉默。如果你处于老鼠模式，你讲话的时间应少于 20%，剩下的 80% 留给对方。
4. **检查**（Examine）。开口之前先检查一下自己的观点。不要急匆匆地发表评论、提出问题，开口之前请三思。先聆听再思考后表达，不要弄错顺序。

以上这些技巧都旨在帮助你接收信息、平和心态、放松心情、摒弃以自我为中心。

现在让我们回到前面的两个例子。

首先，让我们看一下米卡如何与艾莎、凯伦、布雷特相处。这是他们第一次见面、第一次互动。

米　卡：（大声说）大家好，我叫米卡。

艾　莎：嗨，米卡！（走上前去拥抱她）恭喜你，欢迎加入我们！（他们一起走向其他人）这是布雷特，他有“大女主”气质（布雷特大笑）。这是凯伦，她能管住布雷特。各位，这是米卡。（轮流拥抱）

凯　伦：我们已经合作演出这部剧一段时间了，但在奥斯陆进行上一场演出时，我们失去了吉娜，真令人伤心。

米　卡：我很遗憾听到这个消息。“失去”，你是指……

凯　伦：我的天哪，抱歉，我不是说她去世了……她没有，她只是遇到了一些个人问题需要解决。

布雷特：说得可真轻描淡写。

凯　伦：布雷特！

布雷特：干吗？感谢上帝，我们“失去”了她，她简直是噩梦。上一场演出就是一场灾难。老实说，我不像这两位那么大度。上一位导演太软弱了，根本管不住她。最后一场演出我们启用了替补演员，结果很糟糕。

米　卡：（询问的语气）糟糕？

艾　莎：是的，以失败告终，差点搞砸了下一场演出的机会。但大家都是好朋友，所以我们都在为她找借口。

米　卡：（思索）作为一个团队你们如此照顾彼此，真的很棒。

凯　伦：（打断）是的，这就像是一种默契。我们合作了这么长时间，我和布雷特合作至少快6年了，然后艾莎加入了我们。

艾　莎：如果你清楚自己在做什么，他们很愿意接纳你。

米　卡：你们之所以下意识地为吉娜找借口，不仅仅是因为你们合作很久了？（布雷特和凯伦看向对方，思考着是否要告诉米卡实情。他们停顿了足足10秒，米卡安静等待着。）

布雷特：其实我和凯伦马上就要结婚了，我们已经磨合了很长一段时间。艾莎和我们俩都合得来，她很了解我们。我们两个性格不一样，正好互补。

艾　莎：是的，我一直在他俩之间劝架……排练上个作品时，我就像是联合国一直在他们之间调停！

凯　伦：还是别说了……当时吉娜不停跟我吐槽布雷特，然后又跟布雷特吐槽我。

米　卡：听起来艾莎和吉娜正好相反。艾莎不更像是一位热心的媒人吗？

布雷特：她绝对缓解了我俩之间的关系。要不是她，估计我俩早就闹掰了……

在这次简短的互动中，米卡话不多，她询问般的语气温和却不柔弱。她表现出真诚的热情和了解新朋友的好奇心。你可以看到她使用了很多反馈技巧——简单地重复关键词或者复述对方的语言，而且她给了别人发言的空间，特别是当布雷特和凯伦考虑是否告诉米卡他俩的关系时。从对话中，米卡获得了一些信息：她了解到布雷特和凯伦是一对情侣；吉娜毁掉了上一场演出，还破坏了布雷特和凯伦的关系；艾莎与他们都合得来，要不是她，这对情侣很可能无法修成正果；凯伦似乎控制欲比较强，布雷特也是。更重要的是，米卡已经了解了她的同伴在乎什么、讨厌什么。到目前为止，她并没有过多暴露自己，但她也没有给新朋友留下高冷的印象，她只是单纯地对他们感兴趣。她说话的时间不到20%，其余时间都留给了他们。她对新朋友充满兴趣，想努力了解他们；她通过恰当的语言在短时间内收获颇丰。这次互动为以后的深入了解奠定了基础，只要再花些时间和精力她就能获得更多信息。当然，她也应该尽快向同伴分享自己。不过这只是第一次互动，而且持续时间还不到10分钟。

现在来看看诺亚。动漫大会结束后，他和薇洛来到了伦敦的一家安静的小酒吧。他们刚刚还在讨论动漫，现在换了个话题：

诺亚： 你马上就能逃离学校了，感觉如何？我知道你不喜欢学校。

薇洛： 我是不喜欢……其实学校也谈不上糟糕……还好，终于可以毕业了，现在我可以做自己的事了。我觉得自己从没有真正适应过学校生活。

诺亚： 你觉得孤独吗？

薇洛： 是的……嗯……（停下来思考。诺亚意识到她需要时间，他确定自己没有让她感到尴尬，她只是需要一些时间思考。）孤独并不是一件特别糟糕的事，不知道你能否明白。我有几个朋友，他们都很友好。我仍想继续和他们做朋友。嗯……（继续思考）……我猜我一直在等待时机过自己喜欢的生活……也许我没有表达清楚。你能明白我的意思吗？（她似乎不知道如何清楚表达自己。）

诺亚： 我想我明白……你是说你上学的时候就知道有一些其他事在等着你去做吗？

薇洛： 就是这样！我觉得我在混日子，只有顺利毕业了我才能过自己向往的生活。我并不是说毕业之后的日子就会一帆风顺，我只是想表达，大学是通往那种向往的生活的必经之路……我说得有点混乱，是吗？

诺亚：（微笑，以鼓励的口吻说）向往的生活？说来听听。

薇洛： 比如……自由，不被说三道四，邂逅能够吸引我的人……我不喜欢运动型或矮胖型，我喜欢怪胎或闷骚。（又是一个长时间的停顿，很显然她又在思考）我不知道，也许他们也不适合我……（长时间停顿）哈！（似乎得到了一个有趣的结论）我想我已经习惯了和周围的一切格格不入。

诺亚： 但你今天似乎有些冷淡……

薇洛： 没有，今天我挺开心，闲逛、聊天、开玩笑，都挺有意思……但我仍然觉得，觉得自己比较孤独，而且……（努力寻找词汇）而且觉得自己和其他怪胎不一样，和他们合不来，我就像是一个超级怪胎……你知道我的意思吗？我就是我……

诺亚： 你不是一个人。

薇洛： 哦，天哪，不……我需要另一个超级怪胎——比如你！

（大笑）

诺亚： 嘿！（假装生气）

薇洛：（温柔而真诚地说）感谢你，诺亚……我的超级怪胎同伴！

诺亚和薇洛的故事告一段落，也许——只是也许——他们会发展成情侣。像米卡一样，诺亚将发言权交给了对方，他全程保持冷静以及一颗温柔的好奇心。他给了薇洛足够的空间去理清自己的思路。很多时候他本可以大谈自己的观点（对学校、朋友、动漫大会和他的感情），但通过倾听薇洛的想法，表现出对她的兴趣，他更加了解她了，这对他来说是件好事。诺亚似乎有一种魔力，他能让坐在对面的女孩畅所欲言，他知道自己不能强迫对方交流。

总而言之，老鼠模式能够有效帮助你理解别人的想法、感受、信仰和价值观。

如何领导他人

如果你需要领导他人，你就需要开启狮子模式。无论你是负责一家剧院、一个芭蕾舞团还是一个科研项目，你都需要领导他人。但领导他人不等于“不听我的就滚蛋”。

与其他动物模式一样，我们将提供一个职场中的例子和一个日常生活中的例子。我们先看一下职场案例。

索菲亚经营一家公司，主要为知名企业的高级经理提供为期一天的压力管理课程。这家公司已经营业两年了，规模虽小，但非常成功。她还雇用了另外三名员工：翠西（从一开始就与她一起创业，两人大学就认识）、路易斯（来公司一年了）以及三天前加入的第四位成员切斯特。索菲亚希望所有员工（翠西、路易斯和切斯特）都能为客户提供培训课程以满足不断增长的需求。切斯特还有一个优势，他是一位优秀的分析师和统计学家。前两天，索菲亚让他在家办公，制作一套幻灯片来介绍公司的业绩，宣传公司的产品。幻灯片的内容和数据非常复杂，切斯特是最佳讲解人选。今天索菲亚和她的团队有一场推销会议，投资者正在考虑是否投资她的公司。如果成功了，公司业务将增长两倍。索菲亚计划由她来负责开场，切斯特负责讲解幻灯片。整个会议将持续 30 分钟，索菲亚讲 15 分钟，切斯特讲 10 分钟，提问时间 5 分钟。

按原计划，开会之前切斯特要先与索菲亚和其他成员碰头。现在是 12 点 15 分，距离推销会议还有 45 分钟。翠西、路易斯、切斯特，当然还有索菲亚都到达了会议室。小组会议之前，切斯特将索菲亚拉到一边。

“索菲亚，”他说，“对不起，我不确定自己能否讲好……我可能得退出。”他看上去很焦虑，接着他又走向翠西和路易斯，告诉他们自己有多紧张。

这个情况下，索菲亚需要站出来带领整个团队，做出下一步决定。在此之前，让我们先来看一个更加生活化的例子。

马克、达伦、卢克和克里斯经常在北威尔士一带登山，他们曾经一起挑战过斯诺登尼亚国家公园的好几座山峰。他们都只有十来岁，虽然经验不算丰富，但因为都是当地人，所以比较了解斯诺登峰。现在他们已经快接近特来凡山的北脊顶了，这时突然刮起大风，下起暴雨，他们从未遇到过这样的情况。山顶附近的天气往往变幻莫测，半个小时前都还是晴天。克里斯吓坏了："我不想登顶了……我快吓死了，我觉得我们应该立即返回。"

卢克回答道："不可能，如果你想返回，你就下山吧。我们现在距离山顶不到五分钟的路，我要上去。"

卢克说完继续往上爬。马克和达伦互相看着，心想："我们该怎么办。"这种情况下，几位男生需要立刻做出决定，但他们没有领导者，没有拿主意的人。卢克不算，因为他已经决定抛弃同伴独自前行。克里斯恐怕也算不上，因为他说他快吓死了。情况紧急，危险将至，但这个小团队却没有一位领导者。

让我们看看狮子应该建立怎样的心态。

正确的狮子心态

为了帮助你建立正确的心态，我们提供以下几点建议。首先，与其他动物一样，你需要确定自己的目标，也就是说你希望事情往哪个方向发展。对索菲亚来说，她需要向投资者完美推销自己的公司，同时还要增加切斯特的信心，消除他的紧张。此外，她还要说服团队其他成员支持自己的决定。

> 优秀的领导者能放下个人的功与名，你最好的回报就是实现目标，所有人团结在一起。

对男生们来说，他们的首要任务是安全返回。在此基础上，他们最好还能维持友谊。最理想的情况是，他们能成功登顶。但和第一个目标相比，后两个目标微不足道。

狮子与霸王龙不同。霸王龙只需要亮出自己的底线，说清楚什么可以让步，什么必须坚持。狮子需要在一定程度上领导、掌控整个团队。狮子必须考虑所有成员的需求、价值观和信念。马克和达伦可能也想登上山顶，领导者需要考虑所有人的想法。同样，你不能指望当你成为领导者时，别人会心甘情愿跟你走。事实上，领导者越严苛、越固执、越僵化（负面的狮子），结果就会越糟糕（员工的怨恨就越深）。

一旦弄清目标，你需要思考作为领导者你应该避免什么样的行为，这点很重要。你必须杜绝狮子的负面，不能太过严苛，也不能强迫、威胁自己的跟随者。你要忘记自己的需求和欲望，你得纵观全局，照顾所有人的需求和欲望。你必须寻找最佳方法，将所有人团结在一起，朝同一方向前进。你要知道，跟随者并不一定会认可你的领导，他们甚至会忘记你的贡献和功劳。优秀的领导者能放下个人的功与名，你最好的回报就是实现目标，所有人团结在一起。

与其他动物模式一样，狮子也有一条“咒语”——ROAR。它可以帮助你铭记什么该做、什么不该做，当你开启狮子模式时，问问自己这几个问题：

1. **独断还是互惠**。我是不是太严苛？我是不是想独揽一切，事事都亲力亲为？我是否考虑过互惠，是否让每位成员都能发挥自身优势，为团队做出贡献（正面的狮子）？

2. **以我为中心还是兼顾所有人**。我是否只考虑自己的需求和愿望（负面的狮子）？我有没有考虑过其他人的需求？我有没有在尊重每一个人的基础上展开工作，解决问题（正面的狮子）？
3. **制造焦虑还是树立信心**。我是否在通过制造焦虑、恐惧或威胁去控制团队（负面的狮子）？我是否在努力提高团队的成就感、自主权和自信心（正面的狮子）？
4. **挫伤还是促进**。工作结束后，团队成员是否会对我产生怨恨，因为我挫伤了他们的自信或者太过独断，不征求他们的意见（负面的狮子）？我是否提高了团队的韧性、促进了团队的关系（正面的狮子）？

你可以看到，以上问题都在提醒你不要以个人（狮子领导者）为中心，要顾及团队里的每一个人。狮子型领导者关心每一个成员，帮助他们朝着同一方向前进。对索菲亚来说，她的目标是争取到投资，但她还得考虑切斯特的焦虑以及翠西和路易斯的期盼，他们两人也希望拿到投资。她如何激励大家团结在一起？同样，马克或达伦两个人中需要站出来一个人带领大家走出困境。此人不仅要阻止卢克独自登顶，还要阻止克里斯独自下山。

让我们从索菲亚开始：

索菲亚： 朋友们，深呼吸。还有 40 分钟他们就到了，我希望我们齐心协力拿到投资。翠西、路易斯，我待会儿和你们聊。切斯特，我知道你感到焦虑，在会议上发言给你带来了不少压力，你的想法是什么？

切斯特： 我告诉你了，我真的非常紧张。我担心自己会搞砸。作为这里的新成员，我不想让任何人失望。

翠　西： 索菲亚，你需要我或路易斯帮忙吗？

索菲亚： 先别急，我们先看看切斯特怎么想。他做的幻灯片很棒，我们都不如他了解其中的内容和细节。或许我们可以轮流上场，但我担心这样做无法获得最理想的结果，毕竟时间紧迫。切斯特，给我说说你具体在担心什么。你是害怕在众人面前演讲呢，还是在担心幻灯片的内容？

切斯特： 不，不，内容没有问题，它有效呈现了到目前为止你们取得的成就。只是……我从来没有当众演讲过。

索菲亚： 好的，我了解了。现在排练一下能否帮助到你？很抱歉，我们应该早点排练一下的，而不是等到现在。好在我们还有 35 分钟左右的时间，如果你能先给我们讲一遍，也许你就没那么紧张了，也许我们就知道接下来该怎么办。

切斯特： 嗯……好的，我先打开它。你想让我正式讲解一下还是简单过一下以便你们熟悉内容呢？

索菲亚： 怎么做会让你不那么紧张？

切斯特： 混合着来，不那么正式地讲一下，这样我就不会太紧张。

索菲亚： 好的！我们试一试。（切斯特简单讲了一遍，大家都熟悉了幻灯片。索菲亚觉得尽管切斯特十分焦虑，但他的确很熟悉内容。）

索菲亚： 切斯特，太棒了。虽然你看上去很紧张，但你讲得很好。你讲清楚了吗？当然了！幻灯片呈现出公司的成就了吗？当然！翠西，路易斯，你们怎么看？

路易斯： 我认为切斯特讲得很好、很清楚。需要的话，我可以做他的后援。

翠　西： 我赞同，如果需要的话我也可以帮忙。

索菲亚： 翠西，谢谢你，很好。切斯特，我们可以一起做你的后援。现在你觉得怎么样？

切斯特： 嗯……我觉得我可以再讲一次。如果我知道你们在身旁支持我，我就不会那么担心。

索菲亚： 好的，很棒。你讲的时候我会站在你旁边。翠西，路易斯，你们也一起。如果切斯特遇到什么问题，我们可以帮助他。

在对话中，索菲亚使用了更多的“我们”，而不是“我”。她表明了大家是一个团队，她会支持每一个人。她询问了所有人的意见，然后带领大家朝同一方向前进。她没有将自己的决定强加给团队。她首先了解了每个人的想法，然后听取了每个人的意见。通过协商，索菲亚找到了解决方案。她没有将自己的需求强加给别人（“我们必须拿下合同”），也没有通过威胁或制造焦虑来获得自己想要的东西（“你得好好讲，你得做好自己的工作，否则我们将失去合同”）。这些行为不仅会加重团队的焦虑，还会破坏团结。最后的解决方案充分体现了索菲亚的包容心以及她对每个人的关心。大家一起给切斯特做后援，相互支持，每个人都可以为团队做贡献。其实索菲亚还要负责会议的开场，这个任务很艰巨，但她从未表达自己的焦虑或需求。她并不在乎团队是否认可自己的工作。作为一名无私的领导者，对她来说，最好的回报就是团队成员充分发挥自己的才能。

现在来看看登山的男生们：

达　伦： 卢克，等一下，等一下。

卢　克： 干什么？你看，山顶就在前方，不过 5 分钟的路程。我是不会下山的。

达　伦： 好吧，但是我们需要一起行动。你说得没错，山顶就在前方。马克，你怎么想？

马　克： 我同意卢克，我们已经很接近山顶了。

达　伦： 好的。克里斯，山顶近在眼前，你确定你不想上去吗？我知道你的想法，你觉得天气很糟糕，确实是这样，但我们到达山顶后就可以从南脊下山。

克里斯： 我都快吓死了。我记得我们上来的路，我可以原路返回。但我不会走南脊的，我从未试过那条路线，它更长。你们别管我。

达　伦： 不行，我们要一起行动，总有办法的。卢克，马克，你们愿意一起登顶吗？我和克里斯留在原地等你们下来，然后一起返回。这样我们都不用单独行动。你们觉得呢？

卢　克： 好，我们只需要 10 分钟，要不你和我们一起。

达　伦： 没关系，你们去吧。速战速决，但一定小心。我就留在原地。

卢　克：你自己也说了从南脊下山更好，不是吗？

达　伦：南脊可能更安全一些，但克里斯想原路返回。我知道你和马克走过这条路线，我们可以一起下去。克里斯说得对，反正我们也是从这条路上来的。还有就是时间问题，南脊更长，而天气越来越糟糕。你们去吧，我们就在这里歇会儿，冷静一下，理清思路。你们两个家伙下来后还得带领我们一起返回。

在这次互动中达伦迅速完成了两件事：阻止卢克独自登顶，认可卢克的想法——“你说得没错，山顶就在前方”，他没有指责卢克抛下同伴。负面的狮子可能会说：“不要上去，你这个白痴，你就不考虑一下其他人吗？”作为朋友（请注意，达伦并不是在训练新兵，倘若如此，狮子的做法可能更适合），你需要考虑对方的自尊心。此外，达伦也很理解卢克，他知道最后几分钟的路程对卢克来说很容易，他能安全到达山顶。如果卢克无法登顶，他会非常沮丧。虽然达伦也想登顶，但他主动提出与克里斯一起待在原地，他牺牲了自己的需求。领导者确实不容易，得把团队的凝聚力、安全放在个人愿望、需求之上。达伦的语言虽然带着些许指示意味（“你这样做”，“你那样做”），但并未给同伴留下独裁者的印象。相反，它们听上去坚定、自信且留有商量的余地。达伦为队友提供了选择，做出了妥协，保护了每个人的自尊。达伦陈述了事实（克里斯不想登顶，也不想从南脊下山），征求了卢克和马克的意见，并请他们下来后带领大家一起返回。他信任同伴的能力，因此寻求他们的帮助。不仅如此，他完全没有增加克

> 如果你能掌握猴子模式，你就可以避免社交孤立对心理和身体造成的损害。

里斯的焦虑，他尽其所能让他平静下来。与此同时，他认识到卢克和马克的需求，鼓励他们继续往上爬。在整个过程中，达伦没有将自己的意愿强加给同伴，而是通过协商做出决定。这个决定超越了个人意愿，兼顾了每个人。

总而言之，狮子会自我牺牲、考虑别人，同时能自信地带领团队前行。狮子的目标是营造成就感，提高团队的韧性。狮子是坚定且公平的。

如何开展合作

猴子模式可以优化你与他人的合作，无论是集体项目还是其他团体活动。该模式是你与朋友、同事保持亲密关系的关键，也是保持一段持久、深入和浪漫关系的秘诀。如果你能掌握猴子模式，你就可以避免社交孤立对心理和身体造成的损害。当你深入了解某人以及他的想法、感受、价值观和信念之后，便可开启猴子模式。如果你第一次见新朋友就直接跳到猴子模式，你可能会表现出猴子的负面（过于亲近和急切）。考虑到这一点，让我们现在看看米卡和诺亚在职场和日常生活中如何与人相处。假设他们各自的人际关系都有了新进展。就米卡而言，她更加了解同伴了，距离正式演出只有4个星期。现在他们遇到了一些问题，可能会影响演出。就诺亚和薇洛而言，动漫大会结束已经6个月了，他们又约会了十几次，而且是薇洛以友人以上的身份主动邀请诺亚。他们现在需要解决异地问题。

正确的猴子心态

和其他动物模式一样，为了帮助你建立正确的心态，我们为你编写了一条“咒语”——TEAM。

1. **想什么就说什么**（Think it, say it）。如果你对其他人有正面的感觉、想法，请说出来。但要注意时机，如果太早说出来，就会很奇怪。想象一下诺亚在第一次约会时就大声赞美薇洛：“哦！天哪，你真是太美了。”或者米卡对剧组说：“哇，能和你们合作简直太棒了。”但当你了解了某人后，为什么不在正确的时间称赞他呢？我们总是对父母、孩子、朋友和同事吝惜自己的赞美。你可以称赞别人的打扮（“这双靴子很漂亮，哪儿买的？”），也可以称赞别人的工作（“你的工作很出色，尽管困难重重，但你一一克服了，结果很好。”），还可以称赞别人的体贴（“感谢你的理解和鼓励，这对我来说很重要。”）。如果你没有赞美他人的习惯、夸奖别人时你会害羞，没有关系，只要你是真心实意的，就勇敢说出来。你又没有撒谎，何必吝惜自己的赞美？
2. **轻松友善**（Easy and relaxed）。猴子能让周围的人感到

> 如果你想成为猴子，给团队带去轻松愉快，你得先让自己放松下来，主动创造轻松的氛围。

轻松愉快。为什么？因为他们自己就很轻松愉快！他们处在轻松的氛围之中，而这种氛围能够感染他人。相反，紧张和神经质也能传染给他人。如果你想成为猴子，给团队带去轻松愉快，你得先让自己放松下来，主动创造轻松的氛围。不同的人有不同的放松方法，在这里我们简单介绍两个。第一个方法是深呼吸，深呼吸三次可以帮助你赶走焦虑。当你被焦虑控制时，你的呼吸又快又浅，你必须打破这种节奏。首先用力呼气，将肺部的空气排出体外，稍做停顿后再用力吸气，随后缓慢吐气，时间比第一次更长。继续吸气，尽可能延长时间，大概是呼气的两倍。这种“三步呼吸法”可以帮助你调整因焦虑产生的过快的呼吸节奏。你可以在展开人际互动之前使用这种方法，一旦习惯后，你就可以在互动过程中灵活使用它。你就不必聊到一半时突然进行深呼吸，仿佛上瑜伽课，这样很怪异。你还可以借助另一种方法赶走焦虑、保持淡定——重复“咒语”或者能够让你平静的词语。同时，你需要松展额头和下巴，焦虑的时候这两个地方很容易绷紧。

3. 活力（Animated）。除了制造轻松的氛围，你还需要散发活力。猴子不喜欢静静待着，他们喜欢玩耍。他们容易获得乐趣，因而充满活力。一旦你开始放松，你就需要微笑，想些快乐的事情，散发活力、传播正能量。如何让自己充满欢乐和活力？你可以想象一下你喜欢的事物、地点、事件或人，也许是你孩子的照片，照片里的他们笑容灿烂。你也可以想象你在滑雪、划皮划艇、画山水画、进球，还可以想象一个你喜爱的地方，或者让你捧腹大笑的笑话，你甚至可以想象某个人的笑声。想象越具体，细节越生动，你越容易提高活力。心情愉快了，你的外在也会发生变化。你会更喜欢周围的人，更愿意和他们交往，你也会更乐观，心态会更积极，解决问题的能力也会更强。你会从整个团队出发，鼓励大家相互让步和妥协。要想做一只正面的猴子，你可以问问自己："我能做些什么让事情顺利发展？我该怎么做才能带给大家温暖和欢乐？我该如何帮助大家？"

4. **模仿**（Mirroring）。为了建立正确的心态，你可以观察、模仿其他猴子，这是最后一条建议。请注意，不要去模仿你观察到的任何负面行为。你应该选择与正面的猴子为伍，这是因为他们愿意热情接纳他人，对事物充满热情。猴子喜欢模仿他人，也喜欢被他人模仿。如果你欣赏你观察到的行为，请模仿它。如果你们组成一个团队，你们可以一起工作，一起行动。

现在，让我们继续聊米卡、艾莎、布雷特和凯伦。

假设他们各自遇到了新问题。凯伦怀孕了，恶心得厉害，因此身心疲惫。她已怀孕 3 个星期，距离音乐剧上映还有 4 个星期。本来她信心满满，但现在早孕反应如此严重，她没那么有把握了。剧组可以选择吉娜，她此前参与过演出，所以非常了解凯伦的角色。虽然所有人都相信她的演技，但还是不太愿意她重新加入。前文说过，吉娜经常在布雷特和凯伦之间煽风点火，所以布雷特尤其反对邀请她。让我们看看他们如何解决眼前的问题。

米　卡：我有一个大胆的提议，也许我们应该邀请吉娜？

布雷特：呃，别……千万别……

米　卡：她确实很了解这个角色，我知道你们认为她很难相处，但是……

布雷特：（打断）别，别，别，千万别。抱歉，我觉得她就是一场血淋淋的噩梦。光了解角色、光有演技是不够的，还必须能和别人好好相处，否则没用。（停顿）那个噩梦般的女人几乎毁了这部剧。

米　卡：嗯。虽然你觉得她很难相处，但你也认可她的演技。我的意思是她可以演好这个角色，对吗？

凯　伦：当然，她可以！她是一名优秀的演员。我原本就觉得我的角色应该交给她。她的业务能力没问题，但她的性格……

布雷特：米卡，我知道你没有恶意，但你确实不了解她。她和我以及凯伦之间发生的事……你简直无法想象！现在凯伦身体又不舒服。

凯　伦：布雷特，你知道我演不了。我没有办法做到，实际上我也不想去做，也不需要去做。

艾　莎：看来我们走进了死胡同……（大家都停下来思考）

米　卡：布雷特，我知道你说她很麻烦，我理解……她伤害了你们。如果你俩不同意，我们就不邀请她。

布雷特：不行，我无法和她合作，更何况凯伦不在……

凯　伦：布雷特，你应该专业点，不要因为我而拒绝和她一起工作。

米　卡：凯伦，你怎么看？

凯　伦：我同意她加入。布雷特，虽然她之前确实不对，但人是会变的，况且我们都结婚了。她不是白痴，她不会再来挑拨我们的关系。最最重要的是，她可以演好，而我现在不能。不要因为担心我而拒绝她。

米　卡：天哪，布雷特，你可不能退出……布雷特，你有想过现在的吉娜可能更加成熟了吗？你上一次和她一起工作是什么时候？也许她已经变了。如果她再挑拨你们，未免也太愚蠢了。你们现在多幸福啊，她无法再搞破坏，你知道的。而且如果她再惹事，我和艾莎会给她点颜色的！（大笑）

布雷特：天啊！（忍住不笑）

米　卡：要不你们好好聊一聊……无论你们怎么决定，我们都支持。要不我和艾莎去吃点东西，你们先商量一下？先给你们一些空间，我们会尊重你们的决定，不管是什么我们都支持。如果晚上你们想大家一起聊聊，就给我们打个电话，我们可以给你们带点吃的。如果你们想先睡上一晚，明天再说，那也行。这个提议如何？

在这次互动中，米卡考虑到了每一个人。她没有否定布雷特的感受，同时她提出了一个解决方案，它不仅更加合理，而且也获得了凯伦的支持。尽管她赞同凯伦，但她没有去否定布雷特的观点，也没有表示赞同。她没有站队，而是给了他们空间、时间去思考。她还拉来了擅长猴子模式的艾莎。尽管布雷特情绪有些激动，但米卡和艾莎并不介怀。相反，她们坚持温和、友好，用幽默去缓和气氛，同时提出了可行的解决方案（但绝不强迫别人接受）。她们考虑到了每个人的感受。通过友好、积极的态度进行协商，她们一起解决了问题。整个过程中没有人凌驾于他人之上，一切都是可以商量的。如果他们最终选择吉娜，她仍有可能会惹事。但她们保持着开放的心态，她们相信吉娜有改变的可能。

现在让我们看看诺亚和薇洛。诺亚从家乡邓迪出发，开车前往薇洛所在的多塞特郡，他们现在正在家里聊天。

薇洛：每次来看我你都得开十个小时的车，我真是于心不忍。你开车真的很辛苦，我却不会开车……我很抱歉。

诺亚：没关系，因为我爱你。开车十小时去见自己爱的人有什么累的？

薇洛：还有其他……（似乎有些生气 / 恼怒）

诺亚：趁着我在这里，你说说还有什么？（拥抱她）

薇洛：我们见面的次数太少。

诺亚：嗯，完全可以理解。像我这样有魅力的男人，谁不想每一天每一秒都看见？（大笑）

薇洛：哈哈。

诺亚：我也讨厌异地，我希望我就住在你附近或者你就住在我附近。但我可以做到周末来看你，每月一次。我不介意开长途车。

再说你也不轻松，你得提前准备一切，还得带我参观你的家乡，带我去看漂亮的海滩，去见有趣的人，我很喜欢这些经历。我还计划着和你一起去伦敦，一起去欣赏这座城市。

薇洛：我很难过，我也想去看你，也许我可以坐火车？

诺亚：或者飞机？我正在研究。我可以乘飞机去伦敦，花不了多少时间。我们还可以租辆车。或者你也可以来邓迪？然后我可以带你到处转转，这简直太酷了！

薇洛：我也觉得。我们可以研究研究吗？

诺亚：当然。你想现在就研究还是说我们先出去玩？我都可以。我在想要不我们先享受在一起的时光，等我回去以后我们再一起研究。我可以查询两地的航班、租车。距离无所谓，至少我们还在同一个国家。等等，我们不在同一个国家！[①]

薇洛：喂！（大笑）

和米卡一样，诺亚维持着轻松的气氛。他没有抱怨，没有发脾气，一直在安慰薇洛。他告诉薇洛自己很爱她，对他来说什么都不是问题。面对薇洛提出的问题，他在寻求解决方案，而不是逃避。他用幽默的语气逗笑薇洛，但他没有忽略薇洛的担忧。他还希望他们先享受在一起的时光，活在当下。回到家后，他们可以更加仔细地思考如何解决距离问题。他建议此时此刻他们先享受彼此的陪伴，相信之后两人可以一起解决问题。

---

① 邓迪位于英国北部的苏格兰，而苏格兰一直在闹独立。——译者注

总之，猴子总是轻松愉快、充满活力，他们给团队注入幽默感和热情。他们积极寻找事物的优点，乐观看待一切，增强整个团队的凝聚力。他们让合作成为可能，让工作目标得以实现，甚至让工作变得更有趣。他们想寻找一个兼顾每个人的解决方案，给他人以空间和时间，让他人感受快乐。他们不会沉沦于负能量中，而是浑身散发正能量。即使身处黑暗和困境之中，他们也能保持这份轻松愉快。让自己开心，让他人开心，这就是可爱的猴子。练习猴子模式并在恰当的时候开启它，你就会更快乐、更阳光，你会拥有更有趣的人际关系。

致谢

如果你让他人做他们自己，他们就会如日落一样美丽。当我欣赏日落时，我不会对它说："右上角的橙色可以再深些。"我不会想着去改变它。当它出现时，我怀着敬畏之心欣赏它。

——卡尔·罗杰斯（Carl Rogers）

致企鹅兰登书屋：感谢乔伯·里基特看到了本书的价值；感谢迈克·琼斯一开始为我们提供的编辑支持，让我们成功启航；感谢艾玛·欧文提供了详细的具有建设性的反馈；感谢茱莉亚·凯拉威的精彩策划，让我们达到终点。

致各领域的专业人士：过去三十年，我们和本书涉及的众多领域的专业人士合作过，包括警察、军方、安全部门、社会工作者、咨询师，抱歉我们无法一一列出他们的名字。他们从未放弃过任何人或任何事。他们身上闪耀着人性的光辉，却又默默无闻。他们告诉我们要积极，要彼此帮助，携手渡过难关。我们必须强调，这些英雄每一天每一刻都在保护我们。他们为亲和关系研究做出了诸多贡献，许多人从中受益，但我们却从未赞美过他们。

致各大高校及各位同学：书中许多灵感都来自学术界人士，包括亚伯拉罕·马斯洛和卡尔·罗杰斯，他们都赞同不要去评价别人。他们鼓励我们接受自己的和他人的缺点，支持我们理解他人，尊重他人的选择。感谢蒂莫西·里利和威廉·莫尔顿·马斯顿，他们的大胆带来了创新，突破了边界，挑战了正统观念。感谢比尔·米勒和斯蒂芬·罗尔尼克这两位学术巨人，感谢史蒂夫对我们的工作做出的积极评价。感谢我们的同事和学生，他们的名字不胜枚举。首先是保罗·克里斯蒂安森，感谢他设计、分析了数据，这对我们的研究至关重要。感谢斯达马特斯·埃尔提布，感谢他在最初阶段的巨大贡献。感谢弗朗西斯·苏蒙·玻尔，虽然目前他还是学生，但是他即将成为我们的同事，感谢他一直陪伴着我们。

致朋友和家人：感谢你们的支持、耐心和爱。你们的陪伴让我们的生命更加丰富，更有意义。与你们相处的时光很宝贵，它支撑着我们度过艰难时期。

最后，我们想感谢彼此。作为夫妻，这本书是我们共同的结晶，我们从创作过程中收获了很多，这是一段愉快的旅程。夫妻同心也赋予了这本书特殊的意义。当我们回头看书中内容时，我们已经分不清各自的贡献和功劳，但好的合作就该这样。没有了彼此，这本书将不会问世；没有了彼此，我们都不再是完整的人。

艾米丽和劳伦斯

尾注

前言

1. Yeung, P. (16 June 2016). CIA releases guidelines on torture of post–9/11 detainees. Independent. Retrieved from: https://www.independent.co.uk/news/world/americas/cia–torture–guidelines–post–september–11–detainees–guantanamo–bay–terrorism–a7085376.html, accessed 8 Nov. 2019.
2. US Senate Select Committee on Intelligence (9 Dec. 2014). Report of the Senate Select Committee on Intelligence Committee Study of the Central Intelligence Agency' s Detention and Interrogation Program. Retrieved from https://www.intelligence.senate.gov/sites/default/files/publications/CRPT–113srpt288.pdf, accessed 8 Nov. 2019; American Psychological Association (no date). Report of the independent reviewer and related materials. Retrieved from https://www.apa.org/ independent–review/, accessed 11 Nov. 2019.
3. Alison, L., Alison, E., Noone, G., Elntib, S. and Christiansen, P. (2013). Why tough tactics fail and rapport gets results: Observing Rapport–Based Interpersonal Techniques (ORBIT) to generate useful information from terrorists. *Psychology, Public Policy, and Law*, 19 (4), pp.411 – 31.
4. Holt–Lunstad, J. and Smith, T. (2012). Social relationships and mortality. *Social and Personality Psychology Compass*, 6 (1), pp.41 – 53.

第一章

1. Mechanic, M. (18 Oct. 2012). What extreme isolation does to your mind. *MotherJones*. Retrieved from https://www.motherjones.com/ politics/2012/10/donald–o–hebb–effects–extreme–isolation, accessed 8 Nov. 2019.
2. Grassian, S. and Friedman, N. (1986). Effects of sensory deprivation in psychiatric seclusion and solitary confinement. *International Journal of Law and Psychiatry*, 8 (1), pp.49 – 65.
3. Haney, C. (2018). The psychological effects of solitary confinement: A systematic critique. *Crime and Justice*, 47 (1), pp.365 – 416.
4. Wellcome Collection (23 Sep. 2018). The anatomy of loneliness. Retrieved from https://wellcomecollection.org/events/ W2LlgyYAACUAQah7, accessed 26 Sep 2019.
5. CBS news (20 May 2012). Live alone? You' re not alone. Retrieved from https://www.

cbsnews.com/news/live-alone-youre-not-alone/, accessed 26 Sep. 2019; Jacob, L., Haro, J. M. and Koyanagi, A. (2019). Relationship between living alone and common mental disorders in the 1993, 2000 and 2007 National Psychiatric Morbidity Surveys. *PLoS ONE14* (5), e0215182.

6. Henderson, T. (11 Sep. 2014). Growing number of people living solo can pose challenges. PEW. Retrieved from https://www.pewtrusts.org/ en/research-and-analysis/blogs/stateline/2014/09/11/growing-number-of-people-living-solo-can-pose-challenges, accessed 11 Nov. 2019; Gillies, C. M. (7 Apr. 2016). What' s the world' s loneliest city? *Guardian*. Retrieved from https://www.theguardian.com/cities/2016/apr/07/ loneliest-city-in-world, accessed 11 Nov. 2019.
7. Holt-Lunstad, J. (2018). Fostering social connection in the workplace. *American Journal of Health Promotion*, 32(5), pp.1307 - 12.
8. Cacioppo, S. and Cacioppo, J. (2013). Lust for life. *Scientific American Mind*, 24 (5), pp.56 - 60.
9. Wilson, R. (2005). Hallucinations and mortality in Alzheimer disease. *American Journal of Geriatric Psychiatry*, 13(11), pp.984 - 90.
10. Haslam, C. (2018). *The New Psychology of Health*. Routledge.
11. Yang, Y., Schorpp, K. and Harris, K. (2014). Social support, social strain and inflammation: Evidence from a national longitudinal study of US adults. *Social Science and Medicine*, 107, pp.124 - 35.
12. Maslach, C. (2004). Different perspectives on job burnout. *Contemporary Psychology*, 49 (2), pp.168 - 70.
13. Compassion in World Farming (2009). Beyond factory farming: Sustainable solutions for animals, people and the planet. Retrieved from https://www.ciwf.org.uk/media/3817096/beyond-factory-farming-report.pdf, accessed 26 Sep. 2019.
14. Barker, K. (2014). Education, education, education. *British Journal of Midwifery*, 22 (6), p.386.
15. Pomerantz, S. and Raby, R. (2018). Bodies, hoodies, schools, and success: Post-human performativity and smart girlhood. *Gender and Education*, pp.1 - 18.
16. Kupiainen, S., Hautamäki, J. and Karjalainen, T., (2009). The Finnish education system and PISA.
17. Clark, L. (2017). *Beautiful Failures: How the quest for success is harming our kids*. Penguin Books Australia.
18. Buettner, D. (2012). *The Blue Zones: 9 lessons for living longer from the people who've lived the longest*. National Geographic.
19. Housing LIN (19 Oct. 2017). Community building for old age: Breaking new ground. Retrieved from https://www.housinglin.org. uk/Topics/type/Community-Building-for-Old-Age-Breaking-NewGround-The-UKs-first-senior-cohousing-community-High-Barnet/, accessed 8 Nov. 2019.
20. Crabtree, L., Tinker, A. and Glaser, K. (2018). Men' s sheds: The perceived health and wellbeing benefits. *Working with Older People*, 22 (2), pp.101 - 10.
21. Freeman, H. and Lambert, C. (1965). The influence of community groups on health matters. *Human Organization*, 24 (4), pp.353 - 7.
22. Baumeister, R. and Leary, M. (1995). The need to belong: Desire for interpersonal attachments as a fundamental human motivation. *Psychological Bulletin*, 117 (3), pp.497 - 529.

23. Cruwys, T., Haslam, S., Dingle, G., Haslam, C. and Jetten, J. (2014). Depression and social identity. *Personality and Social Psychology Review*, 18 (3), pp.215 – 38.
24. Dingle, G., Cruwys, T. and Frings, D. (2015). Social identities as pathways into and out of addiction. *Frontiers in Psychology*, 6.
25. Haslam, S., Jetten, J., Postmes, T. and Haslam, C. (2008). Social identity, health and well-being: An emerging agenda for applied psychology. *Applied Psychology*, 58 (1), pp.1 – 23.
26. Hales, H. and Hill, B. (15 Feb. 2019). 'I hope you get cancer and die a painful death': Smug vegan who said dairy worker could just 'get another job' after she was forced to close down her farm is hit with death threats. *Mail Online*. Retrieved from https://www.dailymail.co. uk/news/article-6707191/Smug-vegan-said-dairy-worker-just-jobhit-death-threats.html, accessed 8 Nov. 2019.

第二章

1. Alison, L. and Eyre, M. (2009). *Killer in the Shadows: the Monstrous Crimes of Robert Napper*. Pennant Books.
2. Gallup (2013). State of the global workplace. Retrieved from https:// www.gallup.com/services/178517/state-global-workplace.aspx, accessed 26 Sep. 2019.

第三章

1. Mackey, C. and Miller, G. (2004). *The Interrogators*. Little, Brown.
2. Cialdini, R. (2007). *Influence: The Psychology of Persuasion*. Collins.
3. Strohmetz, D. B., Rind, B., Fisher, R. and Lynn, M., 2002. Sweetening the till: The use of candy to increase restaurant tipping. *Journal of Applied Social Psychology*, 32(2), pp.300 – 9.
4. Mitchell, J. (2016). *Enhanced Interrogation: Inside the Minds and Motives of the Islamic Terrorists Trying to Destroy America*. Random House.
5. Weaver, M. (20 Apr. 2009). CIA waterboarded al-Qaida suspects 266 times. *Guardian*.
6. Ofcom (2012). Communications market report 2012. Retrieved from https://www.ofcom.org.uk/__data/assets/pdf_file/0013/20218/cmr_ uk_2012.pdf, accessed 8 Oct. 2019.
7. Newport, F. (10 Nov. 2014). The new era of communication among Americans. Gallup. Retrieved from https://news.gallup.com/ poll/179288/new-era-communication-americans.aspx, accessed 8 Oct. 2019; Alton, L. (11 May 2017). Phone calls, texts or email? Here's how millennials prefer to communicate. Forbes. Retrieved from https:// www.forbes.com/sites/larryalton/2017/05/11/how-do-millennials-prefer-to-communicate/, accessed 8 Oct. 2019.
8. Batty, D. and Bengtsson, H. (5 Mar. 2017). Why the true scale of university harassment is so hard to uncover. *Guardian*. Retrieved from https://www.theguardian.com/education/2017/mar/05/why-the-truescale-of-university-harassment-is-so-hard-to-uncover, accessed 4 Nov. 2019.
9. USA Today (19 Jun. 2004). Accused priests shuffled worldwide. Retrieved from https://usatoday30.usatoday.com/news/religion/2004 – 06-19-church-abuse_x.htm, accessed 8 Nov. 2019.
10. Davidov, M., Zahn-Waxler, C., Roth-Hanania, R. and Knafo, A. (2013). Concern for others in the first year of life: Theory, evidence, and avenues for research. *Child Development*

Perspectives, 7 (2), pp.126 - 31.
11. Malti, T., Ongley, S., Peplak, J., Chaparro, M., Buchmann, M., Zuffian ò , A. and Cui, L. (2016). Children' s sympathy, guilt, and moral reasoning in helping, cooperation, and sharing: A 6-year longitudinal study. *Child Development*, 87 (6), pp.1783 - 95.
12. Kilpatrick, S., Bissonnette, V. and Rusbult, C. (2002). Empathic accuracy and accommodative behavior among newly married couples. *Personal Relationships*, 9 (4), pp.369 - 93.
13. Cohen, S., Schulz, M., Weiss, E. and Waldinger, R. (2012). Eye of the beholder: The individual and dyadic contributions of empathic accuracy and perceived empathic effort to relationship satisfaction. *Journal of Family Psychology*, 26 (2), pp.236 - 45.
14. Rogers, C. (1951). *Client-Centered Therapy*. Houghton Mifflin.
15. Lejtenyi, P. (2 Aug. 2017). He was a top officer in the military, and also a serial killer. Vice. Retrieved from https://www.vice.com/en_ca/article/wj5ekm/he-was-a-top-officer-in-the-military-and-also-a-serial-killer, accessed 8 Oct. 2019.
16. https://www.cbc.ca/news/canada/col-russell-williams-pleads-guilty-to- all-88-charges-1.872289
17. Bettinger, T., Wallis, J. and Carter, T. (1994). Spatial selection in captive adult female chimpanzees. *Zoo Biology*, 13(2), pp.167 - 76.
18. Ross, S. (2006). Issues of choice and control in the behaviour of a pair of captive polar bears (Ursus maritimus). *Behavioural Processes*, 73 (1), pp.117 - 20.
19. Torrance, E. and Brehm, J. (1968). A theory of psychological reactance. *The American Journal of Psychology*, 81 (1), p.133.
20. Miller, W. and Rollnick, S. (1991). *Motivational Interviewing*. Guilford Press.
21. Foundations Recovery Network/Dual Diagnosis (no date). Motivational enhancement therapy: Description of counseling approach. Retrieved from https://www.dualdiagnosis.org/resource/approaches-to-drug-abuse-counseling/motivational-enhancement-therapy/., accessed 26 Sep. 2019.
22. Bamberg, E., Dettmers, J., Funck, H., Krähe, B. and Vahle-Hinz, T. (2012). Effects of on-call work on well-being: Results of a daily survey. *Applied Psychology: Health and Well-Being*, 4 (3), pp.299 - 320.
23. Bolmsjö, I., Sandman, L. and Andersson, E. (2006). Everyday ethics in the care of elderly people. *Nursing Ethics*, 13 (3), pp.249 - 63.
24. Boyle, G. (2004). Facilitating choice and control for older people in long-term care. *Health and Social Care in the Community*, 12 (3), pp.212 - 20.

第五章

1. Birtchnell, J. (1996). *How Humans Relate: A New Interpersonal Theory*. Psychology Press.
2. YouTube (24 Jul. 2012). Ramsay explodes at lying chef - Gordon Ramsay [video]. Retrieved from https://www.youtube.com/ watch?v=EdxXZZ2x0dw, accessed 8 Oct. 2019. Bing.com (2 Mar. 2011). Jamie' s dream school: Jamie vs. nuggets [video]. Retrieved from https://www.bing.com/videos/search?q=- school+dinners+jamie+oliver+chicken+nuggests+video&view=de- tail&mid=89C20FBACECA26D9F2D389C20FBACECA26D9F-2D3&FORM=VIRE, accessed 8 Oct. 2019.
3. Bing.com (2 Mar. 2011). Jamie's dream school: Jamie vs. nuggets [video]. Retrieved from https://www.bing.com/videos/search?q=-school+dinners+jamie+oliver+chicken+nuggests+video&view=detail&mid=89C20FBACECA26D9F2D389C20FBACECA26D9F-

2D3&FORM=VIRE, accessed 8 Oct. 2019.

第六章

1. Cobain, I. (5 Nov. 2010). Interrogation techniques at 'Britain' s Abu Ghraib' revealed. *Guardian*. Retrieved from https://www.theguardian. com/uk/2010/nov/05/interrogation-techniques-iraq-inmates, accessed 8 Oct. 2019.
2. https://www.newyorker.com/magazine/2004/05/10/torture-at-abu- ghraib
3. Human Rights Watch (12 Jul. 2011). Getting away with torture : The Bush administration and mistreatment of detainees. Retrieved from https://www.hrw.org/report/2011/07/12/getting-away-torture/ bush-administration-and-mistreatment-detainees, accessed 8 Oct. 2019.
4. Farber, I., Harlow, H. and West, L. (1957). Brainwashing, conditioning, and DDD (Debility, Dependency, and Dread). *Sociometry*, 20 (4), p.271.
5. Komaki, J. (1998). *Leadership from an Operant Perspective*. Routledge.
6. Greer, L. and Bendersky, C. (2013). Power and status in conflict and negotiation research : Introduction to the special issue. *Negotiation and Conflict Management Research*, 6 (4), pp.239 - 52.
7. https://cfpub.epa.gov/compliance/criminal_prosecution/index. cfm?action=3&prosecution_summary_id=2468
8. Buckley, T., Hoo, S., Fethney, J., Shaw, E., Hanson, P. and Tofler, G. (2015). Triggering of acute coronary occlusion by episodes of anger. *European Heart Journal : Acute Cardiovascular Care*, 4 (6), pp.493 - 8.
9. Einarsen, S., Aasland, M. and Skogstad, A. (2007). Destructive leadership behaviour : A definition and conceptual model. *The Leadership Quarterly*, 18 (3), pp.207 - 16.

第七章

1. YouTube (29 Jan. 2017). Brian Murphy - WINx Chicago 2016 - The Reluctant Hero [video]. Retrieved from https://www.youtube.com/ watch?v=VXSOOrs0flE, accessed 8 Nov. 2019.
2. Hutchinson, T. and Kirsten, W. (no date). Healthy investments. Global Centre for Healthy Workplaces. Retrieved from https://www. globalhealthyworkplace.org/documents/Healthy-Investments.pdf, accessed 12 Nov. 2019.

第八章

1. https://www.telegraph.co.uk/comment/3562917/Colonel-Tim-Collins-Iraq-war-speech-in-full.html

第九章

1. Fredrickson, B. (2001). The role of positive emotions in positive psychology : The broaden-and-build theory of positive emotions. *American Psychologist*, 56 (3), pp.218 - 26.
2. Hamilton, D. (11 Feb. 2010). Do positive people live longer? [blog]. Huffpost. Retrieved from https ://www.huffpost.com/entry/positive-people-live-long_b_774648?guccounter=1&guce_referrer=aHR0cHM6Ly93d3cuYmluZy5jb20vc2VhcmNoP3E9cG9zaX RpdmUrdGhpbmtpbmcraGVscHMreW91K2xpdmUrbG9uZ2Vy JmZvcm09RURHRUFSJnFzPVBGJmN2aWQ9

MWFjMDg2M zIzMjNjNGEyNGFhODdiN2Y5MzFkODExM2QmY2M9R 0Imc2V0bGFuZz 1lbi1VUyZwbHZhcj0wJlBDPURDVFM&gu ce_referrer_sig=AQAAACx1jAptFP6bVaxmUy yVLPSPQakz0ltkc1c87 pxQiwThqg3Ndvw2Uauv2xcNzKtiFh8FaZz48mHdaHdzOiiZXJY3b xV-mnQLeZTNexb7_b1YiaDiqTe2HhWEOgyCWsM07-hlFeEui HZQIgRDb0jE4INzexBd Nhpn0fN5o1BP6Yjn, accessed 12 Nov. 2019.
3. Rousmaniere, T. (2013). Steven Hayes on Acceptance and Commitment Therapy (ACT). Psychotherapy.net. Retrieved from https ://www.psychotherapy.net/interview/acceptance-commitment-therapy-ACT-steven-hayes-interview, accessed 5 Nov. 2019.
4. Making Caring Common Project (no date). Retrieved from https :// mcc.gse.harvard.edu/, accessed 5 Nov. 2019.

第十章

1. Mulqueen, C., Kahn, A. and Kirkpatrick, J. (2012). Managers' interpersonal skills and their role in achieving organizational diversity and inclusiveness. *Journal of Psychological Issues in Organizational Culture*, 3(3), pp.48 - 58.
2. Bernieri, F. (1991). Interpersonal sensitivity in teaching interactions. *Personality and Social Psychology Bulletin*, 17(1), pp.98 - 103.